기독교
윤리학

기독교윤리학

발행 2015년 3월 2일
개정판 2쇄 2021년 9월 8일

지은이 유경동
발행인 윤상문
디자인 박진경, 이보람
발행처 킹덤북스
등록 제2009-29호(2009년 10월 19일)
주소 경기도 용인시 기흥구 동백동 백현마을 코아루 아파트 2204동 204호
문의 전화 031-275-0196 팩스 031-275-0296

ISBN 978-89-94157-78-8 (03230)

Copyright ⓒ 2015 유경동
이 책은 저작권법에 따라 보호받는 저작물이므로 무단전재와 복제를 금지하며,
이 책의 내용의 전부 또는 일부를 이용하려면 반드시 저작권자와 킹덤북스의 서면 동의를 받아야 합니다.

※ 잘못된 책은 구입하신 곳에서 교환하여 드립니다.
※ 책 가격은 표지 뒷면에 있습니다.

킹덤북스(Kingdom Books)는 문서사역을 통해 하나님의 나라를 확장하고, 한국 교회와 세계 교회를 섬기고자 설립된 출판사입니다.

개정판

신앙의 본질을 묻는 윤리적 실재

기독교 윤리학

유경동 지음

킹덤북스
Kingdom Books

차 례

책을 출판하며 • 007
개정판을 출판하며 • 011

01장 | 도덕과 윤리 • 013
02장 | 윤리학의 주제 • 025
03장 | 철학 윤리 • 059
04장 | 무신론과 윤리 • 075
05장 | 경제 윤리 • 097
06장 | 정치 윤리 • 111

신앙의 본질을 묻는 윤리적 실재 **기독교 윤리학**

07장 | 신학 윤리 · 135
08장 | 성서 윤리 · 157
09장 | 책임 윤리 · 185
10장 | 영성과 삼위일체 윤리 · 197
11장 | 십자가 윤리 · 205
12장 | 교회 윤리 · 217
13장 | 공동체 윤리 · 237

참고도서 · 284

:: 일러두기

- 본문에서 책 제목과 같은 일반 중요한 제목 명은 『 』로 표기함을 밝힙니다.

- 필자의 선행 연구에서 일부 내용을 출처를 밝히고 중복 게재하는 경우, 그 내용이 필자의 과거 연구물에 복수 이상 실렸을 때 한 곳의 인용출처를 밝히는 것으로 대신합니다.

[책을 출판하며]

기독교윤리학은 기독교인들이 처한 다양한 삶의 문제에 답을 주어야 하기 때문에 기독교 윤리는 기독교와 세계의 경계선에 있다고 할 수 있다. 우리의 현실 속에서 기독교의 윤리관과 충돌하는 다양한 문제점들을 살펴보면, 우리는 일면 도덕적 위기에 직면하여 있다고 할 수 있다. 그러나 역으로 올바른 윤리적 지평을 제시한다면, 도덕적 가능성이 생기며 삶이 활력을 얻을 수 있는 상황이라고도 할 수 있다. 따라서 기독교 윤리는 현대의 다원적인 가치 속에서 삶의 방향을 통전적으로 제시하고, 비도덕적 행위를 제어하며, 선을 성취하는 능력을 배양하는 데에 관심을 가져야 할 것이다.

현대의 기독교윤리학은 이런 맥락에서 '경계선의 윤리'라고 할 수 있다. 세계와의 경계선에서 세속화에 물들지 않고, 그렇다고 초세(超世)적인 상아탑의 사색으로 전락하지 않으며, 오히려 정의와 진리에 대한 열정으로 이해관계를 초월한 정신을 기독교 윤리는 강조한다. 아울러 부패를 비난하고, 약자를 옹호하며, 불완전하고 억압 적인 권위에 도전하면서 구체적인 책임과 도덕을 주장하는 '책임 윤리'의 방향으로 나아가야 한다.

현대 기독교 윤리의 흐름은 무엇보다도 '인권'에 관심을 가지고 있다. 이 인권은 개인적 사안이 아니라 인간이 속하여 있는 모든 공동체가 함께 연대하는 '생태적 인권 문화'를 구성하는 것이다. 인간이 다른 동물과 구별되는 특징이 있다면, 그것은 '더 많이 서로에 대하여 느끼는 점'이라고 할 수 있다. 따라서 냉철한 이성을 중시하고 직관에서 추론한 도덕적 정당성에 집착하기보다는 개인의 감정을 배려하는 '도덕적 성품'의 중요성에 대하여 윤리학은 주목하고 있다. 그런 의미에서 기독교 윤리는 개인과 공동체의 '도덕적 성숙'을 요구한다. 이 도덕적 성숙성은 하나님과 인간, 그리고 인간과 이웃의 상호 관련성을 통해서 이루어지는 기독교인의 완전함이며, 이러한 상호 관련성은 유기적이라고 할 수 있고, 또한 전체에 속해 있는 각각의 개별적인 지체로 하여금 '전체 속에서 자신을 발견'하게 하는 것이다.

기독교 윤리는 아울러 자유와 평등이라는 보편적 '인권'의 문제에 국한하지 않고 더 나아가 '사랑'에 근거한 구체적인 '생명 존중'에 귀 기울인다. 생명을 위협하는 것은 '죽음'이 아니라 '죽임'이다. '차이'의 문제가 폭력적인 '차별과 죽임'으로 변질되는 현대 사회에서 '죽임'의 인간 본성에 맞서는 '살림'은 도덕적 판단에 머무르는 것이 아니라, '살림의 윤리적 행위'를 요구한다. 예를 들어, '소수자', '여성', '노인', '어린이', '자연', '전쟁과 폭력' 등은 정태적인 '명사'가 아니라, 생명이 들어 있는 '동사'이다. 그러므로 생명을 살리는 기독교 공동체의 노력은 제도의 폭력과 현대 문화의 폭력적 본성을 계몽하는 일뿐 아니라 '살림'의 행위를 요구하는 '책임'을 강조하는 것이다.

'살림'으로서의 동사는 이제 구체적 행동을 요청한다. 그 행동은 '하나님이 인간되심'과 같은 방식으로서의 타자를 위한 '아래로의 움직임'이다. 그것은 인간이 자신의 기득권을 포기하고, 자신을 얽어매고 있는 혈연과 지연, 지역주의와 국수적 민족주의로부터 자유하게 되는 것이다. 그렇게 될 때, 자신과 자신이 속한 공동체의 이익에 집착하지 아니하고, '타자를 위한 아래로의 윤리'는 기독교윤리학이 추구하는 바른 신앙 공동체를 형성하기 위한 초석이 되는 것이다.

필자는 이 책에서 기독교윤리학의 사명을 '신학적 인간학'의 관점으로 정리한다. 이유는 현대 인류 문명의 위기 속에서 하나님의 계시인 삼위일체 안에서 윤리적 해답을 찾을 수 있기 때문이다. '인간학적 신학'이 현대 철학을 비롯한 다양한 인문 사회 과학의 진리 물음에 귀 기울이고 거기에서 윤리학의 출발점을 찾는다면, '신학적 인간학'은 하나님의 성육신과 고난, 성령의 진리를 통하여 '진리 물음'을 시작하는 것이다. '인간학적 신학'을 통하여 이성의 역할과 인간의 합리성에 대하여 성찰하고, 그리고 성경에 기초한 하나님의 세계관에 대한 인식을 중심으로 하는 '신학적 인간학'을 통한 양자의 소통은 배타적이 아닌 일종의 변증법적 관계에 놓인다고 본다. 절대 진리인 계시에 대한 물음과 이 안에서 인간 이성의 한계를 깨닫고 다시 진리로 나아가는 과정은 윤리학의 사유와 행위에 적합한 방법론이 되리라고 생각한다.

필자는 이 책의 내용을 크게 두 부분으로 나누어서 전반부는 현대 인간학에 대한 다양한 질문을 시도하고, 후반부는 신학의 핵심 주제를 살펴보고자 한다. 전반부에서는 철학적 윤리를 위시하여 인간을 둘러싼 다양한 상황에 대한 질문과 해답을 제시하며, 후반부에서는 신학적 윤리학의 핵심 내용인 성서 윤리, 삼위일체론, 교회론, 그리고 공동체론을 전개한다.

부족한 학자로서 현장에서 목회 사역을 위해 애쓰시는 많은 선후

배 목사님들의 모습을 통하여 늘 도전을 받는다. 특히 격려와 사랑으로 책이 나오도록 성원해 주신 청량리감리교회 이원희 목사님께 지면을 통하여 감사드린다. 듬직한 체구의 이원희 목사님은 한결같은 마음으로 학부 시절부터 필자의 멘토 역할을 해 주시는 분이시다. 아울러 이 책이 만들어지는 과정에서 편집과 출판을 맡아 주신 킹덤북스(Kingdom Books) 대표 윤상문 목사님께도 감사드리고, 목사님의 출판 사역을 통하여 문서 선교가 더욱 활성화되기를 기도한다.

2015년 2월 냉천동 연구실에서
유경동 교수

[개정판을 출판하며]

『기독교윤리학』을 출판하고 1년이 되었습니다. 학생들에게 입문서가 필요하여 기독교윤리학의 기초내용을 전달하는 데 관심을 가지고 출판하였는데 나름 소기의 목적은 달성한 느낌이 듭니다.

이번에 개정판을 내면서 초판에서 부족한 부분을 보완하였습니다. 이 교재의 내용이 사상가들의 생애와 중심사상을 간략하게 소개하는 데 주안점을 두다 보니 출처 인용 또한 소개한 후 문단 마지막에 간접 인용의 방식을 취하게 되었습니다. 그런데 인용을 설명하는 필자의 해석과 수많은 저자들의 관점이 간혹 섞여서 독자가 읽는데 인용의 구분에 혼돈이 생길 수 있겠다는 생각이 들었습니다. 따라서 개정판에는 주제와 문단 별로 서두에 저자의 이름을 소개하는 방식을 취하고 문단 끝에 인용의 출처를 밝혔습니다. 그리고 필자가 해석하는 경우에는 문단 앞에 필자의 관점이라는 것을 밝히고 논지를 전개하였습니다. 아울러 초판에서 발견된 오타와 인용출처 표기의 경미한 실수들을 바로잡았습니다.

특별히 개정판이 나오도록 관심과 격려를 보내주신 킹덤북스(Kingdom Books) 대표 윤상문 목사님께 깊은 감사를 드립니다. 감사합니다.

2016년 8월 냉천동 연구실에서
유경동 교수

01장

도덕과 윤리

01장 · 도덕과 윤리

윤리란 무엇인가? 우리는 윤리라는 말만 들어도 각자의 선입견으로 머리가 복잡해짐을 느낄 수 있다. 왜냐하면 윤리란 뭔가 어렵고 상당한 이론이 필요하다고 생각하기 때문이다. 그러나 윤리란 그렇게 어려운 학문이 아니다. 우리는 먼저 윤리와 상당히 비슷한 뜻을 가지고 있는 도덕에 대하여 살펴보자.

우리 한국은 의무 교육 제도가 시행되고 있다. 지금은 초등학교로 불리지만 과거에는 국민학교라고 칭했다. 필자가 국민학교에 다닐 때, 그때 쓰던 교과서는 '도덕'이었다. 그런데 중학교에 들어가자 책 제목이 '윤리'로 바뀌어 있었다. 이렇게 책 제목이 바뀐 것을 미루어 설명을 굳이 하자면, "도덕은 인간이 마땅히 해야 할 습관이나 관습을 통하여 형성된 가치"라고 하고, "윤리는 가치관 뒤에 놓여 있는 일종의 원리"라고 할 수 있다. 아마 초등학생에게는 관습에 따라 이해시키려 했고, 중학생에게는 그 원리를 이해시키려 '도덕'을 '윤리'로 바꿔 교육하려 한 것이 아닌가 생각한다.

도덕과 윤리를 이렇게 구분하는 것은 매우 큰 의미가 있다. 왜냐하면 현대와 같은 다문화의 상황에서는 상이한 문화적 차이에서 사람들이 생각하는 도덕이나 윤리라는 것은 서로 생각하는 것이 다를 수 있기 때문이다. 따라서 당연하게 여기는 도덕과 가치 이면에 공통적인 원리를 발견하지 못하면, 오히려 자신이 생각하는 관습과 도덕이 다른 사람의 그것과 충돌하게 되며, 경우에 따라서는 갈등과 분쟁에 휘말리게 될 수 있다.

도덕의 예

우리가 적어도 도덕과 윤리를 구분하여 사고하는 것은 매우 중요하다. 몇 가지 예를 살펴보자. 아프리카에서 헌신하시는 선교사들이 많이 있다. 필자가 한 선교사님의 글을 읽고 도덕의 지평에서 사람들이 가치관의 차이로 서로 충돌할 수 있는 경우를 살펴볼 수 있었다. 이 선교사님은 아프리카 오지에 처음 들어갔을 때, 원주민과 만나게 되었다고 한다. 분위기를 볼 때 그 선교사를 해치려는 상황은 아닌 것 같은데, 원주민들이 자신을 둘러싸더니 혀를 내미는 것이 아닌가! 한국 선교사로서 이 상황은 매우 당황스러웠다. 보통 사람들이 만나면 서로 소통하는 일반적인 예의가 있는데, 처음 보는 사람에게 혀를 내미는 상황을 한국 선교사는 어떻게 해석해야 할지 난감하였을 것이다. 또 다른 선교사의 경우를 살펴보자. 이 선교사님도 아프리카 깊은 오지에 들어가서 원주민을 만나게 되었다. 이 경우의 원주민들은 선교사를 둘러싸더니 고개를 좌우로 절레절레 흔드는 것이 아닌가!

한국 사람의 입장에서 사람을 처음 만나 예를 갖출 때의 행동은 일반적으로 고개를 숙여 인사하는 것이다. 현대에 전통적인 인사법이 많이 바뀌고 있지만, 남성들은 자신보다 연장자인 경우에 대부분 머리를 공손히 숙여 인사를 하며, 일반적으로는 서구의 영향을 받아서 악수를 한다. 여성과 대면할 때는 전통적인 유교적인 관습에 의하여 남성들은 여성과는 가벼운 목례 정도로 하는 경우가 대부분이다. 새해 들어서 구정과 같은 명절에 어른들에게는 남녀 공히 큰절을 하는 것이 관습으로 되어 있다.

필자가 미국에서 유학을 하던 시절, 미국의 같은 반 여학생들에게 좀 당황하였던 것은 오전 수업시간에 만나면 반갑다고 와서 인사로 포옹해 주는 것이었다. 한국에서 남녀가 포옹하는 관계라면 상당히 가까운 사이라고 할 수 있겠다. 물론 서로 꽉 껴안고 애정 표현하는 그런 포옹이 아니라 살짝 상반신을 잠깐 부드럽게 서로 두들겨 주는 것이었지만, 그런 인사법에 익숙지 않았던 필자에게는 미국 여학생과 인사할 때마다 여간 당황스럽지 않았다. 여학생이 포옹할 때 몸이 움츠러들어서 상대편이 오히려 "왜 이러지?" 하며 당황하는 경우도 처음에는 많았다.

지금까지 예를 들었듯이, 여기서 서로 다른 예법을 가진 네 사람이 만났다고 가정하여 보자. '혀를 내미는 사람', '머리를 좌우로 흔드는 사람', '손을 내미는 사람', 그리고 '머리를 숙이는 사람'이 만나면 어떻게 되겠는가! 한국 사람의 입장에서 혀를 내미는 사람은 매우 공손하지 못하다고 느낄 것이고, 악수를 하려고 손을 내미는 사람에게 머리를 절레절레 흔들면 매우 불쾌하게 느낄 것이다. 반대로 머리를 숙이려는데 손을 내밀거나, 혀를 내미는데 머리를 흔들면, 전혀 예측할 수 없는 상황도 발생하게 된다.

도덕적인 수준에서 각자는 나름대로 자신들이 성장한 사회나 공동체의 관습에 의하여 예법을 갖춘 것이다. 그러나 문제는 상대편이 이러한 태도를 이해하지 못하면 어떻게 되겠는가? 도덕적인 관점에서는 개인의 행동이 자신의 입장에서는 당연시 되지만, 상대편이 전혀 다른 태도를 취한다면 오해가 생기고, 때론 이로 말미암아 심각한 갈등이나 심지어 폭력으로까지 발전될 수 있다.

인사 수준의 문제를 가지고 뭘 그렇게 심각한 것처럼 말하는가 하고 반문할 수 있겠다. 한국 사회에서 종종 일어나는 또 다른 예를 들어 보자. 중고등학생들이 피어서는 안 될 담배를 골목에서 피는 것을 상상하여 보자. 미성년자들에게 금기사항인 담배를 피는 것을 마침 지나가던 동네 청년이 보고, "머리에 피도 안 마른 것들이 담배를 피고 있네. 빨리 안 꺼?"라고 소리를 질렀다고 해 보자. 다행히 청소년들이 이 말에 마치 하지 말아야 할 것을 해서 들켰다는 듯이 빨리 담배를 끄면 그나마 상황은 빨리 종료될 수 있다. "다음부터 피지 마!"라는 정도의 핀잔을 듣고 상황이 끝날 것이다. 그런데 반대로 이런 말을 들은 청소년들이 불량기 있게 "아저씨가 뭔데 남의 일에 잔소리야!"라고 반말투로 응대하면, 문제가 심각해진다. 청소년들의 행동에 대해 폭력성의 낌새를 알아채고, 가 버리면 그나마 다행인데, "어른한테 대들어?" 하고 손찌검을 하게 되면, 사태는 걷잡을 수 없게 된다. 아저씨가 휘두른 주먹에 청소년이 다칠 수 있고, 반대로 청소년들의 폭력에 지나가다가 훈계하던 사람이 상해를 입을 수도 있다. 신문의 사회면에 지나가던 할아버지의 훈계에 청소년들이 주먹을 휘둘러 사망하였다는 기사도 있었다. 이 상황에서도 보면 지나가다가 훈계한 사람의 입장에서는 당연히 도덕적인 훈계라고 느껴 상대방에게 한 말이지만 그것을 받아들이지 못하게 되면 심각한 문제가 발생하는 것이다.

이와 같이 인사의 예법에 관한 내용이지만, 자신에게 도덕적으로 당연하게 여겨지는 관습이라고 할지라도 이것이 사회에서 제대로 소통이 안 되면, 불상사로 이어질 수 있다. 아프리카에서 사실 혀를 내미는 뜻은 선교사의 글에 의하면, "나는 앞으로 당신에게 좋은 말만 하겠습니다"라는 의미였다. 그리고 머리를 좌우로 흔드는 것은 "나는 당신 앞에서 아무것도 아닙니다"라는 뜻이 담겨 있었다. 이제는 한국에서 습관화된 악수의 경우는 "나는 당신을 해칠 무기가 손에 없습니다"라는 뜻이 담겨 있고, 상대에 대하여 적개심이 없다는 문화적인 행위이며, 우리에게 익숙한 고개를 숙이는 것은 상대편을 높이는 정중한 태도이다.

만일 앞의 네 가지 유형의 인사가 함께 되어지는 상황에서 자신의 관습에만 익숙해 있는 사람들이 서로 만나게 된다면, 이 사람들 사이에서 무슨 일이 벌어지겠는가? 그런데 이러한 도덕적 차원의 질문을 윤리적 차원에서 접근하면, 의외로 문제는 간단하게 해결될 수 있다. 즉, 겉으로 드러난 행위에 주목하지 않고, 각 행위를 통전적으로 이해할 수 있는 원리를 찾아내는 것이다. 고개를 숙이고, 혀를 내밀고, 머리를 흔들고, 그리고 손을 내미는 행위 이면의 공통적인 원리를 찾아내는 것이 바로 윤리적 작업인 것이다.

윤리의 예

윤리적 질문은 이런 것이다. "서로 다른 도덕적 환경에서 자란 사람들이 처음 만나 서로 인사를 하는데, 그 인사법이 서로 달라서 혼돈을 겪고 있다. 이를 윤리적으로 설명할 수 있는 원리를 설명하시오!"라고 묻게 되면, 우리는 다른 차원에서 이 문제를 해결하여야 한다. 눈에 보이는 현상이 아니라 현상 뒤에 있는 보편적인 원리를 찾아내는 것이 윤리적 작업이라고 할 수 있다.

인사법과 연관된 윤리적 해답은 이런 것이다. 비록 네 사람은 각기 다른 도덕적인 관점에서 인사의 행위가 다 다르지만 서로 이해하기 위하여서는 행위 이면의 공통의 원리를 발견하여야 하는데, 그것은 다음과 같다. "인사의 행위는 다르지만, 서로 상대방을 존중하려는 의도가 있다." "각각의 행위에는 상대를 인정하고 서로 평화를 원하는 의도가 담겨 있다." "서로 해칠 의사가 없으며 친구가 되기를 원한다." 이와 같이 윤리란 눈에 보이는 도덕적 행위의 이면에 담겨 있는 원리를 발견하여 공동체의 소통을 돕는 행위라고 할 수 있다. 그렇다고 도덕적 행위들을 다른 사람들이 이해하지 못한다고 늘 문제가 된다는 것은 아니다. 다만 도덕적 지평에서 자신의 행위만을 정당하게 여기면, 다른 차원에서 타인이나 다른 문화권의 행동이나 규범을 이해하기 어렵게 되는 것이다.

프로이드(Sigmund Freud)는 인간의 행위 이면에는 정신 분석학적 차원에서 '타율'이 '자율'로 전환된 것으로 이해하였는데, 매우 설득력이 있는 설명이다. 그는 칸트의 정언 명령을 의심하면서, 인간이 자연스럽게 여기는 행위는 도덕의지의 자율성에 기인한 것이 아니라,

인간의 내면화된 검열 구조인 '초자아'에 의한 것이라고 보았다. 우리가 자연스럽게 여기는 모든 행위는 사실 어려서부터 자신이 속한 문화적 환경 속에서 습득한 것이다. 가정에서 부모의 역할이 매우 중요하며, 학교 교육이 인성 교육에 있어서 또한 큰 부분을 차지한다. 성장하면서 또래 그룹의 학생들에게 영향을 많이 받기도 한다. 결국 개인이 가지고 있는 도덕적 가치라는 것이 스스로 자신의 정체성을 확립하여 나가는 과정에서 이성적인 교정과 지성의 부단한 노력 없이는 자신이 속한 문화나 사회적 수준의 관습에 지배당할 가능성이 많은 것이다.

그렇다면 도덕적 규범을 자신의 주관적인 경험이나 인식에서 평가하지 않고 눈에 보이는 현상을 넘어서 보편적 원리를 찾아낼 수 있는 방법은 무엇인가? 다음의 몇 가지 예를 통하여 윤리적 원리들을 발견해 나가는 인식론적 틀을 만들어 보자.

네덜란드 사회학자 호이징가(Huizinga)는 유럽의 놀이를 통하여 윤리적 원리들을 도출한 바 있다.[1] 우리나라의 경우, 필자가 어려서 놀았던 놀이들은 지금의 컴퓨터 세대와는 다른 종류의 놀이들이었다. 딱지치기, 구슬치기, 술래잡기, 몽당연필 따먹기, 비석치기, 말뚝박기 등등 헤아릴 수 없이 많았던 기억이 난다. 여학생들도 공기놀이, 고무줄놀이 등 삼삼오오 모여서 그야말로 모이면 서로 편을 짜서 놀았다.

"무궁화꽃이 피었습니다"라는 놀이는 남녀아이들이 섞여서 술래를 정하고 나머지는 한참 떨어진 곳에서 한 줄로 서서 술래가 "무궁

---

[1] 참고) Johan Huizinga, *A Study of the Play Element in Culture*, 『호모 루덴스』 (김윤수 역, 도서출판 까치, 1981) 참고로 필자는 선행 연구에서 호이징가의 놀이에 대한 분석을 연구한 바 있다. 호이징가에 대한 보충 설명은 다음의 내용을 참고하기 바람. 유경동, 『한국 사회와 기독교 정치 윤리』 (한국 기독교 연구소, 2005 개정판), 346-351.

화꽃이 피었습니다" 하고 뒤돌아본다. 이때 움직인 것이 들킨 친구들은 서로 손을 길게 잡고 있다가 술래가 "무궁화꽃이 피었습니다" 하는 순간, 맨 끝에 손을 잡고 있는 친구들 사이의 손들을 갈라놓아 사방으로 도망치고 그 중에 술래에게 잡힌 아이가 또 술래가 된다. 그를 대신하여 술래로 삼아 계속 놀이를 진행시키고, 걸리지 않은 친구들은 술래를 향하여 전진하는 놀이이다. 이 놀이가 진행되는 동안 술래에 가장 가까이 근접한 친구는 술래가 "무궁화꽃이 피었습니다" 하는 동안에 등을 때리고 도망가는 것으로 놀이의 재미는 점점 더해간다.

"우리 집에 왜 왔니"와 같은 놀이도 남녀 아이들 구분이 없이 두 편으로 나누어서 노래를 부르면서 게임이 진행된다. "우리 집에 왜 왔니 왜 왔니 왜 왔니 ♪" 노래하면서 한 편의 아이들이 다른 편을 향하여 앞으로 나아가면, 다른 쪽 아이들은 "꽃 찾으러 왔단다 왔단다 왔단다 ♬" 하면서 상대편을 향해 나아가며 응대한다. 그러면 다른 편 아이들이 "무슨 꽃을 찾으러 왔느냐 왔느냐 ♬" 하면서 상대편 아이들 중 한 명을 무작위로 뽑아서 그 아이 이름을 꽃 대신 집어넣어 "○○○꽃을 찾으러 왔단다 왔단다 ♬" 하고 대표들이 가위바위보를 해서 이름을 호명한 팀이 이기면, 지목한 아이를 자기편으로 데려가고, 지면 반대편 팀이 지목한 아이를 넘겨 주게 된다. 이 게임은 둘 중 한 팀에 한 명도 아이가 없을 때까지 지속되며, 아이들의 숫자가 늘고 줄고 하는 동안 게임의 흥미는 배가 된다.

그리고 가끔 일 원짜리나 오 원짜리, 또는 십 원짜리 동전으로 하는 '동전 따먹기'나 '짤짤이'라고 불리는 놀이가 있었다. 상대편이 가지고 있는 동전의 숫자를 '홀짝'으로 나누어서 자기가 건 액수만큼 되돌려 주기 때문에 운이 좋으면 돈을 좀 딸 수 있다. 그러나 놀이가 끝나면 '개평'이라는 방식을 통하여 돈을 딴 사람이 잃은 사람에게 어느 정도 되돌려 주어야 한다. 지금 생각하면 어린이의 세계이지만, 굉장히 공동체적이었다. 그러나 이 놀이가 흔하지 못했는데, 그 이유는 넉넉하게 동전을 가지고 놀 정도로 여유 있는 어린이들이 흔하지 않았기 때문이다.

필자가 어린 시절을 생각하면 위의 놀이들이 한없이 즐거웠다. 왜 즐거웠을까! 게임을 통하여 특별하게 주어지는 보상이 있었던 것도 아니다. 호이징가가 우리의 것과 다소 종류와 방식은 다르지만, 유럽의 중세 시대 전후의 어린이 놀이를 연구하면서 물은 질문이 이것이었다. "왜 놀이는 즐거웠을까?" 언뜻 생각하면 어린이 같은 좀 유치한 질문이라고 할 수 있겠지만, 여기서 우리는 윤리라는 원리를 도출하여 내는 방식을 발견하게 된다. 비록 종류는 다양하지만, 이 놀이들의 특징은 참여하는 사람들에게 즐거움을 선사한다. 그런데 그 즐거움의 원천은 하나에 있다. "규칙을 지키는 것이다!" 딱지치기의 규칙은 딱지를 딱지로 쳐서 뒤집어야 한다. 구슬치기는 구슬을 던져서 구슬을 맞추는 것이다. 공기의 원리는 손으로 바닥에 놓인 공기를 모아서 공중에 던진 다음 손등에 올려놓고 다시 던져서 손바닥으로 받는 것이다. 이와 같이 각 놀이는 최소한 한 개 또는 두서너 개의 원리를 지켜야 놀이는 지속되고, 이 원칙이 깨지지 않는 한, 놀이를 통한 즐거움은 지속된다.

이 놀이가 흥미를 잃거나 중도에 끝나게 되는 이유는 누군가에 의하여 그 규칙이 깨질 때 발생한다. 흥미와 재미가 없어지는 것이다. 한국의 축구팀이 월드컵에 4강까지 진출할 정도로 축구는 국민스포

츠가 되어 버렸다. 해외에 진출한 프로 야구 선수들의 경기가 중계될 때마다 국민들은 그 승패에 매우 민감하다. 현대 스포츠 세계에서 이런 일이 일어났다고 가정하여 보자. 월드컵에서 한 선수가 경기 중 갑자기 공을 들고 그라운드를 뛰었다고 생각하여 보자. 어떤 일이 일어나겠는가? 축구 선수가 공을 집는 경우는 골키퍼나 아니면 선 밖으로 나간 공을 손으로 던지는 경우의 예외가 아니면 허용이 되지 않으며 반칙이 된다. 그런데 한 선수가 공을 손으로 잡고 상대편 골문으로 돌진한다면, 그 선수는 규칙을 깨는 행위로 경고를 받게 될 것이다. 프로 농구의 경우는 정반대로 경기는 오로지 손으로만 볼을 터치하여야 한다. 만일 발로 농구공을 건드리게 되면, 그 선수 또한 반칙이 된다. 그런데 한 선수가 경기 중 화가 나서 그만 농구공을 발로 차서 관중석으로 날려 보냈다고 상상해 보자. 아마 관중들의 야유 속에서 그 선수는 두고두고 스포츠 정신에 어긋난 행동을 하였다고 욕먹고 제명당할 것이다.

이와 같이 놀이나 현대 프로 스포츠나 그 종류가 무엇이든지 규칙이 있다. 이 규칙을 지켜야 놀이는 지속이 되고, 자신과 공동체에 삶의 즐거움을 증진한다. 그러나 이 규칙이 깨지게 되면, 공동체의 삶은 흥미를 잃게 되며, 개인은 삶의 목적을 잃고 방황할 수 있다. 따라서 규칙을 지키는 것은 매우 중요하다. 호이징가(Huizinga)가 말하고자 하는 의도는 이와 같은 어린 시절의 흥미가 정치와 국제 사회에서는 통하지 않는다는 것을 지적하기 위함이다.[2] 문명사회를 건설하고자 하는 의도는 있지만, 개인과 집단은 자신들의 이익을 위하여 규칙을

---

2 Johan Huizinga, 『호모 루덴스』, 313.

밥 먹듯이 깨뜨린다. 사회나 정치적인 이슈들이 생길 때마다 "재미없다"라는 말을 한다. 약속을 지키기 않고 원칙을 깨뜨릴 때에 나오는 표현이다.

지금까지 살펴보았듯이, 도덕은 자신이 속한 공동체의 전통이나 습관이고, 이것에 익숙한 문화적 환경이다. 윤리는 서로 다른 습관과 전통 이면에 있는 원리들을 찾아내는 학문이다. 그렇다면 윤리학의 사명은 현상적인 가치관을 넘어서 문화와 문화, 개인과 개인, 그리고 공동체와 공동체가 소통할 수 있는 보편적인 원리를 찾아내는 것이라고 할 수 있다. 이제 다음에서 그 보편성의 원리란 무엇이며, 또한 이런 원리를 찾아내는 것이 가능한지 살펴보자.

02장

윤리학의 주제

02장 · 윤리학의 주제

윤리학의 사명이 관습이나 전통에 익숙한 자기 경험의 한계를 넘어서 그 이면에 깔려 있는 보편적 원리를 찾아가는 것이라고 정의를 내릴 수 있다고 보았다. 그렇다면 윤리적 보편성이라는 것이 가능한 것인지, 그리고 그 보편성을 담고 있는 원리가 의미하고 있는 것이 무엇인지 질문할 수 있어야 한다. 필자의 관점에서 이러한 보편성을 찾아가는 과정은 이론적으로는 어렵지는 않지만, 과연 어떤 원리에 다다랐을 때 그 원리가 보편적이라고 할 수 있는지에 대하여서는 여전히 의문의 여지가 많다는 것이다. 이 장에서는 윤리학과 연관된 다양한 주제들을 간략하게 검토함으로써 윤리적 사고를 하는 데의 기본 개념이 무엇인지 살펴보도록 하겠다.

보편성

필자의 판단으로는 인류의 역사 속에서 이러한 보편성을 찾아가는 방법론에 있어서 여러 가지 이론들이 가능하다고 본다. 예를 들어, 큰 틀에서 '철학적 윤리'의 관점에서 살펴보면, 경험론과 합리론의 맥락에서 볼 수 있는 귀납법과 연역법, 인간의 인식 체계에서 형식 논리를 넘어 질적인 변화를 추구하는 변증법, 세계와 인간의 존재와 현상에 관한 이원론과 일원론, 정의론에 있어서 최대 다수의 행복을 추구하는 공리주의와 개인의 인격과 존엄성에 근거한 도덕적 판단을 중시하는 자유주의, 도덕의 근본 원리에 최선의 결과가 있음을 전제하는 목적론, 행복보다는 의무에 중점을 두는 의무론 등 다양한 이론들이 공존하고 있다. 한편 '신학적 윤리'의 관점에서는 이원론과 일원론, 도덕 이론, 상황 윤리, 덕론, 서사론, 그리고 필자가 중시하는 삼위일체 윤리 등을 들 수 있다.

연역법과 귀납법[3]

인터넷 철학 사전의 설명에 따르면, 연역법 또는 연역적 논증이란 어

---

[3] 연역법과 귀납법의 내용은 전적으로 다음의 자료를 참고하여 정리하였음을 밝힌다. Paul Bartha, "Analogy and Analogical Reasoning," *The Stanford Encyclopedia of Philosophy* (Fall 2013 Edition), Edward N. Zalta (ed.), URL = ⟨http://plato.stanford.edu/archives/fall2013/entries/reasoning-analogy/⟩ 그리고 *Internet Encyclopedia of Philosophy*, "Deductive and Inductive Arguments"를 참고하였다.
URL = http://www.iep.utm.edu/ded-ind/ 참고로 연역법과 귀납법에 대한 일반적인 소개이기에 출처가 두 개 이상인 경우에 출처에 대한 구분을 정확하게 하지 않았으며 위의 사이트에 나오는 내용을 중심으로 연역법과 귀납법을 설명하였음을 밝힌다.

떠한 명제에 대한 논리적 타당성을 밝히기 위해서는 그 명제의 전제가 참임을 검증하면 된다고 보는 방식이다. 연역법에서는 어떠한 결론을 뒷받침할 만한 강력한 전제가 있고, 그 전제가 참이라면, 그 결론이 논리적으로 틀릴 수 없다고 보는 입장이다. 즉, 어떠한 명제를 위한 전제들이 그 결론을 논리적으로 뒷받침한다는 것을 밝힐 수 있다면, 그 명제 자체는 연역적으로 타당하다. 예를 들어, 오늘 서울 날씨가 맑다(대전제). 만약 서울에 날씨가 맑다면, 그는 우산을 가져가지 않을 것이다(소전제). 따라서 그는 오늘 우산을 가져가지 않을 것이다(결론).[4] 이렇게 볼 때, 연역법은 순환논리적 구조를 바탕으로, 전제자체로부터 결론으로 돌아가는 구조를 가진다.

인터넷 철학 사전의 설명에 따르면, 귀납법 또는 귀납적 논증이란 어떠한 명제에 해당하는 구체적인 예시 또는 데이터를 바탕으로 결론의 가능성을 넓힘으로써 그 명제의 논리적 타당성을 증명하는 논증 방식이다. 연역법이 전제와 결론 사이의 관계성을 순환적으로 이해하기 때문에, 전제가 옳다면 결론은 반드시 옳을 수밖에 없다는 논증을 펼친다면, 귀납법은 주어진 데이터를 바탕으로, 명제의 결론이 논리적으로 옳을 가능성이 크다는 논증을 펼친다. 엄밀히 말하면, 성공적인 귀납적 논증에 대한 구체적인 기준은 존재하지 않으며, 어떠한 명제의 참/오류를 확증한다기보다는, 그 명제가 얼마나 논리적으로 타당한지에 대하여 설명한다.[5]

---

4 Internet Encyclopedia of Philosophy, "Deductive and Inductive Arguments"
   URL = http://www.iep.utm.edu/ded-ind/

5 Internet Encyclopedia of Philosophy, "Deductive and Inductive Arguments"
   URL = http://www.iep.utm.edu/ded-ind/

인터넷 철학 사전을 참고하여, 연역법과 귀납법을 비교하면 다음과 같다. 연역법은 어떠한 결론이 참인지 아닌지를 확증한다고 전제하기 때문에, 그 명제의 전제들의 참/거짓 여부에 따라 그 결론이 얼마나 타당한지를 따지지 않는다. 다른 말로 하면, 만약 어떠한 명제가 참이라면, 그 명제의 결론은 전제가 참인 범위 내에서 참이다. 즉, 결론은 절대 명제의 전제가 참인 범위를 넘어설 수 없다. 따라서 연역적 논증은 어떠한 용어에 대한 정의(definition), 수학적 논리와 형식적 논리 법칙에 따라 결정된다. 연역법이 형식적 구조를 바탕으로 명제의 참/거짓 여부를 확증하려는 반면에, 귀납적 논증은 다양한 형태를 바탕으로 타당성의 정도를 따진다. 즉, 특정한 사실 집합의 표본으로부터의 객관적 정보를 바탕으로 그 사실 집합에 대한 부분적 결론을 내리든가, 아니면 증거 또는 권위(authority), 또는 인과적 관계를 바탕으로 결론을 이끌어 낸다. 예를 들어, 어떤 사람이 살인자임을 귀납적으로 증명하는 방법은 다음과 같다. 먼저 경찰이 그가 살인범이라고 주장했기 때문에 그는 살인을 저질렀을 가능성이 크다.(권위에 근거한 귀납적 논거); 목격자가 그가 살인범이라고 주장했다. 따라서 그가 살인을 저질렀다.(증거 또는 증인의 증언에 근거한 귀납적 논거)[6] 그러나 귀납법의 논리는 연역법에 따르면 형식 논리적으로 타당하지 않지만, 적어도 어

---

[6] 귀납적 논거는 결론에 관한 정보가 다양할수록 그 신빙성이 강화된다. 증거에 의한 귀납적 논증을 보다 확장하면 다음과 같다. 두 명의 서로 알지 못하는 목격자들이 그가 살인자라고 주장했다. 살인 현장에 있던 흉기에는 그의 지문만이 발견되었다. 또한 그가 스스로 범인이라고 자백했다. 따라서 그가 살인을 저질렀다. 이러한 다양한 사실 관계 또는 객관적 정보에 입각한 귀납적 논증 방법에 대하여, 폴 바르타(Paul Bartha)는 3가지 유형의 귀납적 논증을 제시한다. 첫 번째 유형은 하나의 특정한 사례를 바장으로 일반화하는 유비적 논증이며, 두 번째 유형은 귀납적 명제를 하나의 표본적 논증으로 다루는 방식이며, 마지막으로 세 번째 유형은 과거의 특정한 증거가 미래에도 계속 적용된다고 보는 구별적 형태의 유비를 통한 귀납적 논증이 있다. Paul Bartha, "Analogy and Analogical Reasoning", *The Stanford Encyclopedia of Philosophy* (Fall 2013 Edition), Edward N. Zalta (ed.),
URL = ⟨http://plato.stanford.edu/archives/fall2013/entries/reasoning-analogy/⟩참고.

떠한 명제에 대한 다양한 정보는 그 명제가 참일 가능성을 강화시켜 줄 수 있다.[7]

지금까지 살펴보았듯이, 연역법과 귀납법의 논리는 나름대로 보편성의 진리를 추구하는 방법론에 있어서 유용하다고 할 수 있다. 이제 다음에서 변증법의 논리에 대하여 살펴보자.

변증법[8]

킴 오코너(Kim O'Connor)의 설명에 따르면, 변증법은 서구 철학사에서 가장 중요한 개념 중 하나로서, 역사나 세계, 개념 간의 논리적 모순으로부터 철학적으로 사고하는 형식 또는 방법을 뜻한다. 변증법은 모순과 역설로 가득한 세계를 이해할 수 있도록 돕는다. 변증법(dialectic)이라는 단어는 그리스어 디아렉티케(διαλεκτική)에서 유래했는데, 고대 그리스-로마 철학에 있어서 디아렉티케라는 단어는 세 가지 함의를 가지며, 이는 플라톤, 아리스토텔레스, 키케로의 철학적 전통과 연관된다. 먼저 플라톤의 저작에서 변증법이란 진리를 향해 나아가기 위한 고차원적인 수단으로서, 소크라테스의 대화법에 밀접하

---

7 Internet Encyclopedia of Philosophy, "Deductive and Inductive Arguments" URL = http://www.iep.utm.edu/ded-ind/
8 이하 '변증법'은 다음의 내용을 참고하였다. David Duquette, "Hegel: Social and Political Thought," *Internet Encyclopedia of Philosophy*, URL = http://www.iep.utm.edu/hegelsoc/#H5 ; Kim O'Conner, "Dialectic," (Winter, 2003),
URL = http://csmt.uchicago.edu/glossary2004/dialectic.htm; James Bohman, "Critical Theory," *The Stanford Encyclopedia of Philosophy* (Spring 2013 Edition), Edward N. Zalta (ed.),
URL = ⟨http://plato.stanford.edu/archives/spr2013/entries/critical-theory/⟩

게 관계되어 있다. 반면, 아리스토텔레스는 변증법을 열등한 논증방식이라고 이해했는데, 이는 아리스토텔레스가 경험적 관찰을 선험적 진리보다 더 우위의 논증방식이라고 이해했기 때문이다. 마지막으로, 키케로(Cicero)는 수사학의 방식으로 변증법을 정의한다.[9]

계속해서 오코너에 따르면, 근대에 이르러 변증법에 대한 논의는 주로 독일 철학 전통에서 활발하게 이루어졌으며, 특히 칸트로부터 시작하여, 헤겔을 전후로 큰 변화를 보인다. 칸트는 변증법을 일종의 소피스트적 수사학적 기법으로 정의하며, 이는 단지 착각에 불과한 지식을 포함한다고 설명한다. 즉, 칸트에게 변증법은 잘못된 인식론(epistemology)의 사고방식에 불과하다. 반면 헤겔에 이르러 변증법의 근대적 개념이 결정된다. 헤겔 또한 칸트의 이율배반에 대한 논의(순수 이성 비판)로부터 자신의 변증법 개념을 확정하는데, 그는 변증법이 단순히 착각을 들추는 수단이 아니라, 진리를 인식하기 위한 수단으로 간주한다. 무엇보다, 헤겔의 변증법은 온 우주의 요소들의 상호 관계성 또는 상호 연결성에 대한 자신의 신념에 근거한다. 칸트로부터 헤겔로 이어지는 변증법 개념의 전환은 근대 철학의 기초가 되었으며, 헤겔은 변증법적 구조를 바탕으로 인간의 정신이 작용한다고 보고, 온 세계의 역사만큼 다양한 체계를 개념화했다.[10]

데이비드 듀켓(David Duquette)에 따르면, 헤겔의 변증법은 절대 진리에 이르는 데에 있어서 만나게 되는 표면상의 또는 형식상의 역설

---

9 Kim O'Conner, "Dialectic," (Winter, 2003),
URL = http://csmt.uchicago.edu/glossary2004/dialectic.htm

10 Kim O'Conner, "Dialectic," (Winter, 2003),
URL = http://csmt.uchicago.edu/glossary2004/dialectic.htm

또는 모순들에 대한 조정과 화해를 포함한다.[11] 헤겔 변증법은 기본적으로 테제(These, 정립[定立] 명제[命題]), 안티테제(Antithese, 반정립[反定立]), 그리고 진테제(Synthese, 합[合])의 세 단계로 구성된다. 먼저 정적이며 분명하게 기술된 명제(테제)에 대한 생각은 그것의 반대 논리 또는 개념에 대한 사고(안티테제)로 연결된다. 반대 논리란 확증적으로 정의된 논제에 대한 사고로부터 시작되는 모든 모순을 나타낸다. 이렇게 테제와 안티테제에 대한 사고는 이 둘을 모두 포괄할 수 있는 사고를 요청한다(진테제). 이러한 변증법적 과정은 세계의 절대정신이 확증되는 때까지 계속 이루어지며, 진테제가 성립될 때마다 이는 또한 새로운 내재적 모순을 발생시키며, 이 모순을 포괄하고 해결하는 또 다른 진테제를 만든다. 이러한 측면에서 헤겔의 변증법은 목적론적(teleological)이라고 할 수 있는데 어떠한 모순을 해결한다는 측면에서 모든 변증적 과정 또는 단계는 이전의 변증적 과정을 포함하기 때문이다. 변증법의 무한성은 헤겔의 통전적 진리라는 개념과 진보에 대한 그의 낙관적 신념을 보여 준다. 헤겔의 변증법은 또한 주체와 대상 사이의 상호 침투(interpenetration)으로서 주관성(subjectivity) 개념과 연관된다. 헤겔에 따르면, 주관성은 대상을 통해서만 정의되며, 나아가 주체는 타자와의 관계를 통해서만 존재할 수 있다. 주관성은 단순히 주체와 그 주체의 감각적 정보를 통해 정의되는 외부 세계와의 일방적 관계가 아니다. 헤겔에게 주체는 세계를 해석하는 자율적 실체가 아니며, 세계가 주체를 해석한다. 주체는 외부 실재와의 상호

---

11 이하 다음의 내용을 참고하여 요약한다. David Duquette, "Hegel: Social and Political Thought," *Internet Encyclopedia of Philosophy*, URL = http://www.iep.utm.edu/hegelsoc/#H5

작용을 통한 자아 개념에 끊임없이 자신을 적응시킨다.[12]

제임스 보먼(James Bohman)에 따르면, 근대적 개념의 변증법은 자유주의 철학전통에 많은 비판을 받는다. 특히 역사주의적 관점을 고수하는 헤겔식의 변증법의 경우, 인간 개별 존재의 자율성의 문제를 간과하고, 오히려 결정론적 개인에 대한 사고 및 이데올로기만을 관철시키기 때문이다. 또한 근대 변증법이 주로 계몽주의적 관점에서 구성되었기 때문에, 변증법적 사고의 주체로서 이성 자체는 오히려 도구적인 속성에 머물게 된다.[13]

필자는 이와 같은 변증법적 구조를 통하여 모순을 극복하여 나가는 질적 방법론을 제기하는 것만으로도 인간은 전 이성적이며 관습적, 그리고 집단적인 도덕체계를 극복하여 나갈 수 있는 여지가 있다고 여겨진다. 이는 개인적이고 이성적이며 반성적인 도덕을 가능하게 하고, 윤리학의 사명인 '보편성'을 향하여 접근하는 길이 될 수 있지만, 테제 자체가 가지고 있었던 모순이 나중에 절대정신으로 변하는 과정에서 유한성이 무한성으로 바뀌게 된다는 비판이 기독교의 신정통주의에서 제기되었다.

필자의 관점에서 볼 때, 기독교적 변증법은 위의 변증법과 다소 차이가 있다고 할 수 있다. 일반적인 변증법은 질적 변화에 의한 합(合)의 목적론적 윤리를 지향하지만, 기독교적 변증법은 정(正)의 한계와 반(反)의 한계를 동시에 인정한다. 즉 명제의 반대 논리를 통하여

---

12 지금까지 듀켓의 설명을 요약하였다. David Duquette, "Hegel: Social and Political Thought," Internet Encyclopedia of Philosophy, URL = http://www.iep.utm.edu/hegelsoc/#H5

13 James Bohman, "Critical Theory", The Stanford Encyclopedia of Philosophy (Spring 2013 Edition), Edward N. Zalta (ed.),
URL = 〈http://plato.stanford.edu/archives/spr2013/entries/critical-theory/〉

모순을 극복하는 단계에 근본적인 문제가 있다고 보는 것이다. 따라서 기독교의 변증법은 '정'이 품고 있는 근본적 모순은 '반'을 통하여 '합'으로 나아간다고 할지라도 해소될 수 없다고 본다. 따라서 '합'이 절대정신에 다다를 수는 없고, 대신 제3의 길이 필요하다고 보는데, 이것이 기독론적인 관점에서 보면, 이 세상에 오신 구속론의 예수 그리스도라고 할 수 있다. 제한된 인간이면서 무한으로 향하려는 인간의 헛된 시도를 중지하기 위하여서 이 땅에 하나님이 오신 것이다. 이 내용은 후반부의 기독론과 삼위일체론에서 다시 다루기로 하겠다.

공리주의[14]

공리주의(Utilitarianism)는 의무론(deontology), 결의론(casuistry), 덕 윤리(areteology 또는 virtue ethics) 등과 같은 가장 중요한 도덕 이론 중 하나이다. 스테폰 나탄슨(Stephen Nathanson)에 따르면, 공리주의는 어떠한 행위가 도덕적으로 옳은지 그른지는 그 행위의 결과에 따라 파악할 수 있다는 입장에서 일종의 결과주의이다. 구체적으로 어떠한 행위의 결과가 공공의 이익에 적절하다면 그 행위는 옳으며, 그 행위가 공익에 나쁜 결과를 미친다면 도덕적으로 잘못된 행위라고 판단

---

14 이하 공리주의는 다음의 내용을 참고하였다. Stephen Nathanson, "Act and Rule Utilitarianism," *Internet Encyclopedia of Philosophy*, URL = http://www.iep.utm.edu/util-a-r/#H5 ; Julia Driver, "The History of Utilitarianism," *The Stanford Encyclopedia of Philosophy* (Winter 2014 Edition), Edward N. Zalta (ed.),
URL = ⟨http://plato.stanford.edu/archives/win2014/entries/utilitarianism-history/⟩

할 수 있다.[15]

줄리아 드라이버(Julia Driver)에 따르면, 고전적 공리주의는 선을 쾌락과 등치시키기 때문에, 일종의 쾌락주의의 변형이나 확장으로 이해된다. 따라서 '최대 다수의 최대 행복'이라는 공식을 통해, 선의 극대화가 곧 공리주의적 목표이자 규범이 되는 것이다. 일반적으로 공리주의는 극대화된 이익 또는 선을 향유하는 주체와 관련하여, 공평성(impartiality)과 주체중립성(agent-neutrality)이 중요하다. 최대의 선은 언제나 공정하게 모두에게 나누어져야 하며, 나의 선은 언제나 모든 다른 사람들의 선과 동일해야 한다.[16]

나탄슨에 따르면, 공리주의는 크게 행위 공리주의(act utilitarianism)과 규칙 공리주의(Rule utilitarianism)이 있다. 행위 공리주의는 개인 행위의 결과에 초점을 둔다면, 규칙 공리주의는 어떠한 행위의 형식의 결과에 집중한다. 공리주의자들은 도덕의 목적이란 세계에 행복이나 쾌락의 양을 증가시키고, 고통이나 불행을 줄임으로써 삶을 더 낫게 하는 것을 목표로 한다. 이들은 관습이나 전통, 또는 정치 지도자나 초자연적 존재에 의해 세워진 명령이나 금기로 구성된 어떠한 도덕적 법률 또는 도덕 체계를 거부하며, 대신 이들은 어떠한 도덕의 정당화는 그것이 인류에 긍정적 공헌을 하는가에 따라 판별된다고 본다.[17]

---

15 Stephen Nathanson, "Act and Rule Utilitarianism," Internet Encyclopedia of Philosophy, URL = http://www.iep.utm.edu/util-a-r/#H5

16 Julia Driver, "The History of Utilitarianism," The Stanford Encyclopedia of Philosophy (Winter 2014 Edition), Edward N. Zalta (ed.),
 URL = ⟨http://plato.stanford.edu/archives/win2014/entries/utilitarianism-history/⟩

17 Stephen Nathanson, "Act and Rule Utilitarianism," Internet Encyclopedia of Philosophy, URL = http://www.iep.utm.edu/util-a-r/#H5

자유주의[18]

알렉산더 모슬리(Alexander Moseley)에 따르면, 정치 철학에 있어서 자유주의(liberalism)란 두 가지 형태로 구분되는데, 여기에는 국가를 구성하는 시민과 정부에 대한 친-개인주의 이론(pro-individualist theory)과 친-국가적 이론, 또는 사회 민주주의(social-democratic) 이론이라는 것이 있다. 자유주의라는 개념의 어원상, 일반적으로 친-개인주의적 입장이 더 자유주의에 적합하다고 할 수 있다. 왜냐하면 자유라는 개념은 정의나 간섭보다는 자유와 관용에 더 가깝기 때문이다. 일반적으로 고전적 자유주의는 이러한 친 개인주의적 입장을 취한다. 그러나 현대에 이르러 자유에 대한 행위자로서 개인뿐만 아니라 국가, 즉 집단의 형태 또한 중요하게 여겨지면서 친국가적 성향의 자유주의 또한 논의됨으로써 사유민주주의 이론이 가능하게 되었다. 예를 들어, 공중 보건이나 교육의 경우, 개인의 권리를 제한하고 국익이라는 보다 큰 차원의 권리와 의무를 제공할 필요가 있기 때문이다. 이러한 경우, 자유의 주체는 단순히 개인에만 머물러서는 안 되며 보다 넓은 범위로 확대할 필요가 있다. 친-개인주의적 고전 자유주의와 사회 민주주의적 친국가적 자유주의는 철학적으로 항상 다양한 불일치 및 충돌의 가능성이 크기 때문에, 정치 철학적으로 끊임없이 논쟁의 대상이 되고 있으나, 한편으로는 고전적 자유주의와 현대의 수정된 사회 민주주의적 자유주의를 통합하려는 시도는 끊임없이 논의되고

---

18   자유주의에 대한 설명은 다음의 내용을 참고하여 요약하였다. Alexander Moseley, "Political Philosophy," Internet Encyclopedia of Philosophy, URL = http://www.iep.utm.edu/polphil/#SH3a

있다. 이러한 현대적 자유주의의 통합적 시도는 J. S. 밀(Mill), 존 롤스(John Rawls), 윌 킬리카(Will Kymlicka), 로널드 드워킨(Ronald Dworkin) 등의 학자들에 의해 이루어지고 있다. 이들은 자유주의가 역사적으로 관용과 다양성, 정의 등을 강조했다는 점을 강조하면서도 관용이나 개인의 공적 역할 및 개인적 역할, 기회의 필요성 등에 대한 설명이나 해석에 있어서 상이한 의견을 가진다. 이러한 측면에서 사회 민주주의적 자유주의는 소수의 중요성을 강조하는 동시에, 민주주의 과정이나 정치적 담화 등에 있어서 개인의 자발적인 참여를 강조하고, 개인에게 균등하게 기회를 제공한다는 점에서 국가의 활발한 개입이 오히려 개인의 자유를 신장할 수 있다고 주장한다. 기본적으로 자유주의 개념은 근대 사회 계약론에 근거하며, 정부는 모든 개인에 대하여 평등하며, 좋은 삶이 무엇인지 평가하는 데에 있어서 중립적이어야 함을 강조한다.[19]

목적론과 의무론[20]

목적론적 윤리는 "무엇이 도덕적으로 옳고 그르며 의무가 되는가!"에 대한 기준은 산출될 도덕과 무관한 것을 전제한다. 따라서 '윤리학

---

19   Alexander Moseley, "Political Philosophy," Internet Encyclopedia of Philosophy, URL = http://www.iep.utm.edu/polphil/#SH3a

20   이하 목적론은 필자가 간략하게 정의하였으며, 의무론은 다음의 내용을 참고하였다. Larry Alexander and Michael Moore, "Deontological Ethics," *The Stanford Encyclopedia of Philosophy* (Winter 2012 Edition), Edward N. Zalta (ed.),
URL = ⟨http://plato.stanford.edu/archives/win2012/entries/ethics-deontological/⟩

적 보편주의'라고도 불리며, 개인의 선을 도모하는 데에 유리하다고 평가받는다. 의무론적 윤리는 옳고 그름의 기준이 하나 이상의 규칙들로 구성될 수 있음을 전제하고 직관보다는 결단을 중시하는 실존주의와 비슷하다고 할 수 있다. 그러나 의무론은 타인을 존중하는 것을 중시하나 선의 증진에 미약하다는 평가를 받는다.

래리 알렉산더(Larry Alexander)와 마이클 무어(Michael Moore)의 설명에 따르면, 의무론을 의미하는 디온톨로지(deontology)라는 단어는 그리스어 데온(deon, 의무)과 로고스(logos, 학[學] 또는 론[論])의 합성어이다. 현대 도덕 철학에서 의무론은 어떠한 행위 또는 선택이 도덕적으로 요청되는지, 금지되는지 또는 허용되는지에 대한 중요한 규범적 이론 가운데 하나이다. 덕 윤리가 주로 우리가 도덕적으로 무엇을 해야 하는지를 도덕 행위자의 근본적 성격 또는 인격을 바탕으로 살펴보고, 공리주의 또는 결과주의가 어떠한 행위 또는 행동 방식이 미치는 결과에 초점을 두는 것과 반대로, 의무론은 우리가 무엇을 해야만 하는지에 대한 규범적 이론을 제안한다.

일반적으로 의무론은 결과주의의 정반대 입장으로 이해된다. 래리 알렉산더(Larry Alexander)와 마이클 무어(Michael Moore)는 일반적으로 의무론은 윤리적 의무란 단순히 그 결과로 정당화되거나 판단할 수 없으며, 오히려 어떤 행위의 결과가 도덕적으로 선한 결과를 나을 수 있더라도 윤리적으로 금지해야 할 행위가 있을 수 있다고 보며, 이러한 의무론적 윤리의 여러 다양한 형태에 대하여 설명한다. 먼저 도덕적 행위 주체의 의무론(agent-centered deontology)이 있는데, 이는 모든 도덕적 행위자가 반드시 지켜야 할 윤리적 규범이 선재한다고 보는 입장이다. 반면 도덕적 행위자의 의무보다는 피주체자(patient, 어떠한 윤리적 행위로부터 영향을 받는 객체 또는 피해자를 통칭함) 중심의 의무론(patient-centered deontology)이 있다. 이 관점에서는 윤리적 행위 주체의 의무보다는 권리가 더 중요한 기준이 된다. 이 관점에서 윤리적 의무는 철저히 그것이 다른 사람의 권리에 해를 미치지 않는 범위에 제한된다.

한편 의무가 어떻게 정의되는가에 집중하는 계약론적 의무론(contractual deontology)이 있다. 의무가 형성되는 원칙은 항상 사회 성원의 계약을 통해 결정된다. 이러한 측면에서 계약론적 의무론은 의무의 선험성 보다는 의무의 조정 가능성을 따지며 보다 현실적으로 적용 가능한 의무론적 윤리를 제안한다. 일반적으로 현대 의무론 윤리는 임마누엘 칸트(Immanuel Kant)에 근거한다고 본다. 주체 중심적 의무론의 경우, 주체자의 행위에 대한 도덕적 판단의 근거로서 의무는 선험적인 원칙이며, 타자에 대한 그 행위의 영향을 고려하지 않는다고 칸트의 이론을 설명할 것이다. 피주체자 중심 의무론은 모든 개인은 특정한 목적을 위한 수단으로 사용될 수 없다는 칸트의 사상을 강조한다. 반면 계약주의자들은 칸트가 윤리적 의무란 모든 합리적 주체들의 자발적인 합의에 의해 형성됨으로써 보편적인 가치를 가진다고 주장한다고 본다.[21]

---

21 지금까지 다음의 내용을 참고하여 '의무론'을 요약하였다. Larry Alexander and Michael Moore, "Deontological Ethics," The Stanford Encyclopedia of Philosophy (Winter 2012 Edition), Edward N. Zalta (ed.), URL = ⟨http://plato.stanford.edu/archives/win2012/entries/ethics-deontological/⟩

정의론[22]

현대 정의론에는 정의의 원칙을 세우는 데에 있어서 '분배적 정의'와 '배분적 정의'를 기준으로 삼는다. 분배와 배분의 차이는 한국말로 비슷하지만, 분배가 공평성을 말하는 것이라면 배분은 공평성 안에서 차등의 정의를 고려하는 것이다. 정의는 사람들을 우열과 공과에 따라 처우하며, 사람을 평등한 존재로 평가하고, 사람들의 필요나 능력을 고려한다. '분배적 정의'는 원칙적으로 모든 사람들이 '무지의 장막(veil of ignorance)' 뒤에 있는 것을 고려하는 것과 같다.[23] 즉, 자신의 이익과 연관하여 장막 앞에 무엇이 있는지 아무도 모른다는 것을 고려하는 것이다. 즉 평등의 출발점을 원칙적으로 같게 하는 것이다. '배분적 정의'는 모든 인간은 평등하지만, 사람의 능력과 필요가 각자 개인에 따라 차이가 있기 때문에 공동체가 그 부족한 부분을 고려하고 책임을 나누는 것을 말한다.

예를 들어, '분배적 정의'는 모든 학생들이 월요일 오전 9시에 시험을 치러야 하는 경우, 학생들은 주어진 시간 안에 시험을 마쳐야 한다. 평등과 공정의 원리를 통하여 보면 학생으로서 오전 9시에 반드시 참여하여 시험을 보아야 한다. 그러나 '배분적 정의'의 경우, 한 학생이 시험 보는 날 학교 오는 길에 오른손을 다쳐서 필기를 하지 못하게 되었을 때, 다른 학생들과 같이 시험지를 작성할 수 없게 된다. 여기서 재량의 문제이긴 하지만, 지도 교수가 이 학생의 경우 같은 시간

---

22   '정의론'은 필자가 간략하게 정의하였다.
23   John Rawls, 『사회 정의론』 (황경식 역, 서광사, 1977), 33.

에 논술로서 시험을 치루게 하면, 일종의 '배분적 정의'가 성립되게 된다. 정의론은 뒤에서 마이클 샌델(Michael Sandel)의 이론을 통하여 다시 정리하도록 하겠다.

소통의 윤리[24]

대화와 소통의 체계에서 윤리적인 보편성을 추구하는 과정은 다음과 같다. 합리적인 대화가 되기 위한 전제는 대화에 참여하는 사람들이 이성을 통하여 상대방의 질문에 대한 존중과 인내심을 가질 것을 전제한다. 첫째, '설명(explanation)'은 말하는 자와 듣는 자 사이에 중재하는 언어적 소통구조이다. 무엇인가를 설명할 때, 가장 중요한 자세는 듣는 것이다. 들을 때는 두 가지 자세가 있다. 경청하는 자세와 다른 하나는 건성으로 듣는 것이다. 누군가 무엇인가를 설명할 때 주의를 집중하여 듣지 않으면 그 진의를 파악하기 힘들다. 심리학자들의 연구에 의하면, 대화를 통하여 내용을 전달할 때 목소리가 38%, 표정 35%, 태도가 20%를 차지하며, 말하는 내용은 7%정도밖에 되지 않는다고 한다.[25] 인간은 설명이 없으면 상대방을 이해하지 못한다. 물론 뇌 과학에서 밝힌 바와 같이 상대방의 감정을 파악하는 '거울 뉴런'과 같은 인지적 능력이 인간에게 있다고 하더라도 언어를 통하여 자신의 속마음을 표현하지 못하면, 절대 상대방의 진의를 파악할 수

---

24 '소통의 윤리'는 필자가 간략하게 정의하였다.
25 미국의 사회심리학자 앨버트 메라비언의 의견이다. 참고) 김형태, 『보이스 오디세이』 (북로드, 2007).

없다. 설명을 통하여 상호 의사가 교환이 되며, 공동체의 공감과 배려의 형성이 가능하다.

설명에 대하여 요구되는 것은 '인내(patience)'이다. 인간은 선입관이 있기 때문에 상대편의 설명을 듣기 전에 먼저 판단하는 경우가 허다하다. 우리 언어로 '틀리다'는 표현은 도덕적인 개념이 들어있는 모호한 단어이다. 나와 상대방의 견해가 다를 때, 우리는 '틀리다'라는 표현을 쓴다. 그리고 실제 상대편의 관점이 도덕적으로 문제가 있을 때도 '틀리다'라고 말하기도 한다. '차이'는 영어로 'difference'이며, 도덕적으로 문제가 있을 때는 틀림을 뜻하는 'wrong'이다. 따라서 입장이나 견해가 차이가 있음에도 불구하고 '틀리다'라는 말을 할 때, 우리는 자칫 무의식적으로 차이가 아닌 도덕적으로 틀리다는 식으로 판단하여 규범에 문제가 생길 수 있다. 따라서 '인내'에 필요한 것은 말하는 사람의 입장을 끝까지 청취하는 것이다. 차이가 편견으로 바뀌지 않도록 경청하는 것이 필요하다.

상대방의 설명을 인내를 가지고 청취한 다음에 서로 입장의 차이를 발견하였다면, 그 다음에 필요한 것은 '질문(question)'이다. 질문은 상호 간에 대화를 통하여 차이점을 발견하는 과정이다. 자신의 이해가 올바른 것인지, 그리고 상대방의 표현이 정확한 것인지 서로 확인하는 과정이다. 질문이 없는 일방적인 설명은 독백과 다름이 아니다. 이와 같이 서로 주고받는 질문을 통하여 상호 간의 이해는 점점 증가하게 된다.

'이해(understanding)'는 상대편의 관점에서 해석하여 보는 것이다. 이해를 한다는 것은 자신의 관점을 부정하는 것이라기보다는 상대방의 관점을 수용하는 것이라고 할 수 있다. 이해를 통하여 비로소 서로 다른 관점의 차이를 통하여 보다 차원이 있는 대화를 지속할 수 있다. 그리고 차이를 수용할 수 있는 배려가 있게 된다. 기독교적으로는 '사랑'과 '용서'가 동반되는 성숙한 대화가 가능한 것이며, 건강한 공동체를 구성하게 된다.

우리가 살고 있는 현실에서 이러한 공동체가 과연 가능한지는 의문이다. 경청을 통하여 상대방의 설명을 이해하고 차이를 발견한 다음, 배려나 사랑으로 이어지는 과정이 너무나 이상적이라고 느껴지기도 한다. 왜냐하면 대부분 입장의 차이가 도덕적 편견으로 이어지며, 분쟁이 시작되기 때문이다. 우리가 일상에서 경험하는 '인간성'은 이와 같은 차이를 견디지 못하며, 갈등은 개인, 성, 연령, 인종, 지역과 국가에 걸쳐 폭력으로 너무나 쉽게 변한다.

이와 같은 인간성의 문제를 해결하기 위하여 인류 사회는 각기 제도를 통하여 통치 기구를 만들고 위정자를 통하여 권력을 부여하였다. 나름대로 사법적인 기능을 갖추고 공정한 사회 제도를 구성하는 데에 노력하지만, 그 실효성은 의문이다. 민주제도의 경우, 권력은 국민으로부터 나오지만, 정작 권력을 잡으려는 정치세력이 많은 경우 정치권력을 폭력으로 사용하여, 국민들을 지배하려는 경우가 허다하다. 권력이 힘이 있는 이유는 국민들이 자신들의 생명의 안전과 경제적 안정을 위하여 사법과 군사, 그리고 경찰의 힘(power)을 사용하는 것을 허용하기 때문이다.

한편 경제 체제에 대한 사유 체계도 둘로 나뉠 수 있다. 생산 수단에 계급의 차이가 있다고 강조하는 자본주의와 이와 대치되는 공산주의의 경우는 각각 이상적인 경제 체제를 꿈꾸는 개념이다. 자본주의는 인간의 경제 생활에 있어서 교환 경제를 통한 이윤의 획득을 최종 목표로 한다. 인류 사회 불평등의 구조가 사유재산 제도에 기인한다고 전제하고, 혁명과 개혁을 통한 자본주의 체제를 전복하려는 것이 공산주의이다. 소유에 있어서 평등을 부르짖는 과도기적 체제는 사회주의이고, 공산주의는 사회주의의 최종 형태를 의미한다.

지금까지 간략하였듯이, 인류 역사 속에서는 나름대로 정의와 평등을 찾아가는 노력을 하고 있지만, 아직도 이상적인 체제를 갖추었다고 할 수 없다. 문명이 발전하고 있다고 하지만, 과연 인간의 역사가 발전하는지 아니면 퇴보하고 있는지, 그 의견은 분분하다. 형식적으로는 민주적인 정치체제와 자유가 신장되고 있지만, 아직도 세계를 살펴보면 고통과 좌절 속에 살아가는 사람들이 너무 많다.

기독교 세계관[26]

한편 기독교 세계관에서는 인간의 판단과 책임에 의하여 역사가 좌우된다는 결정론을 피하고, 하나님 중심의 역사관인 구속론을 강조한다. 결정론이란 인간의 선택이나 의욕에 있어서 모든 사건은 다른 사건을 원인으로 가지며, 따라서 그 결과나 귀결로서 결정된다는 이론이다. 미래의 행동에 바람직한 결과를 가져 올 가능성이나 경향을 가지게 된다는 입장에 인간의 책임과 의무를 강조하는 결정론의 이면에는 인간의 자유 의지론이 개입된다. 자유 의지는 인간의 행위는 우연한 사건이 아니라 자기 결정(self-determination)의 능력을 통하여

---

26 '기독교 세계관'은 필자가 간략하게 정의하였다.

드러난다는 관점이다. 선택과 의도, 그리고 목적은 우연이나 외부적인 개입에 의한 것이 아니라, 전적으로 인간적 관점에서 형성된다.

기독교 세계관은 인간적 결정론이나 자유 의지론이 아닌 인간의 타락에 의한 하나님의 계시 사건을 통한 구속론을 강조한다. 일반적으로 철학은 인간 이성을 통한 유토피아를 최우선 과제로 한다. 그러나 이러한 관점은 인간의 현실적 조건에 대한 정의가 미흡하며, 소수와 다수, 개인의 자유와 공동의 목표 사이의 갈등에 마땅한 대안이 없을 수 있으며, 때로는 의무와 목적의 한계가 불분명할 때도 있다. 이에 비하여 기독교 세계관은 이 세상의 창조와 역사를 하나님의 주권에 둔다.

성경의 구약과 신약, 그리고 기독교 역사 속에서 형성되어 온 윤리적 관점은 역사적 시기마다 그 관점이 차이가 많은데, 크게 이원론과 일원론으로 나누어지기도 한다. 아울러 각 사관은 기독교 고유의 관점이라기보다는 각 시기의 사회 문화적 요인과 특히 철학적 관점과 긴밀하게 연관이 되어 있다. 기독교적 관점에서는 크게 플라톤(Plato)의 영향을 받은 어거스틴(Augustine)의 이원론과 아리스토텔레스(Aristoteles)의 영향을 받은 토마스 아퀴나스(Thomas Aquinas)의 일원론으로 나누어 볼 수 있다.

이원론적 세계관[27]

조나단 샤퍼(Jonathan Schaffer)에 따르면, 이원론(Dualism)의 경우, 철학에서는 주로 물질과 비물질적 실체 또는 존재의 유무에 관한 존재론적 논의와 비물질적 실체를 어떻게 인식하고 사고하는지에 대한 인식론적 논의, 그리고 정신 철학에서 인간의 정신에 관한 논의 등을 포함한다. 뿐만 아니라, 마니교에서와 같이, 종교학적으로 선과 악을 신의 두 속성으로 보는 것이 아니라 선한 신과 악한 신으로 분리하는 것도 일종의 이원론이라고 할 수 있다. 일반적으로 이원론이라는 말은 사상사적으로 다양하게 이용되어 왔다. 이원론이라는 생각은 존재하는 원리, 또는 어떤 것들(things)은 근본적으로 두 가지 범주로 되어 있다고 보는 생각이다. 예를 들어, 이원론자는 선한 신과 악한 신은 서로 독립적이며, 세상에서 그 능력에 있어서 동등하다고 본다.

하워드 로빈슨(Howard Robinson)의 설명에 따르면, 철학에서 이원론에 관한 논의는 주로 물질과 비물질적 실체 또는 존재의 유무에 관한 존재론적 논의와 비물질적 실체를 어떻게 인식하고 사고하는지에 대한 인식론적 논의, 그리고 정신 철학에서 인간의 정신에 관한 논의 등을 포함한다.[28] 뿐만 아니라, 마니교에서와 같이, 종교학적으로 선과 악을 신의 두 속성으로 보는 것이 아니라, 선한 신과 악한 신으

---

27 이하 이원론에 대한 기초 개념은 조나단 샤퍼의 해석을 참고하였다. Jonathan Schaffer, "Monism," *The Stanford Encyclopedia of Philosophy* (Winter 2014 Edition), Edward N. Zalta (ed.), URL = ⟨http://plato.stanford.edu/archives/win2014/entries/monism/⟩

28 이하 다음의 내용을 요약하여 옮긴다. Howard Robinson, "Dualism", The Stanford Encyclopedia of Philosophy (Winter 2012 Edition), Edward N. Zalta (ed.),
URL = ⟨http://plato.stanford.edu/archives/win2012/entries/dualism/⟩

로 분리하는 것도 일종의 이원론이라고 할 수 있다. 일반적으로 이원론이라는 말은 사상사적으로 다양하게 이용되어 왔다. 가장 기본적으로 이원론은 존재하는 원리 또는 것(things)은 근본적으로 두 가지 범주로 되어 있다고 보는 관점이다. 예를 들어, 이원론자는 선한 신과 악한 신은 서로 독립적이며, 세상에서 그 능력에 있어서 동등하다고 본다. 이원론은 근본적으로 다원론과 일원론의 반대 개념이라고 할 수 있다. 다원론(Pluralism)은 이름 그대로 존재하는 세계는 다양한 범주의 실체들의 혼합이라고 보는 입장이며, 일원론은 세계에 존재하는 것이나 원리에는 근본적으로 하나의 범주만 있다고 보는 입장이다. 정신철학에서 이원론은 정신적 상태와 물질적/신체적 상태, 소위 정신과 신체, 또는 보다 구체적으로 정신과 두뇌가 근본적으로 서로 다른 종류 또는 범주의 상태나 현상이라고 본다. 왜냐하면 상식적으로 우리는 육체적 신체가 있다고 생각하며, 물리주의적 일원론이 잘못된 생각이어야만 한다고 믿거나 주장하고 싶은 지적 압력이 일반적으로 세계에 팽배하기 때문이다. 따라서 이원론에 관한 논의는 물리적 세계라는 실체에 관한 가정으로부터 왜 정신이 단순히 세계의 물리적 부분으로 다루어질 수 없는지에 대한 주장으로 연결된다.[29]

리처드 크라우트(Richard Kraut)에 의하면 기독교에 영향을 준 이원론은 다음과 같이 설명할 수 있다고 본다.[30] 플라톤적인 인식론으

---

29 지금까지 로빈슨의 글을 요약하여 옮겼다. Howard Robinson, "Dualism", The Stanford Encyclopedia of Philosophy (Winter 2012 Edition), Edward N. Zalta (ed.), URL = ⟨http://plato.stanford.edu/archives/win2012/entries/dualism/⟩

30 이하 기독교에 영향을 준 이원론의 특징은 리처드 크라우트(Richard Kraut)의 설명을 요약하여 옮긴다. Richard Kraut, "Plato", The Stanford Encyclopedia of Philosophy (Spring 2015 Edition), Edward N. Zalta (ed.), forthcoming URL = ⟨http://plato.stanford.edu/archives/spr2015/entries/plato/⟩

로 세상을 빛과 어둠과 같이 이중적으로 구성되었다고 보는 관점이다. 플라톤의 형상 이론은 감각과 지성, 즉 현상과 이데아계로 나뉜 세계를 설명하기 위한 이론이다. 플라톤은 물리적 영역 전에 '선(the Good)'의 형상이 존재한다는 가정을 전제로 우리가 경험하는 세계는 아름다움과 올바름 같은 형상들이 존재하기 때문에 가능하다고 보았다. 물리적 세계는 감각으로 지각되며 지속적으로 변화하기 때문에, 이에 근거한 지식들은 제한적일 수밖에 없지만, 지성으로 파악되는 형상들의 영역은 불변적이다. 플라톤은 개개의 현상은 완전한 형상들의 불완전한 모사로 보았다. 따라서 현상은 이데아의 그림자에 불과한 것이다. 형상은 또한 이데아로서 영원하고 불변하고 우리 감각을 통해 드러나는 세계의 구조나 특징에 대하여 전형적(paradigmatic)이라고 할 수 있다. 형상은 시간이나 공간에 위치하지 않는 추상적 개념이라고 할 수 있는데, 선(goodness), 미(beauty), 연합(unity) 등의 개념이 여기에 포함된다. 이데아와 현상의 구분을 설명할 수 있는 예를 들어보자. 꽃밭에 있는 붉은 장미를 보고 사람들이 아름다운 장미라고 부른다면, 이 장미의 아름다움은 궁극적 형상으로서 아름다움으로부터 아름다운 장미라는 이름과 아름답다는 특징을 부여받는다. 거의 모든 플라톤 저작은 이렇게 형상과 현상 사이의 구분을 설명한다고 할 수 있다. 현상과 이데아의 구분은 현실에 대한 윤리적, 실제적 결과에 대한 논의에 항상 포함된다. 플라톤에 따르면, 근본적으로 인간은 인식되는 현상이 아니라 그 현상을 가능하게 하는 궁극적 실재인 형상을 바탕으로 자신의 가치관을 형성해야 한다고 보았다. 따라서 철학자는 영혼이 신체와 구분되는 것임을 깨달아야만 하는데, 이는 진리에 대한 인식에 있어서 인간은 신체나 현상의 기능에만 얽매이지 않고, 그 현상을 가능하게 하는 궁극적 실재로서 형상을 바탕으로 현실을 이해할 수 있기 때문이다. 플라톤에게 철학자는 형상을 궁극적으로 이해하는 존재이며, 평범한 인간은 오직 형상의 그림자인 현상만을 인식할 수 있다. 철학자는 모든 다양한 현상들의 궁극적 실재인 형상을 이해함으로써, 윤리적으로 우월하고 보다 계몽된 인간성을 구현한다. 윤리적 측면에서, 플라톤은 진정한 윤리적 선을 이해하기 위해서는 선 자체와 선하다고 인식되는 현상들이 왜 선한지를 제대로 이해해야 한다고 주장한다.[31]

이제 다음에서 이러한 이원론적인 배경에 영향을 받은 어거스틴의 관점을 살펴보자. 어거스틴은 세상을 하나님의 도성과 그 도성의 모형인 땅의 도성으로 구분하여 인식하였다. 어거스틴은 신플라톤주의의 영향을 받았는데, 특히 빅토리아누스(Marius Victorinus)가 라틴어로 번역한 플로티누스의 〈에네아데스, Enneads〉의 영향이 컸다. 플로티누스 사상의 핵심은 유출론(流出論, emanation theory)으로서 모든 존재하는 것의 이면에는 절대적 실재가 있다고 보았다. 그러나 이러한 플로티누스의 세계관은 무에서 유를 창조하는 것이 아니고, 존재가 일자에서 흘러나오는 것이기 때문에 따라서 범신론에 가깝다고 할 수 있다.

에드워드 무어(Edward Moore)의 설명에 따르면 철학사적으로 어거스틴은 플로티누스 이후의 신플라톤주의자로 분류된다고 본다.[32]

---

31 지금까지 기독교에 영향을 준 이원론의 특징은 리처드 크라우트(Richard Kraut)의 설명을 요약하여 옮겼음을 밝힌다. Richard Kraut, "Plato", The Stanford Encyclopedia of Philosophy (Spring 2015 Edition), Edward N. Zalta (ed.), forthcoming URL = 〈http://plato.stanford.edu/archives/spr2015/entries/plato/〉

32 이하 어거스틴과 플로티누스에 대한 설명은 에드워드 무어의 다음 내용을 참고하였다. Edward Moore,

비록 그가 이러한 신플라톤주의적 사고를 독창적으로 기독교 신학에 적용하여 신플라톤주의의 영역을 넘어서기도 했으나, 그의 철학적 인간론 또는 인식론은 신플라톤주의적 이원론을 계승한다고 할 수 있다. 플로티누스는 3세기 철학자로서 신플라톤주의의 창시자로 알려져 있다. 특히 그의 사상은 전통적인 플라톤 철학과 당시 발전하던 기독교 및 영지주의적 사상의 대혼합에 큰 영향을 주었다. 그가 주장한 바는 당시 모든 객관적 실재는 단지 궁극적 일자인 신의 외적 자기 표현이라고 하면서 신성의 완벽한 정신으로부터 불완전하고 결함이 있는 우주가 출현한다고 보았다.

아울러 그는 신의 우월성을 설명하면서 이 신 개념과 연관된 인간 개인의 영혼을 비교하며 설명하였다. 인간의 자기 표현은 형상의 완전한 개념으로부터 물질적으로 파생된 인격(personality)의 형태로 그 형상을 표현할 수밖에 없다. 그러나 이러한 표현은 항상 형상의 완전성을 표현하기에 부족하다. 따라서 이러한 자기 표현이 비록 절대적 실재로부터 기인했다고 하더라도, 항상 신성에 비해 부족한 결핍이 드러난다. 그러나 신성의 본질이 물질적이며 결핍된 자기 표현으로 강등되는 것은 유일자의 완전성을 설명하며 아울러 인간의 결핍을 극복할 수 있는 이론적 조건을 위하여 필요하다. 따라서 플로티누스는 개별 영혼의 경험을 신적 형상의 상태로 높임으로써, 그는 인격의 존재론적 필요성을 지키는 데에 성공한다. 플로티누스에 따르면, 우주는 신성에 의해 계획된 창조 질서가 아니다. 만약 그렇다면 우주상에 존재하는 모든 악의 문제와 그 근원이 신과 연관이 되기 때문이다.

"Neo-Platonism," URL = http://www.iep.utm.edu/neoplato/

따라서 그는 우주를 신적 영혼의 자기 표현으로 규정하고, 그 신적 경험의 결과물로 정의한다.[33]

마이클 멘델슨(Michael Mendelson)에 따르면 이러한 플로티누스의 이원론적 이해는 영지주의 기독교와 마니교의 인간 이해에 큰 영향을 주었다고 보며 어거스틴의 입장에서 마니교의 이원론의 문제는 철저하게 도덕적 이원론을 펼치는 것이라고 강조한다.[34] 일단 어거스틴은 이원론적 이해를 바탕으로, 인간 개별 존재는 육체와 영혼의 결합체로 보며, 영혼과 육체 사이의 불균형이 있다고 본다. 영적 실체로서 영혼은 육체보다 우월하며, 육체를 통제한다. 이는 영혼과 육체관계에 대하여 상당히 긍정적인 개념을 제안함으로써, 마니교와 같이 영혼과 육체 구분에 따른 이중적 윤리를 주장할 수 없게 한다. 어거스틴에게 영혼은 신의 실체나 육체와도 다르며, 다른 물질적 실체와도 다르다. 영혼이 창조된 비물질적 상태라고 주장하면서, 그는 인간의 영혼이 변화할 수 있는 가능성도 제안하는데, 이는 창조자와 인간 존재를 구분하는 요소가 되기도 하며, 아울러 인간의 도덕성이 좋게 되든지, 아니면 나쁘게 되든지 바뀔 수 있음을 인정하게 되는 것이다.[35]

---

33 지금까지 플로티누스의 관점은 에드워드 무어의 다음 내용을 참고하였다. Edward Moore, "Neo-Platonism," URL = http://www.iep.utm.edu/neoplato/
34 이하 어거스틴과 플로티누스의 비교는 다음의 내용을 참고하였다. Michael Mendelson, "Saint Augustine," *The Stanford Encyclopedia of Philosophy* (Winter 2012 Edition), Edward N. Zalta (ed.), URL = ⟨http://plato.stanford.edu/archives/win2012/entries/augustine/⟩
35 지금까지 위의 내용을 참고하여 설명하였다. Michael Mendelson, "Saint Augustine," 위의 사이트.

일원론적 세계관[36]

조나단 샤퍼(Jonathan Schaffer)에 따르면, 철학적으로-또는 신학적으로- 다양한 일원론이 존재한다. 철학적으로 유일의 궁극적인 존재, 원리, 개념, 방법 등이 있다고 생각하는 관점을 통틀어서 일원론이라고 한다. 일단 일원론이라고 하면 일체성(oneness)을 상정하며, 각각 그 일체성의 대상(target)이 무엇인지, 그리고 그것을 어떤 단위(unit)로 설명하는지에 따라 다양한 일원론적 논의가 이루어진다. 일반적으로 일원론은 다원론과 허무주의(nihilism)와 관련되어 있으며, 이원론과는 정반대의 입장을 가진다.[37] 윌리엄 터너(William Turner)에 따르면, 이원론을 포함한 모든 다원론적 관점이 실체의 다양성을 구분하지만, 일원론은 그 다양성의 실존을 거부하며, 다양한 종류의 현상이나 대상은 모두 하나의 궁극적 실체의 다양한 표현형에 불과하다. 예를 들어, 이원론자들은 육체와 영혼, 물질과 정신, 대상과 주체, 물체와 힘을 철학적으로 구분하지만, 일원론자들은 그러한 구분을 거부하고, 구분되는 양자 중 하나를 다른 한 쪽으로 환원시키거나 양자를 보다 더 고차원적인 통합으로 합치려고 한다.[38] 한편, 샤퍼에 따르면, 근대 철학적인 관점에서 볼 때, 정신과 신체를 별개의 것으로 생각하

---

36 일원론에 대하여, William Turner, "Monism," The Catholic Encyclopedia. Vol. 10. New York: Robert Appleton Company, 1911. 8 Feb. 2015 〈http://www.newadvent.org/cathen/10483a.htm〉 와 Jonathan Schaffer, "Monism", The Stanford Encyclopedia of Philosophy (Winter 2014 Edition), Edward N. Zalta (ed.), URL = 〈http://plato.stanford.edu/archives/win2014/entries/monism/〉를 주로 참고하여 요약하였음을 밝힌다.

37 Jonathan Schaffer, "Monism", The Stanford Encyclopedia of Philosophy (Winter 2014 Edition), Edward N. Zalta (ed.), URL = 〈http://plato.stanford.edu/archives/win2014/entries/monism/〉

38 William Turner, "Monism," The Catholic Encyclopedia. Vol. 10. New York: Robert Appleton Company, 1911. 8 Feb. 2015 〈http://www.newadvent.org/cathen/10483a.htm〉

는 데카르트의 경우 이원론에 해당한다면, 정신과 신체를 실체의 표리로 이해하는 스피노자는 일원론자에 해당한다. 또한 정신과 신체의 문제에 관한 물리적 환원주의 같은 경우도 큰 틀에서 일원론에 해당한다고 할 수 있다. 일원론의 궁극적인 주장은 존재하는 우주의 본체는 오직 하나이며, 세계 자체는 하나의 근원이라는 입장이다. 일단 일원론자는 어떠한 대상 t는 특정한 단위 u에 의해서만 설명된다고 주장할 때, 다원론자들은 단위 u로 설명되는 t가 여럿 존재한다고 주장할 것이며, 반대로 허무주의자들은 단위 u로 설명되는 t는 존재하지 않는다고 볼 것이다. 일원론자들은 어떠한 단위 u로 설명되는 구체적 대상이 하나만 존재하기 때문에, 이러한 대상은 항상 가장 고차원적인 하나이어야만 한다.[39]

리처드 크라우트(Richard Kraut)에 의하면 일원론적 세계관은 아리스토텔레스의 경우처럼 모든 존재는 각기 본성에 따라서 목적을 향하여 가고 있다는 관점으로 보고 있다.[40] 그는 그의 스승 플라톤과 달리, 이데아와 현상이라는 이분법적인 사고가 아니라 현상계 안에 질료와 형상이 다 있다고 보았다. 즉 사물의 본질은 실재 안에 있다고 보았는데, 그가 강조하는 실재론의 핵심을 보면, 모든 우주의 본질은 물질로서 모든 존재는 자기 고유의 본성이 있기 때문에 이 목적을 실현하는 것이 존재의 목적으로 본 것이다. 즉 그에게 있어서 현실 속에

---

39   Jonathan Schaffer, "Monism", The Stanford Encyclopedia of Philosophy (Winter 2014 Edition), Edward N. Zalta (ed.), URL = ⟨http://plato.stanford.edu/archives/win2014/entries/monism/⟩

40   이하 리처드 크라우트의 해석에 기대어 같은 단락에 나타나는 '플라톤'과 '실재론'의 관점을 요약한다. Richard Kraut, "Aristotle's Ethics," *The Stanford Encyclopedia of Philosophy* (Summer, 2014 Edition), Edward N. Zalta (ed.),
URL = ⟨http://plato.stanford.edu/archives/sum2014/entries/aristotle-ethics/⟩

는 이상이 포함되어 있기 때문에 스승 플라톤과 다르게 현실 안에서 인간의 가능성을 보았다고 할 수 있다.

플라톤의 경우, 덕은 지혜, 용기, 절제, 인내로 이루어지며, 아리스토텔레스에게는 '중용'이 그 역할을 한다.[41] 중용은 인간이 궁극적인 최고선인 행복을 이루기 위한 덕을 말하는데, 이를 이루기 위하여서는 이성적인 사유 체계를 통하여 덕을 이루는 것이다. 이때 중용은 쾌락과 이성을 적절하게 조화시킨 성품으로서 정욕에 치우치면 행위가 과다(過多)하게 되고, 그렇다고 이성적인 것에 너무 의지하면 행위가 과소(過小)하게 되는 문제가 발생한다. 따라서 행위가 양극단의 중간에서 적절하게 중용을 취하게 될 때, 궁극적인 선으로 나아갈 수 있다고 보았다.

리처드 크라우트(Richard Kraut)는 중용 개념이 아리스토텔레스의 덕론의 핵심이라고 강조한다. 그는 인간의 모든 선한 행위는 인간의 행복한 삶이라는 목적을 추구한다는 점에서 소크라테스나 플라톤과 같은 관점을 가진다. 그러나 모든 윤리적 덕은 복잡한 이성적, 감정적, 사회적 기술을 요구한다고 보면서도, 인간이 모든 윤리적 선(good)을 이해하는 데에 있어서 아리스토텔레스는 과학이나 형이상학이 필수적이라고 보지 않는다. 인간이 행복한 삶을 살기 위해서 필요한 것은 모든 덕이 전체로서 조화를 이룰 수 있어야 한다. 이것이 곧 그의 중용 개념의 핵심이다.

아리스토텔레스는 윤리적 덕을 습관을 통해 적절한 감정을 가지게

---

41 '중용' 개념은 리처드 크라우트의 관점을 요약한다. Richard Kraut, "Aristotle's Ethics," *The Stanford Encyclopedia of Philosophy* (Summer, 2014 Edition), Edward N. Zalta (ed.),
URL = ⟨http://plato.stanford.edu/archives/sum2014/entries/aristotle-ethics/⟩

되는 조건이나 상태(그리스어로 hexis)로 설명하는데, 플라톤의 이론과 달리, 그는 덕을 단순히 지식으로 이해하지 않는다. 모든 윤리적 덕은 다른 두 상태, 즉 과도한 상태와 부족한 상태의 중간 상태, 즉 중용이다. 아리스토텔레스는 윤리적 덕은 기교와는 다르지 않다고 주장하는데, 모든 기술자들이 과도함과 결핍을 피하는 방법을 알듯이, 용기가 있는 사람은 과도한 호기와 겁쟁이의 양극단 중간에 있는 존재를 의미한다. 이와 같이 아리스토텔레스는 모든 윤리적 덕은 언제나 과도한 상태와 결핍한 상태 중간에 위치한다고 본다. 아리스토텔레스가 덕을 중용의 상태로 본 것은 단순히 양극단의 정중앙을 의미하는 것이 아니라, 상황에 따라 그 정도를 달리하는 유동적 상태를 의미한다. 예를 들어, 어떠한 상황에서는 약간의 분노가 적절할 수 있지만, 다른 상황에서는 더 큰 분노가 요구되기도 한다.[42]

스완 플로이드(Shawn Floyd)에 의하면 아리스토텔레스와 아퀴나스의 차이점은 다음과 같다.[43] 아리스토텔레스에게는 정의로 나아가는 내적 목표는 정의의 불가변성이 아니라, 정의로운 성격을 지닌 개인들이 자연적으로 도달할 수 있는 가능성을 의미한다. 따라서 목적론적 윤리라고 할 수 있으며, 궁극적인 선에 이르는 과정을 중시하여 도덕과 품성을 강조하기 때문에, 자연히 일원론적 세계관을 구성한다. 이와 같은 아리스토텔레스의 영향을 받은 아퀴나스는 자연법 사상을

---

42 지금까지 리처드 크라우트의 해석을 통하여 아리스토텔레스의 '중용' 개념을 요약하였음을 밝힌다. Richard Kraut, "Aristotle's Ethics," *The Stanford Encyclopedia of Philosophy* (Summer, 2014 Edition), Edward N. Zalta (ed.),
URL = ⟨http://plato.stanford.edu/archives/sum2014/entries/aristotle-ethics/⟩

43 이하 '아리스토텔레스와 아퀴나스의 관점 차이', 그리고 '덕'론은 다음의 내용을 참고하여 요약하였음을 밝힌다. Shawn Floyd, "Thomas Aquinas: Moral Philosophy," *Internet Encyclopedia of Philosophy*,
URL = http://www.iep.utm.edu/aq-moral/

통하여 창조자는 피조물을 합리적으로 지도하기 위하여 영원법을 제정하셨으며, 인간은 어느 정도의 신적 이성을 가지고 있다고 보았다. 아퀴나스에게 자연법은 창조주와 연관하여 신의 이성으로부터 나오며, 인간의 마음속에 심겨진 신의 선물이다. 신으로부터 영원법을 통하여 부여된 본성이며 영원으로의 참여가 자연법이라고 할 수 있다. 이 자연법을 통하여 아퀴나스는 덕의 윤리를 강조한다. 덕이란 전적으로 천부적인 것이 아니고, 교육과 훈련, 또는 은총에 의하여 습득되는 것으로서 인격의 특성이라고 할 수 있다.

스완 플로이드(Shawn Floyd)에 따르면, 아퀴나스의 덕론은 그의 도덕 철학을 구성하는 핵심적 내용이다. 먼저 그는 아리스토텔레스의 행복론(eudaimonism)과 기독교 신학을 종합한다. 인간의 행위는 그것이 인간의 근본적인 목적(telos)에 얼마나 공헌하는지에 따라 평가될 수 있다. 기본적으로 인간의 목적은 행복(eudaimonia)에 있으며, 이는 완성(completion), 완전(perfection) 또는 안녕(well-being) 등으로 정의될 수 있다. 행복을 획득하기 위해서는 어느 정도의 지적, 도덕적 덕이 필요한데, 덕은 인간이 행복의 본질을 이해하고 지속적으로 행복을 추구할 수 있도록 한다. 다른 한편, 아퀴나스는 신학적 사유를 바탕으로 인간의 궁극적 행복은 이 세상에서 획득할 수 없다고 본다. 그에게 최종적 행복은 하나님과의 초자연적인 연합을 통해 가능하다. 인간의 원죄로 인해 인간은 하나님과의 궁극적 연합을 자발적으로 획득할 수 없기 때문에, 철저히 하나님의 도움이 필요하다.[44]

랄프 맥너리(Ralph McInerny)와 존 오캘러건(John O'Callaghan)에 따

---

44 지금까지 위의 스완 플로이드의 글을 요약하여 설명하였음을 밝힌다.

르면 아퀴나스가 정의하는 덕(virtues)은 인간의 다양한 능력의 탁월성이나 완전을 의미하며, 이는 선한 행위를 하고자 하는 인간의 개발된 습관적 능력이라고 할 수 있다.[45] 특히 인간의 행위는 이성과 의지의 법칙에 따르며, 신과의 합일에 관하여는 신의 특별한 은총과 인도를 필요로 한다. 아퀴나스는 인간이 추구하는 행복의 종류에 따라 자연적 덕과 신학적 덕을 나눈다. 자연적 덕은 인간의 본성에 비례하는 덕으로서, 여기에는 도덕적 덕과 지적 덕이 있다. 지적 덕은 진리를 이해하는 능력으로서 이성의 탁월성과 관련되며, 도덕적 덕은 인간의 의지에 관계된 다양한 능력을 완성하는 습관을 의미한다. 그러나 신학적 덕은 인간의 본성으로는 불가능하며, 신과 함께하는 초자연적인 선한 삶에 관계된다. 자연적 덕은 현명함(prudence), 용기(courage), 절제(temperance), 정의(justice)의 네 가지 주덕(cardinal virtues)을 바탕으로 나눠지며, 각 덕마다 추구하는 목적이 지정되어 있다. 신학적 덕은 성경에 기록된 믿음, 소망, 사랑으로 구성되며, 각각은 신의 은총을 통해서 인간에게 주입되며, 영원한 축복을 목적으로 한다.[46]

지금까지 살펴본 바와 같이 기독교적인 관점에서 윤리 또한 도덕적인 규범의 문제와 무관하지 않다. 일반 철학에서 진리의 질문이 인간의 이성과 공동체의 정치적 능력에 의한 소통의 문제와 연관이 된다면, 기독교는 "하나님이 원하시는 존재는 어떤 존재인가?"에 관심

---

45 이하 아퀴나스의 덕론은 다음의 내용을 참고하였다. Ralph McInerny and John O'Callaghan, "Saint Thomas Aquinas," *The Stanford Encyclopedia of Philosophy* (Summer 2014 Edition), Edward N. Zalta (ed.), URL = ⟨http://plato.stanford.edu/archives/sum2014/entries/aquinas/⟩

46 지금까지 랄프 맥너리(Ralph McInerny)와 존 오캘러건(John O'Callaghan)의 아퀴나스의 덕론에 대한 해석을 요약하였다. 위의 사이트 참고.

을 가진다. 옳고 그름은 하나님이 명령하시거나 금하신 것이기 때문에, 신에게 복종하는 동기를 항상 중시한다. 하나님의 법은 인간의 법과 다른 신성 계약의 계약법을 통하여 파악이 된다. 한편, 신약성경의 법은 완전주의 윤리를 지향하는데, 이 구약법과 신약법과 연관된 성경 윤리의 해석은 이 책 후반부에서 다루도록 하겠다.

03장

철학
윤리

03장 철학윤리[47]

필자는 철학적 윤리의 관점을 이해하는 것이 매우 중요하다고 본다. 위에서 살펴본 보편적 윤리의 요소들을 기반으로 철학적 관점에서 현대 윤리학의 쟁점을 살펴보는 것은 매우 의미가 있다. 마이클 샌델(Michael Sandel)의 '정의론'을 통하여 철학적 윤리의 핵심을 분석하여 보자. 그는 정의론의 요소인 행복의 극대화, 자유존중, 그리고 미덕 추구라는 도덕적 이론을 전개하면서, 고대의 정의론은 미덕에서 출발하였고, 반면 근현대의 정의론은 자유에서 출발한다고 전제하였다. 그는 정의론에 있어서 중요한 점은 도덕적 신념을 가려내야 하며, 동시에 어떤 생각을 어떤 방식으로 하는지 이해할 수 있어야 한다고 밝히고 있다. 도덕적 사고가 인간 행위에 있어서 그 도덕적 직관과 원칙

---

[47] Michael J. Sandel, *Justice: What's the right thing to do*, 『정의란 무엇인가』 (이창신 역, 김영사, 2010). 이하 '철학윤리'에서는 마이클 샌델의 철학적 인간학을 필자의 선행 연구에서 옮겼다. 참고) 유경동, "7. 통일 신학/7-2. 정의와 공동체," 『남북한 통일과 기독교의 평화』 (2012, 남북한평화신학연구소), 299-308. 이하 샌델의 '정의론'을 분석함에 있어서 소제목인 '정의론', '서사 공동체', '정의론의 한계'는 전적으로 필자의 선행 연구의 분석을 별도의 재인용 부호 없이 옮겼음을 밝힌다.

을 고수하는 태도가 중요함에도 불구하고, 그 근거가 일관된 편견에서 자유로울 수 있는지 의문을 가지면서 그는 자기 성찰만으로는 정의의 의미나 최선의 삶의 방식을 발견할 수 없다고 주장한다.

그는 위의 세 가지 정의의 방식을 공리주의와 자유주의의 관점에서 논한 후 그 한계를 지적하고, 존 롤스(John Rawls)와 칸트(Kant)의 의무론을 분석하였다. 그리고 이 의무론의 문제점을 지적한 후, '미덕'이라는 차원에서 아리스토텔레스(Aristoteles)의 정의론을 전개하였다. 샌델의 주장을 간략하게 요약하면 아래와 같다.

먼저 그는 벤담의 공리주의는 절대적이고 확실한 의무나 권리의 존중은 인간의 행복을 보장하지 못한다는 관점에서 출발한다. 공리주의 원리란 '최고 원칙으로서 행복을 극대화하고, 쾌락이 고통을 넘어서도록 하여 전반적으로 조화를 이루는 것'이다. 이와 같은 벤담의 '최대 행복'에 대한 반론은 두 가지로 요약되는데, 하나는 이 공리주의가 인간의 존엄성과 개인의 권리에 많은 비중을 두지 못한다는 점과 다른 하나는 도덕적 문제를 쾌락과 고통이라는 원리로만 다룬다는 점이다. 이러한 공리주의의 한계를 보완하기 위하여 존 스튜어트 밀은 이 공리를 넓은 의미로 사용하여야 하며, 진보하는 존재인 인간에게 있어서도 오랜 세월에 거쳐서 개인의 자유를 존중하면, 결국 이 원리가 영원한 행복과 이익을 줄 수 있을 것으로 확신하였다.

그러나 이와 같은 공리주의의 한계는 여전히 행복의 극대화가 인간의 자유를 침해한다는 점이다. 공리주의는 쾌락을 극대화하여 고통을 넘어서는 통일된 방법이지만, 문제는 그 통일의 기준이 모호하다는 점이다. 이 점에서 자유라는 개념은 매우 중요한데, 그 이유는 인간은 재화나 상업적 수단으로 측정될 수 없는 존엄성을 가진 존재이며 이 존재의 목적이 먼저 다루어져야 하는 것이다.

한편 공리주의를 극복하려는 '자유주의'는 정의의 기준을 사람들의 자유로운 선택을 존중하여야 하는 '자기 소유'라는 정신에 근거한다. 미국의 경우, 장기 이식이나 안락사, 대리 출산, 그리고 계약에 의한 식인 행위와 같은 사례는 자유주의의 관점에서 보면 그 정당성이 있어 보인다. 그러나 샌델은 자유 시장에서의 인간의 자유로운 선택의 조건이 과연 존재하는가에 대한 근본적인 질문과 함께 돈으로 살 수 없는 미덕과 고귀한 재화의 가능성을 칸트와 존 롤스를 통하여 살펴보고 있다.

인간의 권리가 다수의 공리나 주관적인 자기 소유에 의하여 좌우되지 않는 그 무엇에 기초하여야 한다면, 그것은 칸트의 주장대로 인간은 그 자체가 목적으로서 존중받아야 하는 존엄성을 지닌 이성적 존재라는 관점에 서야 할 것이다. 칸트는 도덕이란 특정한 시기의 인간적 흥미나 바램, 욕구나 기호 같은 경험적 요소에 의하여 좌우될 수 없다고 보았다. 도덕의 가능성이란 인간이 이성적으로 자유롭게 행동하여 순수 이성의 실천을 연습하여 최고 원칙에 도달하는 길 외에는 없다.

칸트에게 있어서 자유롭게 행동한다는 것은 자율적으로 행동하는 것이며, 그리고 이 자율적인 행동이란 천성이나 사회적 관습이 아닌 내가 나에게 부여한 법칙에 따라 행동하되, 주어진 목적에 맞는 최선의 방법을 찾는 것이 아닌 목적 그 자체를 선택하는 것이다. 이와 같이 자율은 인간에게 주어지는 존엄성이며, 따라서 행동의 도덕적 가치는 결과에 있지 아니하고 그 동기에 있다. 동기에 주어진 의무, 즉 어떤 행동을 하는 이유가 그것이 유용하다거나 편리해서가 아닌 의무 동기만이 행동에 도덕적 가치를 부여하게 되는 것이다.

칸트는 도덕의 최고 원칙으로서 의무와 의지의 자율성, 그리고 정언 명령을 주장하였다. 그는 이와 같은 도덕과 관련된 실천이성을 도구로 여기지 않고, 어떤 경험이나 목적에도 상관없이 선험적으로 정해지는 순수 실천이성, 즉 그 자체로 절대적이며 다른 동기도 포함하지 않은 채 명령을 내리는 실천 법칙을 강조하였다. 이때 인간의 행동 준칙은 보편화되며, 인간 그 자체가 목적이 될 수 있는 것이다.

칸트의 위와 같은 입장에 약점이 없는 것은 아니다. 예를 들어, '법의 준수' 문제에 있어서 칸트는 대중 전체가 동의할 수 있는 가언 합의에 호소하는데, 샌델의 입장에서 이것이 과연 진짜 합의인지 문제가 될 수 있다는 점을 지적하면서, 존 롤스의 정의론을 들고 나온다. 롤스는 정의를 고민하는 방법은 원초적으로 평등한 상황에서 어떤 원칙에 동의해야 하는가를 묻는 것이라고 주장하였다. 이 평등한 상황이 바로 '무지의 장막'으로서 자신의 상황을 백지화하고 선택하는 조건을 원칙으로 하는 것이다.

정의론

롤스(John Rawls)의 사회 계약은 원초적으로 평등한 위치에서 이루어지는 가언 합의로서, 이 합의가 이루어지는 조건으로 언론의 자유나 종교의 자유와 같은 기본 자유를 모든 시민에게 평등하게 제공하며, 이를 경제적 평등까지 연결할 때 정의로운 사회 구조가 가능하다고 보았다. 그러나 문제는 기본적으로 출발하는 평등에 있어서 소득의 부와 분배의 경우, 생득적이거나 역사적 사회적 우연으로 결정될 수 있으며, 또는 선천적인 능력에 의하여 차이가 생기는 '도덕의 임의성'이 생길 때, 과연 평등이 가능한가에 대한 의문은 남게 된다.

따라서 롤스의 대안은 '차등 원칙'을 통하여 재능 있는 사람에게는 불이익을 주지 않고, 재능과 소질의 불공정한 분배를 바로 잡는 방식을 채택한다. 즉 재능 있는 사람은 재능을 개발하고 이용하도록 하면서, 그 재능으로 시장에서 얻은 대가는 공동체 전체에 돌아가게 함으로써 출생에 따라 정해지는 봉건적 제도, 기회 균등을 강조하는 자유 시장, 공정한 기회 균등을 인정하는 능력 위주의 관점을 극복하고자 하였다. 샌델은 이와 같은 롤스의 정의론이 나름 미국 정치 철학의 발전으로 보았으며, 좀 더 평등한 사회를 건설하는 대안이 될 수 있다고 보았다. 그러나 롤스의 한계는 과연 원칙을 세우는 기준을 가능케 하는 사회는 어떻게 형성될 수 있는가에 대하여 그 답이 빈약하다는 것이다. 즉, 원칙이 원칙으로서 인정받을 수 있는 공동체 자체의 도덕성과 그 공동체를 구성하는 성원의 도덕성에 관한 문제를 먼저 선결하여야 한다는 것이 샌델의 입장이다.

샌델은 공리주의와 자유주의의 한계를 논하고, 의무론의 원칙을 전개한 다음, 칸트나 롤스의 의무론적 정의론의 한계를 아리스토텔레스의 목적론적 윤리로 극복하고자 하였다. 아리스토텔레스는 텔로스(목적, telos)를 어떤 목적에도 치우치지 않는 권리의 틀을 정하는 것이 아니라, 좋은 시민을 양성하고 좋은 자질을 배양하는 시민의 미덕을 키우는 것으로 이해하였다. 정치에 있어서도 그 목적은 사람들의 고유의 능력과 미덕을 개발하게 만드는 것, 즉 공동의 선을 고민하고 판단력을 기르며, 시민 자치에 참여하고, 공동체 전체의 운명을 걱정하게 하는 것이다.

따라서 텔로스를 이루는 과제는 공동체를 전제로 하며, 폴리스를 통하여 인간 본성이 발현된다. 특히 아리스토텔레스의 해석에 있어서 샌델이 강조한 것은 인간 고유의 특징인 언어의 소통과 기록을 통한 쾌락과 고통의 나눔에 대한 것이다. 언어는 무엇이 공정하고 불공정한지 선언하고, 옳고 그름을 구별하는 매체이다. 정치에서의 언어력과 사고력의 발휘는 미덕과 좋은 삶을 전제하는 것이며, 정치가 추구하는 "도덕적 우수성은 쾌락과 고통을 모으는 데에 있지 않고, 그것을 구별하며 고상한 것에서 기쁨을, 천박한 것에서 고통을 느끼는 것이다. 따라서 행복은 마음의 상태가 아니라 존재방식이며, 미덕과 일치하는 영혼의 활동"으로 아리스토텔레스는 보았다. 도덕적 미덕은 습관의 결과로 생기는 것으로 행동으로 터득하는 것이며, 연습을 통하여 얻을 수 있는 것이다.

샌델이 아리스토텔레스를 통하여 강조하고자 하는 것은 미덕이 행동으로 배우는 것이기 때문에, 처음부터 올바른 습관으로 인격을 형성하여야 한다는 것이다. 이 습관이 도덕 교육의 첫 단계이며, 규칙의 올바른 사용을 통하여 중용을 이루게 된다. 그러나 습관이 중요함에도 불구하고, 도덕적 미덕의 전부가 될 수 없는 이유는 새로운 상황에서 어떤 습관이 적절한지 아는 '실천적 지혜'가 필요하기 때문이다. 이는 바로 "선에 따라 행동하는 능력의 이성적이고 진실한 상태"로서 정치적 면에 내재된 도덕적 가치이다.

습관과 인격, 그리고 실천적 지혜를 주장하는 아리스토텔레스의 정의는 목적론적 적합성의 문제로서 자유주의적 선택의 관점과는 어울리지 않는 것이 분명하다. 그러나 샌델은 이 아리스토텔레스의 관점이 공정성 이전에 삶의 본질을 논한다는 점을 강조한다. 즉 선은 쾌락의 극대화가 아니며, 인간의 고유 능력을 개발하는 것이다.

칸트의 입장에서 보면, 선을 먼저 정의를 내리고 도덕법을 결정하는 입장은 인간이 자율적 존재가 될 수 없기 때문에 먼저 도덕법을 정한 후 의무와 권리를 규정할 원칙을 정한 다음에, 그 원칙에 맞는 선을 추구하여야 한다. 롤스도 역시 인간의 평등한 권리가 먼저 선행된 후, 선을 논하여야 한다고 반박할 것이다. 즉 도덕적인 사람은 자신이 선택한 목적의 주체이기 때문에 공정하게 선택할 수 있는 권리의 틀이 중요하며, 자아는 목적에 앞서고, 목적은 오직 자아에 의하여 확정될 수 있는 것이다.

그러나 샌델은 아리스토텔레스를 통하여 정의를 사람과 목적 또는 선의 적합성 문제로 이해하며, 선택의 자유와 공정한 조건 또는 중립적인 정의만으로는 부족하다고 강조하며, 본질적인 도덕문제를 다루어야 한다고 강조한다. 즉 "권리를 선에 앞세우라는 요구를 거부하면서, 목적과 애착에서 관심을 끊고, 정의를 이상적으로만 생각할 수 없다"는 소위 공동체주의자의 입장을 대변한다. 여기서 공동체주의란 특정한 편당의 집단을 지칭하는 것이 아닌 "공동체의 도덕적 중요성을 인식하면서, 동시에 인간의 자유를 인정"하는 가능성을 타진하는 것이다.

서사 공동체

샌델은 공동체와 자아의 개념을 강조하면서, 특히 알래스데어 매킨

타이어(Alasdair Macintyre)의 이론을 통하여 도덕적 행위자로서 목적에 다다르기 위하여 '서사'라는 개념을 소개한다. 이 서사는 "나는 무엇을 해야 하는가?"라는 물음 이전에, "나는 어떤 이야기의 일부인가?"에 관심을 가진다. 매킨타이어의 관점처럼, 모든 체험된 서사에는 특정한 목적이 있는데, 이는 외적으로 부여된 고정된 목적이나 목표가 있다는 뜻이 아니라 예측 불능으로서 서사적 삶은 무슨 일이 일어날지 모르면서 앞으로 나아가게 하는 특정한 형식이 있다는 것이다.

샌델이 이러한 서사적 삶을 강조하는 이유는 앞의 공리주의나 자유주의, 그리고 의무론을 넘어서기 위한 전략으로 보인다. 즉 서사는 개인의 삶을 더 큰 삶의 방식, 예를 들어, 과거의 유산과 전통 속에서 해석한다는 점에서 개인의 자유나 자율을 전제한 의무를 넘어선다. 또한 서사 공동체는 개인이라는 자격으로 결코 선을 추구하거나 미덕을 실천할 수 없다는 점을 강조함으로써 개인주의와 자유주의를 넘어선다. 아울러 개인은 사회의 일부로서 단지 계약의 상대를 이성적 존재로서만이 아닌 역사를 공유하는 존재로 보기 때문에 도덕도 공동체적으로 이해한다.

따라서 서사적 공동체는 합의나 중립을 넘어서서 덕성 있는 공동체를 지향하는 것이며, 개인주의를 넘어서서 서로에 대한 배려와 감수성을 가지고 자아를 사회적 연대와의 관계에서 파악하게 되는 것이다. 물론 연대적인 공동체는 자칫 타인에게 자신의 가치를 강요할 위험이 있는 것은 사실이지만, 개인의 선과 동시에 공동체의 선도 함께 고려하는 서사적 공동체는 의무나 인간의 자유에 근거한 정의론의 한계를 극복하는 가능성이 있다고 할 수 있다.

샌델은 자신의 이러한 입장을 통하여 도덕적 종교적 신념이 정치와 법에서도 중요하고, 정의로운 공동체는 이성만이 아닌 직관이 필요하며, 도덕과 시민 의식이 함께 필요하다고 강조하였다. 따라서 공동체를 형성하기 위하여서는 희생과 봉사가 따르는 시민 의식과 시장의 도덕적 한계에 대한 공론화, 불평등을 극복할 시민의 연대와 미덕, 그리고 도덕에 개입하는 정치에 대한 이상을 역설하였다.

정의론의 한계

지금까지 필자는 샌델의 정의론을 통하여 그 핵심적인 쟁점을 살펴보고, 현대 정의론에서 부각되는 공동체의 개념이 무엇인지 정리하여 보았다. 공리주의와 자유주의, 그리고 의무론을 넘어서 미덕과 연대에 대한 그의 주장은 매우 설득력이 있으며, 아울러 현대 기독교 윤리학과 연관하여 이야기 신학, 품성과 자아, 공동체, 집합적 기억으로서의 역사에 대한 개념들은 매우 유용하다고 본다. 그러나 그의 정의론에 한계가 없는 것은 아니다.

첫째, 샌델의 정의론은 순환론적 논리의 오류에서 벗어나지 못하고 있다고 본다. 그는 공리주의와 자유주의, 의무론의 한계를 지적하고 미덕의 공동체주의를 강조하지만, 결국 이 공동체를 유지하기 위하여서는 다시 공리나 자유의 개념으로부터 출발하여야 한다는 점이다.

둘째, 샌델은 공동체의 미덕이 중립적이거나 합의에 근거하지는 않지만, 이 미덕이 개인의 자유와 공동체의 선, 양자를 위하여서 필요하다고 강조하였다. 그러나 공동체가 특정한 역사와 상황에 근거한 미덕에 의지할 때, 이 미덕을 공유하지 못한 다원적인 가치의 문제에 심각한 손상을 입힐 수 있다.

셋째, 공동체가 생생한 삶의 내용을 전달하여 주는 서사와 역사적 기억을 소중하게 여길 수 있지만, 우리와 같은 제3세계의 관점에서 서구적 공동체의 기억은 역사 속에서 제국주의적 경험에 근거하고, 여타의 제3세계 기억은 식민지적 경험에서 형성된 것이다. 따라서 기억에 의존하여 형성된 서사는 큰 맥락에서 질적 차이가 생기며, 결코 같은 역사로 기록이 될 수 없다.

넷째, 샌델의 인간론은 상당히 이상적이라고 할 수 있다. 차가운 이성과 함께 뜨거운 심장이 도덕의 내용이 되어야 한다는 관점은 일면 이해가 되지만, 우리의 인간적 경험을 통해 볼 때 그렇게 이상적인 것이 가능한지 의문이 간다. 르네 지라르(Rene Girard)의 〈희생양〉에서 밝히는 인간의 무한한 모방 욕망이나 리처드 도킨스(Richard Dawkins)의 〈이기적 유전자〉에서 밝혀지는 무정한 자기 복제의 인간 모습은 비관적이기까지 하다. 따라서 그의 '자아' 이론은 그 자아를 구성하는 집단의식과 역사가 정의롭지 않는 한, 결코 학습될 수 없다는 한계가 있다.

다섯째, 샌델이 지적하듯이, 도덕에 정치와 종교의 개입이 가능하다고 할 때, 권력의 이기주의와 종교의 배타주의에 대하여 대안이 있는가 하는 점이다. 예를 들어, 현재 미국을 중심으로 펼쳐지는 '세계화'의 허구는 역사적으로 자유 시장의 불가결한 요소인 시민적, 민주적 제도를 세계화시키지 않은 채 상품, 노동, 통화와 정보 시장을 세계화시키고 있으며, 이에 따라 결과적으로 발생한 세계의 불균형성은 전통 국가를 약하게 만들고, 시장은 사적 경제에만 도움이 되게 하였다는 점이다. 이는 정상적으로 작동하는 민주적 시민 질서뿐만이 아니라 제도로 작동하는 국제적 경제 질서에도 악영향을 주었다.

더군다나 사유화되고 시장화 된 세계화에는 시민성이 부족하여지고, 시민 문화, 종교와 가족과 연관된 가치나 제도를 유지할 수 없게 되어 가고 있다. 세계화는 정부와 공공의 문화를 공격하면서, 민주주의를 소진시키는 민영화 개념을 동반하고 있는데, 이것은 시장이 한때 정부가 수행했던 모든 것을 대치할 수 있다는 자만에 빠져 무한한 시민적 자유를 요구한다. 그러나 소비자의 선택이 사적이고 개인적인 선택에 머무를 때, 이것은 공공의 결과에 심각한 영향을 줄 수 있다. 따라서 민주 정치 체제는 개인의 선택에 관한 것이 아니라 공공의 선택에 대한 것도 신중하게 다룰 수 있어야 하는데, 과연 미덕을 중심으로 하여 사회 정의와 공정성을 확보할 수 있을지 의문이다.

신학적인 관점에서 샌델의 정의론을 비판하자면, 다음과 같은 문제점을 야기한다고 본다. 필자가 여기에서 제시하는 신학적 관점은 계시 사건을 인간 역사의 중심에 놓고, 회개를 통한 자아의 영속적인 혁명을 제시한 리처드 니버(Richard Niebuhr)의 관점과 일맥상통한다.

첫째, 신학의 목적이 종교적인 경험 가운데 본질적인 것과 비본질적인 것을 구별하는 것이라고 할 때, 샌델이 주장하는 미덕의 공동체 내 인간 경험 안의 요소들 안에서는 그러한 것을 구별할 수 있는 정의의 원리가 미흡하다는 점이다. 즉 인간의 죄와 타락을 통하여 형성된 지성이란 감각과 경험에 철저하게 제한받을 수밖에 없으며, 본질에 접근하는 데에 근본적인 한계가 있다. 기독교적인 관점에서 미덕, 즉 궁극적인 선은 인간의 도덕률 안에서 발견되는 것이 아니라, 하나님이 계시하신 예수 그리스도 안에서 드러나는 것이다.

둘째, 샌델의 도덕주의는 미덕을 중시하는 자아와 공동체의 서사적 관계를 말하는데, 이는 자칫 관심을 진리의 근거이신 하나님보다는 인간의 심미적 또는 도덕적 문제에 집중하게 할 수 있다. 이는 기독교의 하나님이 공동체를 위한 보조적인 존재로 전락하게 될 가능성이 많다. 따라서 궁극적인 선보다는 오히려 자신의 관심 대상인 자아 내의 미덕이 더 강조되는 우를 범하게 된다.

셋째, 샌델의 공동체는 자칫 자연 세계 내 피조물의 계층을 나누고 인간을 중시하는 선택적 차별의 잘못을 범할 수 있다. 현재 지구적 경험에서 인간이 자연을 파괴하는 생태계의 문제를 염두에 둘 때, 자칫 인간의 공동체를 앞세워 인간을 상대적으로 완전한 존재로 여긴다는 것은 모순이다. 만일 인간적 가치가 여타의 것보다 앞설 때, 신학에서 하나님은 역시 인간의 완전을 위한 보조적인 수단으로 전락하게 된다.

넷째, 샌델에게 가능한 서사로서의 도덕적 사건은 지나치게 과거의 역사에 의존하고 있다. 물론 과거의 기억을 통하여 개인과 사회의 통합으로 나아가는 연대는 과거의 단절보다는 훨씬 의미가 있다. 그리고 과거의 서사를 통하여 현실의 문제를 극복할 수 있는 더 큰 모형을 찾는다는 의미에서도 중요하다. 그러나 과거의 재구성은 기억이나 언어로만 되는 것이 아니라 과거의 실패나 죄악에 대한 회개와 책임 없이, 올바른 정의가 구성되지는 않는다. 기독교의 혁명은 '영혼의 개조'로부터 시작되었으며, 예수 그리스도의 부활 사건을 경험한 공동체의 생생한 경험이 교회를 구성하였던 것이다. 그러나 샌델의 공동체는 인간의 역사를 재구성하는 공동체의 경험과 그 경험을 반성

하는 자기 통찰의 관점이 매우 미약하다.[48]

지금까지 살펴본 철학적 인간학의 모습은 나름대로 현대 인류 문명의 과제와도 연관이 된다. 비록 기독교윤리학의 관점에서 비판의 여지가 있지만, 나름대로 정의의 기준을 세우기 위한 학문적인 통찰력과 서사적 공동체주의를 통하여 인류 문명의 과제를 극복하려는 노력은 우리에게 있어서도 매우 중요하다고 본다. 앞에서 철학적 윤리의 예를 살펴보았지만, 인류 사회 속에서 평등과 정의, 자유, 그리고 민주와 같은 이념들은 때로 혁명과 개혁을 통하여 성취되었으며, 교육이나 계몽과 같은 방식을 통하여 공동체 윤리를 구성하고 있다. 그러나 한편 과연 인간 공동체가 그러한 보편적 이념을 획득할 수 있는지에 대하여서는 많은 한계가 있다고 본다. 다수의 공리를 강조하지만 거기에는 자칫 소수자들의 인권이 유린되며, 반면에 소수의 자유를 강조하지만 공동체의 질서가 무너질 위험이 있다. "뭉치면 살고 흩어지면 죽는다!"라고 강조하지만, 정작 무엇을 위하여 뭉쳐야 하는가는 모호할 수 있다. 왜냐하면 "뭉치자!"는 구호 속에는 집단의 이기주의적 욕망이 숨어 있기 때문이다. 의무론을 강조하지만, 인간이 과연 어떤 상황에서든지 황금률의 의무를 지켜낼 수 있는 능력이 있다고 보지는 않는다.

인간의 윤리적 능력에 가장 의문을 제기하는 것은 무신론적 관점이다. 겉으로는 종교적 관점에 배치되지만 윤리적으로는 원초부터 신의 존재나 이에 근거한 인간 능력의 한계를 지적하기 때문에, 무신

---

48 지금까지 '철학 윤리'를 설명하기 위하여 필자의 선행 연구를 옮겼다. 참고) 유경동, "7. 통일 신학/7-2. 정의와 공동체," 『남북한 통일과 기독교의 평화』 (2012, 남북한평화신학연구소). 299-308.

론적 견해는 기독교적인 입장에서도 매우 조심스럽게 분석하여야 된다고 본다. 특히 무신론은 신적 계시의 문제에 관심을 가지는 신앙과 신학의 입장과 전적으로 다르지만, 과학적 합리성에 근거하여 이론을 전개하기 때문에 이에 반대하는 신학적 논증은 자칫하면 전근대적 사관으로 치부되기 일쑤이다. 그러나 다양한 무신론의 이론들은 근본적으로 전통적인 종교적 관점을 깨뜨리면서도 다른 면에서는 과학적 세계관을 통한 새로운 질서를 모색하기 때문에 그 관점들을 면밀하게 분석하고, 신학적 관점에서 철저한 대안을 제시하는 것이 중요하다고 본다. 다음 장에서 그 내용을 살펴보자.

04장

무신론과 윤리

04장 · 무신론과 윤리

이 장에서 살펴볼 무신론의 핵심 내용은 인간의 본성에 대한 인문학의 성찰이다.[49] 스마트(J. J. C. Smart)에 의하면 무신론(Atheism)이란 신론을 거부하는 개념으로서 신 존재 자체를 거부한다. 일반적으로 무신론자란 신이나 신적 또는 초자연적 존재를 믿지 않는 사람을 의미한다. 대부분 무신론자들은 신 존재에 대한 논증이 존재론적, 목적론적, 우주론적 논증과 기적 등에 대한 논의에 제한된다고 지적한다. 따라서 신 존재의 증거라는 것들이 대부분 논리적으로 약하다고 본다. 신이 존재하지 않는다는 주장에도 연역적 논증 및 귀납적 논증이 모두 가능하다. 연역적 논증은 신이라는 존재에 합당할 만한 하나 또는 몇 가지 특성들에 대한 논리적, 개념적 문제가 있음을 밝히는 방법이다. 귀납적 논증은 전형적으로 신의 존재가 얼마나 비합리적인지를

---

[49] 이하 무신론에 대한 정의는 스마트의 관점을 빌려왔음을 밝힌다. J. J. C. Smart, "Atheism and Agnosticism," The Stanford Encyclopedia of Philosophy (Spring 2013 Edition), Edward N. Zalta (ed.), URL = 〈http://plato.stanford.edu/archives/spr2013/entries/atheism-agnosticism/〉

보여 주는 경험적 증거들을 제시한다. 양자를 종합하면, 신이 존재하지 않는다는 것은 마치 산타클로스가 실존하지 않는 것과 같다. 엄밀한 의미에서 무신론에서 거부하는 신은 정교하게 발전된 유일신론(monotheism)의 신을 의미한다.[50]

매트 맥코믹(Matt McCormick)은 예를 들어, 전지전능하며 무소부재하며 전적으로 선한 신이 존재한다면, 왜 인간의 또는 비인간 존재들의 고통이 만재하는 것인지에 대한 의문은 끊임없이 무신론적 주장의 중요한 소재라고 말한다. 뿐만 아니라, 우주의 본질 및 기원에 대한 과학적 발견이나 지구상 생물의 진화론적 증거들의 발견은 신에 의해 창조된 우주라는 개념을 더욱 믿기 어렵게 만든다고 보고 있다.[51]

필자가 판단하기로는, 전통적으로 인간은 지·정·의를 겸비하여 동물과는 구별되는 존재임을 주장하여 왔다. 문명의 형성과 과학의 눈부신 발전에 일견 그러한 내용들이 없는 것은 아니지만, 과연 인간에게 그러한 가능성이 있는지 의문이 간다. 특히 육체를 가진 인간의 유한성과 이를 극복하려는 정신세계와의 상호 작용을 통하여 자신의 한계를 극복하려는 인간의 노력에 창의성이 없는 것은 아니지만, 아직도 세계가 테러와 폭력, 살인과 전쟁의 소용돌이 속에서 헤어나지 못하는 모습을 보면, 근본적으로 인간에게는 한계가 있다고 본다.

필자는 인간성의 한계를 극복할 수 없는 문제를 '불가능'이라기보

---

50 J. J. C. Smart, "Atheism and Agnosticism," The Stanford Encyclopedia of Philosophy (Spring 2013 Edition), Edward N. Zalta (ed.),
URL = ⟨http://plato.stanford.edu/archives/spr2013/entries/atheism-agnosticism/⟩

51 이 문단에서는 매트 맥코믹의 관점을 정리하여 요약하였다. Matt McCormick, "Atheism," URL = http://www.iep.utm.edu/atheism/

다는 '불가능의 가능성(impossible possibility)'이라고 본다. 즉 인간적으로는 불가능하지만, 신적으로는 가능하다는 것이다. 따라서 살펴볼 무신론적 인간학의 내용은 역설적으로 인간의 불가능성에 대한 통찰력을 제공하여 준다. 인간의 본성에 대한 정확한 이해는 인간이 윤리적인 보편성을 획득할 수 없는 한계를 지적하여 주고, 이를 극복할 수 있는 또 다른 대안을 위한 길을 열어 주기 때문이다. 이 점에서 필자가 제시하려는 방법론은 일종의 기독교윤리학적 변증법이다. 일반적으로 변증법은 진리물음에 대한 정·반·합의 과정을 통하여 최종적으로는 질적 변화를 요청하는 것이지만 기독교윤리학적 변증법은 질적 변화를 기대하되 그 가능성을 하나님의 계시와 삼위일체를 통한 신학적 윤리에서 찾는 것이다. 즉 인간학적 방법론의 근본적인 한계를 직시하고, 제3의 길을 찾아가는 과정이라고 할 수 있다. 따라서 이 장에서 소개할 무신론적 인간론의 이론들은 인간성에 대한 근본적인 한계를 지적해주며, 신학적 인간학을 위한 예비 단계가 될 수 있다.

무신론은 기독교적 관점을 부정하며, 특히 과학주의에 근거한 현대의 '신무신론(new atheist)'의 부정적인 영향은 매우 크다. 필자의 관점에서 보면, 모든 과학이 무신론을 지지하지는 않는다고 본다. 그러나 종교적 신념에 과학적 세계관이 개입할 경우에 과학의 발전에 의하여 과학적 지식이 수정이 될 때, 일반적으로 신앙과 지식의 체계를 선을 긋듯이 나누기는 쉽지 않기 때문에, 새로운 과학의 발견이 곧 신앙의 부정과 직결되어서는 안 된다고 본다. 이는 '과학에 대한 맹신'이고, '신앙의 과학화'에 대한 무분별한 시도이다. 신앙과 과학을 구분하지 않으면, 코페르니쿠스에 대한 과학 혁명을 무신론으로 오해하는 것과 같다. 따라서 이 양자의 차이점을 구별하는 지혜가 매우 중요하다고 본다.

필자의 판단으로는, 앞에서도 지적하였듯이, 일반 과학적 지식을 맹신하는 것도 위험하지만 신앙을 과학화하여 이성주의로 포장하려는 것도 위험하다고 본다. 따라서 자신이 이전에 알고 있었던 지식이 새로운 가설이나 과학의 발견으로 수정이 불가피하더라도 이것이 신앙을 위협할 수는 없다. 물론 기독교 세계관도 절대적인 진리관이 있다. 그러나 진리와 진리를 설명하려는 해석은 같은 것이 아니다. 실제 태양과 태양을 설명하는 언어나 표현은 같은 것이 아니다. 마찬가지로 진리의 세계관을 성서가 내포하고 있지만, 하나님에 대한 절대 진리와 하나님을 설명하는 표현과의 차이는 존재한다. 이와 같은 내용은 후반부의 성서 윤리에서 다루도록 하겠다.

필자가 이해하는 바로는 기독교의 종교관을 위협하였던 전통적인 무신론은 크게 다섯 가지 요소가 있었다고 본다. 그것은 코페르니쿠스(Nicolaus Copernicus)적 과학 혁명, 프로이드(Freud)적 무신론, 공산주의를 앞세운 유물론적 무신론, 다윈의 진화론적 무신론, 그리고 현대의 유전 공학과 같은 과학주의를 앞세운 신무신론(New atheist)이다. 특히 현대 과학주의를 앞세운 리처드 도킨스(Richard Dawkins)식의 신무신론은 종교와 폭력의 관계를 강조하면서, 종교무용론을 앞세우고 있다. 그 내용을 간략하게 소개하면 다음과 같다.

과학적 무신론

코페르니쿠스는 1543년 〈천체의 회전에 관하여, De revolutionibus orbium coelestium, libri VI〉를 통하여 지구가 태양 주위를 공전한다고 발표함으로써 지구는 우주의 중심이 아니라는 관점을 새롭게 부각시켰다.[52] 이를 통하여 근대 과학이 출발하게 되었으며, 전통적인 창조관에 수정이 가하지게 되었다. 이와 같은 그의 과학 혁명적 주장은 천동설이 부정되고 지동설이 등장하였으며, 후에 갈릴레이(Galileo Galilei)와 케플러(Johannes Kepler)에 의하여 그의 주장이 입증되었다. 코페르니쿠스는 신앙심이 있었던 사람이었기에 엄밀하게 말하여 무신론으로 분류할 수는 없다. 그러나 당시의 가톨릭이 성서의 문자주의에 집착하였기 때문에 코페르니쿠스의 주장은 거의 무신론자의 주장처럼 들렸을 것이다. 특히 현대의 우주 과학에서 주장하는 빅뱅 이론을 비롯한 우주 기원에 관한 이론들은 전통적인 기독교의 창조론을 비과학적인 신화로 치부하고 있다.

정신분석학적 무신론

프로이드적 무신론은 종교를 환영(illusion)이나 집단 신경증으로 해

---

[52] 참고로 코페르니쿠스의 지동설에 대하여서는 다음의 사이트를 참고하였다. Nicolaus Copernicus, *On the Revolutions of Heavenly Spheres*, trans. by Edward Rosen, 10-11, 21-22. Sheila Rabin, "Nicolaus Copernicus," *The Stanford Encyclopedia of Philosophy* (Fall 2010 Edition), Edward N. Zalta (ed.). URL=http://plato.stanford.edu/archives/fall2010/entries/copernicus/, 2015.2.26.

석함으로써 기독교에 많은 부정적 영향을 주었다.[53] 〈Totem and Taboo(토템과 타부)〉에서 프로이드는 원시인의 심성과 신경증 환자 사이의 관계를 설명하면서 신에 대한 인간의 개념은 유아기 때부터 아버지와의 관계에서 형성된 것이며, 또한 종족적으로도 연관이 된다고 보았다.[54] 여기서 프로이드는 그리스 신화에서 착안하여 테베의 왕 라이오스와 이오카스테의 아들인 오이디푸스를 인용한다. 오이디푸스는 아버지를 살해하고 스핑크스의 수수께끼를 풀어서 왕이 되었지만, 결혼한 여인이 자신의 어머니였던 것을 알게 되자, 자신의 눈을 빼고 이오카스테는 자살한다. 여기서 오이디푸스 콤플렉스(Oedipus Complex)는 유아기의 아이의 엄마에 대한 성적 지향성에 대한 신경증이다.[55] 엄마를 놓고 아버지와 라이벌 관계를 형성하여 아버지에 대한 적대감이나 거세당할 두려움에 의하여 인간은 유아기부터 무의식적인 신경증에 시달리게 된다고 프로이드는 보았다.

진화론적인 맥락에서 인간의 종을 설명하는 프로이드는 오이디푸스의 원리를 원시 사회에 적용한다. 프로이드는 원시 사회에서 인류는 집단적으로 거주하였는데, 이때 '최초의 아버지'는 많은 여인들을 혼자 소유하면서 아들들을 지배하였다고 가정하였다. 이 독재 아버지에 대한 불만으로 아들들이 연합하여 아버지를 살해하였지만, 오히려 아들들은 '부친 살해'에 대한 죄책감으로 무의식적인 보복의 두려움과 공포에 짓눌리게 된다. 따라서 이를 집단적으로 극복할 상징

53　이하 프로이드의 사상에 대한 개관은 다음의 자료를 참고하였다.
　　http://blog.naver.com/PostView.nhn?blogId=pljh01&logNo=40187908019

54　참고) Sigmund Freud, *Totem and Taboo*, trans. by James Strachey (New York: Routledge, 1913, 1950), 20.

55　여아의 아버지에 대한 성적 지향성은 엘렉트라 콤플렉스(Elektra complex)라고 한다.

적인 대안물을 필요로 하게 되는데, 이때 토템 동물이 등장하게 되는 것이다. 토템의 숭배로 토템 살해나 동족 간의 살상을 금지하고, 부친의 아내인 여인들에 대한 성적인 욕망을 포기하며, 동시에 동족 간의 결혼을 금하게 된 것이 토템 숭배와 연관된 종교의 기원으로 프로이드는 설명한 것이다.

토템은 숭배의 대상이지만 매년 정해진 토템의 의식에서는 부친의 절대적인 힘을 나누는 상징으로서 토템을 죽이는 것이 허용된다. 그리고 그 고기를 나눠먹음으로써 동족 내 오이디푸스 콤플렉스를 극복하려는 부친 살해의 죄책감이 해소되고, 부친의 절대적인 힘이 계승되었다는 종족 간의 유대감이 형성된다. 프로이드는 이러한 토템 식사가 기독교의 십자가 사건을 통한 희생제와 성만찬을 통한 공동 식사로 발전하게 되었다고 가정한 것이다.

프로이드는 〈The Future of an Illusion(환영의 미래)〉에서 꿈과 신경증 사이의 관계에서 종교성을 규명하려고 하였으며, 특히 종교의 내용들은 인간의 세 가지 소망인 자연의 공포와 죽음, 그리고 고통으로부터 벗어나고자 하는 소망이 발현된 것으로 보았다. 그리고 〈Moses and Monotheism(모세와 유일신교)〉에서 부친 살해에 대한 죄책감이 집단적으로 전이된다고 주장하였다. 유대 종족 안에서 오이디푸스 콤플렉스가 집단 무의식으로 형성되어서 이 원죄를 극복하기 위한 구원의 희생물로서 하나님의 아들인 예수를 죄의 대속물로 죽이게 되었으며, 이것이 유일신론이 등장하게 된 배경으로 프로이드는 보았다.

유물론적 무신론

한편, 공산주의 혁명을 주도한 칼 마르크스(Karl Marx)나 레닌(Lenin)을 통하여 강조된 유물론은 물질이 일차적이고 정신은 이차적이어서, 세상은 신에 의하여 창조된 것이 아니고 물질로서의 세계 자체가 영원하다는 관점이다. 유물론의 핵심은 정신의 기제가 바로 물질이라는 점인데, 특히 마르크스는 세계에 대한 인간의 의식은 물질적 생산에 의하여 형성되며, 따라서 이 물질을 공유하는 사회적 실천만이 인류 사회의 희망이라고 보았다. 존재하는 모든 것이 물질이기 때문에 물질을 객관적인 실재로 보기도 하며, 물질의 법칙만을 세상을 규정하는 원리로 내세우기도 하고, 물질의 조건에 의하여 인간의 의식이 결정되기 때문에 그 어떤 선험적인 법칙이 부정된다. 따라서 이 공산주의 세계관에는 신이 존재할 여지가 없다.

특히 마르크스는 자본론을 통하여 인간의 관계가 물질적 소유에 의하여 규정된다는 관점을 피력하였다.[56] 원시 공동체에서 인간의 소유와 가치는 가지고 있는 상품의 크기에 좌우된다. 원래 인간과 인간의 관계에서 상품이 개입할 여지가 없으며, 인간은 목적이며 상품은 단지 수단에 불과하여야 함에도 불구하고, 인간의 관계는 자신들이 가지고 있는 상품의 크기에 의하여 좌우된다. 즉 상품의 소유가 많은 사람일수록 상품이 인격을 대표하게 된다. 즉 부자가 가난한 사람들보다 더 그 권세를 부리며, 가난한 사람들은 소유가 없다는 이유로 인

---

56 이하 마르크스의 자본론에 나오는 내용 중에서 시장 경제의 발전에 관한 내용을 참고하여 필자가 설명한다. 참고) Karl Marx, 『자본론』 (김수행 역, 비봉출판사, 2005). 1권, 43-55.

격마저 말살된다.

시장 경제가 발전하면서 '상품 화폐 제도', '대표 상품 화폐 제도', 그리고 '관리 통화 제도'와 같은 개념들이 등장하게 되지만, 상품이 시장 경제의 화폐와 같은 역할을 하다가 이 상품 대신 화폐 제도가 도입되게 된다. 이 맥락에서 종교의 허위의식 개념이 등장하게 되는데, 그 내용은 다음과 같다. 인간이 소유할 수 있는 상품은 한계가 있다. 보이는 땅을 개간하여 농산물을 수확한다고 할 때, 들어가는 노동의 수고와 땅의 면적에 의하여 소출이 예상된다. 그런데 근대적 시장이 형성되면서 화폐 경제에서의 기본 개념은 생산된 상품의 가치를 화폐로 환산하고 화폐의 교환을 통하여 국가의 개입으로 유통의 질서를 잡고 시장 경제의 활성화를 유도하였다. 인간과 인간의 관계가 상품과 상품의 관계로, 그리고 화폐와 화폐의 관계로 전이되면서, 인간의 인격은 화폐 가치의 크기에 좌우되게 된 것이다.

그런데 여기서 심각한 인식론적 모순이 드러나게 된다. 인간이 소유할 수 있는 상품은 한계가 있다고 생각하는데, 인간이 소유할 수 있는 화폐는 그 한계가 없다고 착각하는 것이다. 물신(物神)이 바로 이 부분에서 등장하게 되는 것이다. 상품의 소유는 한계가 있는데, 화폐는 한계가 없다는 것은 착각이다. 왜냐하면 화폐는 원래 상품의 등가(等價)여야 하기 때문이다. 이것은 마치 유한한 것이 갑자기 무한한 것으로 바뀐 것이나 다름없다. 그렇다면 유한한 소유가 무한한 소유의 허위의식으로 바뀐 이면에는 어떤 것이 작동하였을까? 바로 돈 귀신(mammon, 물신)이라는 것이다. 이 부분은 바로 자본주의나 심지어 기독교에 대한 비판도 되었다. 유한한 인간이 무한한 소유를 꿈꾸는 이면에 신(神) 의식이 작용하였다는 것이다. 왜냐하면 무한성은 신의 속성이기 때문이다. 필자는 이러한 공산주의의 기독교에 대한 비판이 유물론적 개념이며 신을 부정하기 때문에 근본적으로 인정할 수 없지만, 일면 그러한 공격에 기독교가 자성하여야 할 부분도 많다고 본다. 즉 소유에 대한 집착에서 벗어나 나눔을 통한 생명의 공동체성을 기독교가 노력함으로써 그러한 공격에서 자유로울 수 있다고 본다.

진화론적 무신론

과학적 이론을 업고 등장한 다윈(Darwin)적 무신론은 그의 책 〈종의 기원〉에서 주장된 '돌연변이'와 '자연 선택'에 관한 학설에서 시작되었다고 할 수 있다.[57] 다윈의 생애를 보면 과연 그가 무신론자였는지는 많은 격론들이 있지만, 적어도 위의 학설은 하나님의 창조설과는 반대되는 개념임에는 틀림없다. 그의 유물론적 진화론을 하나님이 허락하신 섭리로 보려 한 종교계의 입장도 있었지만, 일반적으로 진화론에는 환경에 적응하는 개체의 선택을 중시하기 때문에 신의 계획이 자리잡을 공간은 없는 것 같다. 진화론은 생물체와 사회의 진화 과정에서 유사성을 강조한 스펜서(H. Spencer)의 '사회 유기체설'에 영향을 주었으며, 종교진화론에도 그 내용이 흡수되었다.

    진화론의 핵심 내용은 '자연 선택'으로서 생물들은 처한 환경에서 경쟁을 통하여 여기서 생존한 종만 살아남게 된다는 것이다. 자연 선

---

57 다윈의 '진화론'에 대하여서는 이하 다음의 내용을 참고하여 간략하게 요약하였다.
     http://cafe.daum.net/storygeoje/PdhH/

택이란 개념은 바로 생존과 번식의 변수를 극복한 종들에게만 주어진 특권과 같은 의미에서 사용된 것이다. 한편 '돌연변이'는 유전자에 돌발적인 요인으로 변화가 일어나는데, 이때 생존 경쟁에서 뒤처지기도 하고, 또는 변이에 의하여 생존 경쟁에 유리할 수도 있다.

현대의 유전 공학적 관점에서 인간의 모습과 정신 분석학적 맥락에서 무신론은 종교에 대해 부정적인 영향을 크게 주었다. 리처드 도킨스(Richard Dawkins)는 무신론자로서 『이기적 유전자』를 통하여 유전자적 결정론을 주장하고 있다.[58] 『만들어진 신』에서는 무신론을 강조하면서 인간에게 종교는 무용지물이라는 관점을 펼치고 있다. 도킨스는 '이기적 유전자'에서는 나름대로 인간의 문명에 긍정적인 유전적 요소가 있음을 강조하면서 종교에도 그 역할을 기대하지만, '만들어진 신'에서는 아예 문명에 기여할 종교의 역할을 매우 부정적으로 묘사하고 있다.

무신론적 관점에서 제기하는 도킨스의 이론은 종교의 역할이나 신 자체를 부정하기 때문에 신학적으로 그의 관점을 수용할 수는 없지만, 그의 연구 방법론에서 인간의 속성에 대한 유전 공학적 정의는 살

---

[58] 이하 리처드 도킨스의 관점은 다음의 내용을 참고하였다. Richard Dawkins, 『이기적 유전자』, (홍영남 역, 을유문화사, 2010), 67. "도킨스의 분석에 의하면 유전자는 개체의 특성을 정하는데 이 유전자의 특징은 이기주의라는 데 있다. 유성 생식을 통하여 46개로 구성된 23개의 염색체의 쌍은 인간의 몸을 만들어 나가지만, 그 안에서 활동하고 있는 DNA 분자의 수명은 일생보다 길지 않고, 수십 개월 정도이지만 이론적으로는 자신의 사본 형태로 1억 년을 살아갈 수 있다. 따라서 유전자의 수준에 있어서 이타주의는 악이고 이기주의는 선이라고 할 수 있는데, 유전자는 생존 중에 그 대립 유전자와 직접 다투어 염색체의 상위 위치를 차지해야 하기 때문에 경쟁하여야 한다. 불사신에 가까운 유전 단위로서 정의할 수 있는 유전자의 예상 수명은 십년 단위가 아닌 1만 년 또는 100만 년 단위로서 재어야 할 것이다. 유성 생식을 하는 종은 개체가 자연 선택의 중요한 단위로서 자격을 얻기에는 지나치게 크고 허황된 유전 단위라고 할 수 있다. 개체의 그룹은 더 한층 큰 단위로서 유전학적으로 말하면, 개체와 그룹은 하늘의 구름이나 사막의 모래 바람 같은 것이며 이들은 일시적인 집합 내지는 연합에 불과하다." 참고로 각주의 이 내용은 필자의 선행 연구에서 옮겨 왔음을 밝힌다. 유경동, 『한국 사회와 기독교 정치 윤리』 (한국 기독교 연구소, 2005), 225-226. 리처드 도킨스의 관점을 이해하기 위하여서는 필자의 선행 연구를 참조하길 바람. 유경동, 『한국 사회와 기독교 정치 윤리』, 225-229.

펴볼 필요가 있다고 본다. 도킨스가 지적하고자 하는 핵심 내용은 모든 생명체는 자기 복제를 통하여 유전자의 생존율을 높이는데, 여기에 소위 윤리라는 개념이 개입될 여지가 없다는 것이다. 또한 인간에게 있어서도 이러한 이기적 유전자의 본능은 유전자 풀(pool)에 의하여 생득적으로 결정되었기 때문에 신이 간섭할 여지도 없다고 강조한다.

'만들어진 신'에서도 도킨스는 물리학과 생물학의 관점에서 신이 없다고 나름대로 논증하고 있다.[59] 도킨스는 종교의 시발점을 진화론에서 유추하는데, 인간은 자연의 환경 속에서 살아남기 위하여서 일종의 목적론적인 문화적 유전자(meme)를 가진다고 보았다. 그는 신이 우주를 만들고 지구의 생명체를 창조하였다는 논리보다는 빅뱅으로 우주가 만들어지고 46억 년이라는 시간을 걸쳐서 생명이 진화되었다는 논리가 더 타당하다고 강조한다.[60] 이를 입증하기 위하여 그는 현재의 인간종을 비롯한 다양한 생물체의 출현은 자연 선택의 결과이며, 현대 종교에서 보여 주는 창조론은 논리적인 허구라고 비판한다. 특히 뇌의 기능에서 나타나는 환청과 환각이 종교와 연관이 되어 있다고 강조하고, 성경의 복음서에 나타나는 예수 그리스도의 서사는 당시 고대 근동 지역의 민속 종교와 연관하여 해석하였다.[61]

도킨스의 유물론적인 해석은 근본적으로 창조론을 비판하기 위한 목적이지만, 필자가 그의 유전 공학적 관점에서 제시한 내용에 흥미로운 요소가 있음을 파악하였다. 즉 인간을 '무정한 자기 복제'의

---

59 참고) Richard Dawkins, 『만들어진 신』 (이한음 역, 김영사, 2007).
60 위의 책, 210-220.
61 위의 책, 『만들어진 신』, 148-154.

존재로 규정하였다는 점이다. 우리는 일반적 의식의 차원에서 성경의 시편 90편 10절 말씀처럼, "우리의 연수가 칠십이요 강건하면 팔십" 정도 살 수 있다고 생각한다. 그러나 무정한 자기 복제만을 꿈꾸는 DNA의 관점에서 보면, 80년이 아니라 산술적으로 1억 년을 살겠다는 것이다! 도킨스는 필자의 관점에 동조하지 않겠지만, 바로 이 점이 유한한 인간이 신이 되고자 하는 욕망과 다름이 아니라고 생각한다. 도킨스는 이러한 유전적 인간성에 신이 개입할 여지가 없다고 강조하는 것이 목적이겠지만, 역설적으로 바로 이 점 때문에 우리는 하나님을 믿는 것이다. 유한한 인간이 무한을 꿈꾸는 것은 '죄'이다. 성경은 유한한 인간이 신과 같이 되고자 반역하였다고 강조한다. 하나님의 말씀이 중심이 되어야 하는 창조 세계가 파괴된 이유는 바로 유한한 인간이 말씀을 어기고 선악을 알게 하는 나무의 열매를 따먹었고 심지어 생명나무에 손을 대어 영생을 도모하였기(창 3:22) 때문이다. 타락한 인간은 바로 창조 세계의 중심이신 하나님에 대한 도전을 통하여 스스로 신이 되고자 하였다. 이러한 맥락에서 무신론에서 펼치는 허무한 이론은 오히려 인간의 폐부를 드러내는 반증이 될 수 있다고 보는 것이다.

과학주의적 무신론[62]

필자의 분석으로는 현대 세속 문화를 보면, 하나님을 부인하기 위하

---

62 '과학주의적 무신론'은 필자의 관점을 정리하였다.

여 교묘하게 성경의 진리를 왜곡하는 것을 보게 된다. 보통 기독교의 신앙을 무너뜨리는 요소들은 크게 보면 세 가지이다. 첫째는 과학적 논거를 근거로 그럴듯하게 절대적인 진리인 것처럼 포장해서 신앙의 구조를 깨는 것이다. 신앙도 믿음을 통한 종교적 신뢰의 구조를 가지고 있다. 믿음에는 삼위일체 하나님에 대한 확신과 성경의 말씀, 그리고 공교회 구조를 통한 공동체적 요소가 유기적으로 연결이 되어 있다. 현대 교회의 위기론은 이 세 요소들 중에 하나가 흔들리면 신앙이 흔들린다는 반증이기도 하다. 일반적으로 삼위일체 하나님에 대한 신앙은 내적 경험과 연관이 되어 있기 때문에 쉽게 흔들리지 않지만, 특히 이 세상에 오셔서 십자가에서 대속하시고 부활하신 예수 그리스도의 역사성에 관하여 의심을 품게 하면 신앙은 흔들리게 된다. 그리고 성경의 세계관은 수천 년에 걸쳐 형성된 위대한 서사이며, 성경의 내용에는 시대적 역사와 문화적 요소, 그리고 그러한 삶의 정황에서 하나님을 만난 수많은 사람들의 이야기가 담겨 있는데, 그 내용 중 어떤 특정한 부분만 편집해서 강조하는 이단적인 내용을 가지고 도전하게 되면, 또한 신앙적 체계가 흔들리는 경우가 발생한다. 한편, 교회는 공교회성이 있기 때문에 목회자와 신도들의 비윤리적 문제들이 발생하게 되면, 공동체가 분열하고 상처를 받게 되며, 따라서 불법이 성행하여 사랑이 식으면 믿음에 위기가 오는 것이다(마 24:12).

과학이라는 것도 사물의 현상에 대한 일종의 보편적이고 합리적인 지식 체계이다. 과학의 발견을 통하여 우리는 자연 세계의 미스터리라고 여겨졌던 많은 것을 새롭게 이해하게 된 것은 사실이다. 그러나 과학의 발견이라는 것도 지식 체계일 뿐 비판적 논증과 실험을 통하여 끊임없이 새로운 가설이 등장한다. 과학에도 역사적이며 철학적 상상력이 필요하다. 칼 포퍼(Karl Popper)는 『탐구와 논리』, 『열린 사회와 그 적들』, 그리고 『객관적 지식』에서 인류 문명이 지속할 수 있는 가능성은 전체주의에 대항하는 열린 개인주의에 있다고 보았다. 그가 강조하는 논지의 핵심은 전체주의적 이데올로기의 저항에 있으며, 과학의 영역에도 반증 가능성(falsifiability)이 있어야 한다고 주장한다.[63]

토마스 쿤(Thomas Kuhn)은 한 걸음 더 나아가 과학은 변화의 지속성을 유지하면서도 또한 혁명적이라고 강조한다. 그는 『과학 혁명의 구조』에서 과학도 패러다임을 형성한다고 보았다.[64] 즉 실험이라는 것은 새로운 이론을 발견하는 것이 아니라, 이전의 패러다임을 받아들이는 과정으로 본 것이다. 따라서 새로운 실험의 결과에 대한 승인은 이전의 과학적 패러다임의 수정을 불가피하게 만들고, 이 패러다임을 받아들이기 위하여서는 혁명에 버금가는 변화를 겪게 된다고 보았다. 그는 정상 과학(normal science)이 정해진 과학적 패러다임에 의하여 구성되지만, 과학 혁명을 통하여 정상 과학은 무너진다고 보았다. 즉 과학의 구조에 패러다임의 단절이 생기는 것이다. 따라서 칼 포퍼가 반증 가능성에 열려있는 과학의 점진적 구조를 강조하였다면, 토마스 쿤은 혁명을 통한 패러다임의 단절을 강조하였다.

필자가 여기서 강조하고자 하는 것은 이와 같이 과학의 체계도 절대적이지 않으며, 과학을 둘러싼 이성과 합리성에 대한 반증과 저항

---

63 Karl Popper, *The Logic of Scientific Discovery* (New York: Routeledge, 2002), 20, 28, 60-67; 특히 과학적 이론의 반증 가능성에 대해서는 4장을 참고. 칼 포퍼에게 반증 가능성은 비과학으로부터 과학을 구분하는 중요한 기준이 된다.

64 Thomas Kuhn, *The Structure of Scientific Revolutions* (2nd edition, Chicago: University of Chicago Press, 1970), postscript 참고.

이 반복된다는 점이다. 과학 세계 구조의 혁명, 가설과 실험에 대한 과학자 집단의 갈등, 그리고 결과에 대한 패러다임의 연속성, 또는 비연속성적인 요소들이 얽혀 있는데, 이러한 과학적 사고와 신앙의 구조를 비교한다는 것은 무리한 해석이다. 물론 신앙 체계도 역사 속에서 종교개혁과 같은 혁명적 요소도 있었으며, 에른스트 트뢸치(Ernst Troeltsch)와 같이, 신앙의 체계를 역사적인 관점에서 교회형(Church type)과 섹트형(Sect type), 그리고 신비주의 유형(mysticism)으로 나누기도 하였다.[65] 리처드 니버는 『그리스도와 문화』에서 예수 그리스도에 대한 신앙 고백과 문화와의 상관관계를 다섯 가지로 나누어 '문화에 대항하는', '문화 속의', '문화와 역설적인', '문화의 가치 체계 위의,' 그리고 '문화를 변혁하는' 신앙의 구조에 대하여 논하였다.[66] 따라서 과학 세계나 신앙 세계나 저마다 독특한 의식 세계의 구조를 가지고 있는데, 과학적 가설로 신앙의 문제를 좌우하는 것은 매우 문제가 많다.

이단적 무신론[67]

현대 한국 사회에서 가장 심각한 이단의 문제는 전통적인 교리를 무너뜨리는 요소들도 많지만, 특히 기독교 윤리적인 요소들과 연관하

---

65 Ernst Troeltsch, *The Social Teaching of the Christian Churches* (Louisville, Kentucky: Westminster/John Knox Press, 1992), 991-1013.
66 참고) Hemut Richard Niebuhr, *Christ and Culture* (New York: HarperColins, 1956).
67 '이단적 무신론'은 필자의 관점을 정리하였다.

여 가장 공격이 심하다고 본다. 신앙과 기독교 윤리적인 요소와의 관계에서 중시되어야 하는 점은 특히 행위와 책임에 관한 것이다. 기독교가 전통적인 유일신론을 강조한 내용 중에 윤리적인 관점에서 가장 중시되는 점이 바로 책임에 관한 것이다. 유일신론의 경우, 인격의 구조에서 하나님은 인간과 대면하시며 인간이 행하여야 할 이 땅에서의 책임에 대하여 물으신다. 기독교의 윤리 구조는 인간의 죄에 대한 하나님의 용서가 따르지만, 성령의 인치심과 거듭남을 통한 철저한 제자도로 삶이 구성되며, 그래서 희생을 감수하는 십자가의 길을 따르게 된다. 따라서 하나님의 뜻과 행위는 일치하게 되는 것이 기독교의 유일신론의 구조이다. 그런데 이단의 경우, 교묘하게 책임의 문제를 회피하게 한다.

예를 들어, 이 땅에서 이해할 수 없는 자연적인 재해에 의한 또는 인간의 무책임에 의한 고난과 고통의 문제가 발생할 때마다 전통적인 기독교는 그 책임을 하나님에게 전가하지 아니하고, 이 역사에 동참하신 예수 그리스도의 삶과 고통, 십자가, 그리고 부활의 신앙 체계를 통하여 극복하여 왔다. 따라서 기독교는 고난의 현장에서 고통 받는 이들과 함께 삶을 나누며 사랑을 통하여 위기를 극복하여 왔다고 본다. 그런데 이러한 역사의 고난을 회피하기 위한 이단적 요소는 그 책임을 하나님에게 전가하거나 그러한 원인을 '사탄'에게 책임을 돌리거나 '천사의 도움'이 필요하다고 주장하는 것이다. 이렇게 되면, 중생의 체험을 통하여 하나님의 제자가 되는 일에 신앙적 관심이 집중되지 못하고, '귀신을 쫓아내는 축사(逐邪)'나 '천사 숭배'의 문제에 빠지게 된다.

더 심각한 문제는 '책임의 생략', 또는 '죄의 생략'에 있다. 예를 들어, 하나님은 우리의 죄를 용서하여 주신다고 약속하셨다. 그러나 복음서와 바울 서신에 나타나는 죄의 용서는 '신적인 사랑'을 강조하고, 피조물의 썩어짐의 종노릇에서 해방되어서 하나님의 자녀들에게 허락하신 영광의 자유 함에 이르는 것이다(롬 8:21). "누구든지 그리스도 안에 있으면 새로운 피조물이라 이전 것은 지나갔으니 보라 새 것이 되었도다(고후 5:17)." 바울은 그리스도의 남은 고난을 주님의 몸 된 교회를 위하여 자신에게 있는 괴로움을 기뻐한다고 고백하였다(골 1:24). 이는 그리스도인에게 이 땅에서의 삶은 철저하게 예수 그리스도의 제자도를 통하여 책임과 의무가 수반됨을 의미한다.

그런데 '생략'의 문제는 오히려 하나님의 은총을 자의적으로 확대 해석함으로써 발생하게 된다. 예를 들어, "하나님은 우리의 죄를 용서하여 주신다"라고 말하면서 "영원히 용서하여 주신다"라고 강조하면, 언뜻 이 말씀은 문제가 없어 보인다. 하나님은 우리의 죄를 사하여 주시는 전능하신 분이시기 때문이다. 그런데 하나님의 용서는 이 땅에 오신 예수 그리스도의 고난과 십자가, 그리고 부활을 통하여 우리에게 은혜로 주신 값 있는 용서이다. 그러나 만일 이 해석을 "앞으로 지을 죄까지 용서하여 주신다"라고 해석하면, 어떤 문제가 생길 것인가? 그렇게 되면 '윤리의 생략'이 일어나고, 앞으로의 그 어떤 행위에 대한 책임은 더 이상 문제가 될 수 없다. 왜냐하면 그 어떤 죄든지 하나님은 용서하여 주실 준비가 되어있다는 결론에 다다르기 때문이다. 윤리학적인 맥락에서 위험하게 보는 이단의 문제는 이와 같이 성경의 진리를 교묘하게 왜곡하여 인간의 책임을 회피하고 도덕적인 의무를 생략하는 '값싼 은총'의 문제라고 본다. 영원히 용서받는 죄만 강조가 되고, 용서 받은 후의 제자도의 모습은 볼 수 없는 것이 이단의 문제이다. 형식적으로는 종교의 이름을 가장하지만, 그 안에는 윤리적인 책임과 의무는 생략이 된다.

미디어의 영향[68]

필자가 염려하는 또 다른 무신론적 요소는 미디어의 영향이다. 한국 사회에서 리처드 도킨스의 『만들어진 신』(The God Delusion)의 무신론적 충격과 버금가는 미디어의 무신론적 공격이 수년 전 한국 사회 속에서 있었다. SBS 방송은 2008년 6월 29일 주일 밤 11시 20분 '2008 SBS 대 기획 4부작, 신의 길 인간의 길'이라는 제목으로 제1부에 '예수는 신의 아들인가?'라는 내용을 방송하였다. 당시에 많은 기독교 지도자들과 성도들이 방송국을 찾아 항의하고 시위를 하였지만, 방송사 입장에서는 언론 출판의 자유를 강조하면서 방송을 했다.

당시 이 프로그램을 소개한 내용을 간추려 정리하면 다음과 같다.[69] 아프간 카불에서 칸다하르로 가는 길 140Km 지점에서 무장하지 않은 한국 민간 인질 배형규 목사는 탈레반에 의하여 무참하게 살해되었는데, 당시 탈레반은 총을 열 발이나 쏘고 시신을 버렸다. 이러한 끔직한 결과가 과시적 선교의 결과인지, 아니면 기독교와 이슬람 사이의 종교 전쟁인지의 의문 속에서 방송은 종교 간의 평화를 위하여

68　현대 사회에서 기독교에 미치는 '미디어의 영향'은 필자의 관점을 정리하였다. 현대 미디어 문제와 연관하여 필자는 선행 연구를 통하여 더 자세하게 분석하였는데 다음을 참고하시오. 유경동, 『기독교와 세계: 소통의 윤리』 (2009), '하나, 기독교 윤리와 소통'에서 '무신론의 도전'편 참고.

69　프로그램 소개 내용을 일부 간략하게 정리한다.
http://movie.daum.net/tv/detail/main.do?tvProgramId=51796

유대교와 이슬람교, 그리고 기독교의 기원을 찾아 떠나는 것으로 시작한다. 종교 간의 첨예한 대립 속에서 세 종교가 같은 뿌리를 가졌기에 무엇인가 공통분모를 찾는 것이라고 방송은 강조하였다.

그런데 방송의 골자는 기독교의 진리관과 전혀 다른 내용이었다. 방송은 의도적으로 예수 그리스도가 고대 신화 속에 등장하는 다양한 인물들이 짜깁기된 허구의 인물인 듯한 인상을 심어 주었고, 1세기의 유대 역사학자인 요세푸스의 『유대고대사』 본문 중에 한 부분만 발췌하여 예수의 실존을 한 지혜로운 청년 정도로 격하시켰다. 『유대고대사』 18권 3장에 나타나는 내용에 대하여 역사학자들의 의견은 다소 차이가 있다. 그 본문은 "예수는 현명한 사람이었다"는 글귀가 있지만, 이어서 "예수님은 그리스도로서, 십자가에 달리사… 3일 만에 부활하셔서 사람들 앞에 나타나셨으며… 예수 그리스도와 그와 관계된 수만의 경이로운 일들에 관한 예언자들의 예언이 성취되었으며… 아직도 많은 그리스도인들이 있다"라는 내용이 이어져 있다.[70] 그런데 방송은 "예수는 현명한 사람이었다"라는 문구 뒷부분이 3세기의 로마 궁정학자 유세비우스(Eusebius)에 의하여 첨가되었을 가능성이 있다손 치더라도 고의적으로 그러한 내용도 알리지 않은 채 아무 설명이 없이 뒷부분을 빼 버렸다. 따라서 예수님의 신성을 인간의

---

[70] 인용하는 영어 본문은 다음과 같다. Now there was about this time Jesus, a wise man, if it be lawful to call him a man; for he was a doer of wonderful works, a teacher of such men as receive the truth with pleasure. He drew over to him both many of the Jews and many of the Gentiles. He was [the] Christ. And when Pilate, at the suggestion of the principal men amongst us, had condemned him to the cross, those that loved him at the first did not forsake him; for he appeared to them alive again the third day; as the divine prophets had foretold these and ten thousand other wonderful things concerning him. And the tribe of Christians, so named from him, are not extinct at this day. Flavius Josephus, *The Works of Flavius Josephus*, Translated by William Whiston,
인터넷 자료, http://www.ccel.org/ccel/josephus/works/files/works.html.

문제로 축소하고, 기독교 역사 속에 형성된 다양한 신학적 또는 신앙적 내용을 빼 버리고, '의도적으로 편집'하였다고 생각하지 않을 수가 없는 것이다.

지금까지 살펴보았듯이, 무신론적 인간론에는 다양한 이론들이 섞여 있다. 과학의 발전에 따른 지나친 이성주의의 강조, 이단의 문제, 그리고 미디어의 영향 등 기독교는 안팎으로 에워쌈을 당하고 있다. 이런 상황에서 기독교의 역할은 더욱더 지혜롭게 난국을 헤쳐 나가야 한다고 본다. 이러한 무신론을 극복하는 방법은 신중심주의의 신앙으로 돌아가는 길 외에는 없다. 이 과제는 이 책의 후반부에서 살펴보도록 하겠다.

05장

경제
윤리

05장 · 경제 윤리

이 사회를 움직이는 세 가지 중요한 힘(power)을 꼽으라면, 그것은 돈과 권력, 그리고 정보일 것이다. 돈이 윤리학적으로 문제가 되는 이유는 많이 있지만, 그 중에서도 제일 심각한 것은 '소유'에 관한 맘몬주의(mammonism)와 연관이 된다고 본다. '맘몬'이란 돈을 우상시하며, 돈을 최고의 가치 척도로 삼는 것이다. 인간의 경제 활동에 있어서 돈은 매우 중요하지만, 살아가는 데에 필요한 소유의 문제에 있어서 자신이 가지고 있는 것에 만족하지 못하고 무한한 소유를 꿈꾼다면, 그것은 맘몬을 섬기는 것과 같다. 유한한 인간이 유한한 자원을 가지고 무한한 소유를 바란다면, 그것은 마치 유한한 인간이 영원한 신이 되려는 헛된 망상과 같다. 특히 자본주의에서 소유는 '가진 자'와 '가지지 못한 자'의 차별을 심화시키며, 인간을 목적으로 보지 못하고 소유의 수단으로 전락시키게 되며, 화폐처럼 인간을 소비하게 된다.

맘몬주의[71]

인간이 소유하는 그 기준은 무엇일까? 필자는 성경에 그 해답이 있다고 본다. 그것은 '이마에 땀을 흘리는 것'이 그 척도가 되는 것이다. "네가 흙으로 돌아갈 때까지 얼굴에 땀을 흘려야 먹을 것을 먹으리니 네가 그것에서 취함을 입었음이라 너는 흙이니 흙으로 돌아갈 것이니라 하시니라(창 3:19)." 노동은 원래 인간에게 주어진 신성한 의무였다. 하나님은 인간에게 타락 이전에 에덴 동산을 경작하며 지키게 하셨다(창 2:15). 그러나 인간이 하나님의 말씀을 순종하지 아니하고 죄에 빠지자, 노동은 저주가 되어 인간은 평생 수고하여야 하며, 심지어 땅은 가시덤불과 엉겅퀴를 내어 인간의 노동을 더욱 괴롭게 한다(창 3:15-17). 따라서 그리스도인에게 노동은 하나님과의 관계가 회복될 때, 그 올바른 의미를 찾게 되는 것이다.

돈에 대한 소유의 문제는 위와 같은 두 가지 사실, 하나는 무한한 소유를 꿈꾸는 인간의 욕망과 다른 하나는 땀 흘리려고 하지 않는 거짓된 노동과 연관이 된다고 본다. 인간이 무한한 소유를 바라게 되는 이면에는 돈이 인간을 지배하는 거짓된 권세와 연관이 된다.[72] 예를 들어, 화폐는 한 국가가 제도를 통하여 화폐의 단위와 가치, 그리고 유통을 통하여 국민들로 하여금 경제 생활을 하게 하는 수단이다. 화폐는 은행이 무한정 돈을 찍어낼 수 없고, 국가 경제를 위한 건강한 통화를 위하여서는 화폐의 발행과 유통의 규제가 개입된다.

---

71 '맘모니즘'에 관하여는 앞 장에서 다룬 마르크스의 '시장 경제'에 관한 이론과 연관하여 다시 부연 설명함을 밝힌다.

72 Jacques Ellul, *L'homme et l'argent*, 『하나님이냐 돈이냐』 (양명수 역, 대장간, 1991), 98.

역사 속에서 화폐는 경제의 매개 수단으로서 매우 중요한 역할을 하였는데, 크게 보면 세 가지 단계를 통하여 발전하게 되었다. 그것은 각각 '상품 화폐 제도', '대표 상품 화폐 제도', 그리고 '관리 통화 제도'이다. 상품 화폐 제도란 소비재나 생산재를 직접 화폐처럼 사용하는 제도이다. 예를 들어, 쌀과 감자를 돈처럼 사용하는 것이다. 시장에 소를 끌고 나가서 소의 화폐 가치만큼 쌀이나 필요한 다른 상품을 교환하는 것이다.

'대표 상품 화폐 제도'는 일일이 소비재나 생산재를 직접 교환하는 불편을 극복하기 위하여 지폐와 같은 화폐를 발행하여 거래하는 것이다. 이 제도의 초기에는 상품의 가치만큼 지폐를 발행하였고, 시간이 지나면서 일정액의 화폐 상품을 미리 준비하기도 하였다. 이 제도는 시장의 수급 조건에 맞추어서 화폐량을 조정하기 때문에 안정적이었다고 할 수 있다.

'관리 통화 제도'는 화폐 상품을 정부가 법으로 정하는 제도로서 위의 두 경우처럼 시장의 수급 조건에 의하여 좌우되지 않고 화폐의 유통에 개입하는 것은 오로지 국가의 판단에 의한다. 예를 들어, 중앙은행은 물가와 고용의 안정을 위하여 화폐를 발행하는데, 대신 약점은 통화량의 한계를 정하는 정부의 역할이나 기업의 부실과 같은 문제가 생기면, 국가 부도와 같은 사태가 발생될 수 있다. 과거 우리나라의 IMF 같은 사태가 그 경우이다.

특히 '대표 상품 화폐 제도'의 경우, 원래 화폐는 상품의 가치만큼 발행되는 것인데, '관리 통화 제도'의 상황에서 현대의 '신용 제도'는 화폐의 소유에 맘몬의 권세가 개입하는 빌미를 제공한다. 예를 들어, 인간은 상품의 소유에는 한계가 있다고 생각하지만, 화폐의 소유에는 한계가 없다고 착각한다. 아울러 '신용'은 자신의 경제적 능력을 고려한 미래의 소유를 미리 측정하고 소비하게 하는 제도인데, '신용'의 경계선이 모호하다. 자본주의에서 고용과 물가의 안정은 정부와 기업, 그리고 다양한 소상공의 경제 활동에 의지하게 되어 있다. 그러나 고용의 불안은 신용의 불안과 연관이 되며, 결국 인간 정신의 불안과 직결된다. 국가 관리의 부정부패와 기업의 타락, 그리고 정직하지 못한 소비문화는 현대 사회와 공동체를 무너뜨리는 위험 요소들이며, 처처에서 절망과 자살이 늘어나는 이유를 살펴보면, 인간의 불안한 경제적 활동과 연관이 되어있는 것을 알 수 있다.

성경주의적 경제관[73]

그렇다면 한국 기독교가 공공 영역에서 경제적 책임의 문제를 사사화(私事化)하고 있다는 비판에 직면하고 있는 현실에서 '경제 정의에 입각한 성경적 경제관'이 무엇인지 살펴보는 것은 매우 중요하다고 할 수 있다. 이를 위하여서는 경제의 문제를 개인의 수준을 넘어 규범의 차원에서 발전시키려는 노력이 필요하고, 다른 하나는 경제 정책의 문제를 복지 민주화라는 정치 정략을 넘어서서 하나님이 원하시는 노동에 관한 창조 원리를 제시하는 것이 중요하다고 본다. 따라서 신앙의 자유와 책임, 그리고 정의로운 정책과 규범을 아우르는 공정성과 효율성의 조화를 통하여 생존 보장과 공정한 복지 사회의 구현

---

73 '성서주의적 경제관'은 필자의 관점을 설명하였다.

을 목표로 하게 되는 것이다.

경제 정의를 통한 복지의 문제에 대하여 기독교인은 '도덕적 현실주의자'가 되어야 한다. 여기서 '현실'은 정의의 '근사치'를 위한 '인간적 조건'과 '경제적 조건'을 고려하는 것이다. 전자는 정치 경제의 이면에 내재하고 있는 근본적인 한계 상황, 즉 인간의 죄와 부패라는 도덕적 타락을 지적하고, '하나님의 주인 되심(主主化)'을 통하여 경제 정의를 구하는 것이다. 후자는 한국의 경제 정책에 대하여 진보와 보수의 이분법이 아닌 작은 정부의 형태와 큰 자선을 강조하는 '좋은 보수'와 큰 정부를 기반으로 한, 높은 사회적 연대의 규범을 제시하는 '좋은 진보'가 대안이다. 개인과 규범, 민주(民主)와 주주(主主)의 변증법적 논리를 통하여 복지사회가 이루어질 수 있다고 본다. 이러한 일을 위하여서는 다음과 같은 세 가지 요소가 규명되어야 한다고 본다.

첫째, 경제에 관한 '하나님의 정의'와 '도덕적 현실주의'와의 조화에 관한 것이다. 도덕적 현실주의가 전체주의나 유토피아에 빠지지 않는 장점이 있지만, 항상 정치와 경제의 현실적 조건을 고려하는 '어정쩡한 입장' 때문에 자칫 하나님과 재물 중에 하나를 선택하여야 할 분명한 제자도가 퇴색될 수 있는 한계가 있다. 따라서 보다 분명한 하나님의 정의에 관심을 기울여야 한다.

둘째, '물질주의'와 '문화'에 관한 것이다. 인간의 욕망을 극대화하여 인간의 소외를 양산하는 현대 문명 속에서 이를 극복할 수 있는 교육과 윤리적 대안은 마련되어 있지 못하다. 물질만능주의를 극복할 수 있는 윤리적 소비자 운동과 기업 윤리의 구체적인 실천적 방안이 모색되어야 한다.

셋째, '신앙의 규범'과 '공동체'에 관한 것이다. 신앙의 자유에 근거한 공정한 복지 공동체는 기독교 역사상 일부 수도원주의와 소수의 퀘이커교도, 그리고 메노나이트 공동체에만 그 흔적이 남아 있다. 자본주의가 인간의 타락과 더불어 형성되어 온 가장 이상적인(?) 체제임에도 불구하고 병폐는 발생하는데, 현대 기독교는 자본주의의 병폐를 체제의 개혁보다는 개인의 '양심'과 '죄'의 문제로 제한하고 있는 것이 현실이다. 따라서 현대 사회에서도 기독교가 추구하여야 할 정의로운 '공동체'의 실현이 목표가 되어야 하는데, 그러한 공동체는 과연 어디에 있는지 의문이 든다. 아울러 '신앙의 자유'와 '국가의 정의'와도 연관이 되는데, 기독교인의 공적 영역에서의 책무와 정의로운 국가 사회는 경제 정의의 선결 조건이다. 국가의 도덕성 지표나 현실적인 기독교 공동체의 사회적 참여 의식이 둘 다 낮은 현실에서 구체적인 대안을 찾기 위하여 기독교 공동체는 더욱더 노력하여야 할 것이다.

한편 기독교계 내 청부론(淸富論)과 청빈론(淸貧論) 사이의 대화가 활발하게 있다. 청부론에 대하여 신앙과 물질의 동시적 축복이라는 점에서 종교적 엑스터시처럼 보인다 하여 물신에 대한 경고도 있으며, 자본주의 사회에서 어차피 물질의 문제는 같이 극복하여야 할 필요악이라는 입장도 있다. 필자는 앞에서 쟈크 엘룰((Jacques Ellul)이 지적한 바, 맘몬의 무한성을 악으로 규정하고, 이 돈의 영적인 가치는 성서의 정신과 대치된다고 강조하고 싶다.

아울러 재테크는 돈을 벌기 위한 수단을 표현하기 때문에 하나님의 뜻에 따라 살아가려는 사람들에게는 불편하며 혼란스러운 문제라는 점도 강조하고 싶다. 청지기 윤리란 재물을 낭비 없이 사용하는 효율성, 주인의 뜻대로 사용하는 공평성, 그리고 회계의 의무로서 투명성 및 책임성이 수반되어야 한다. 특히 현대 기독교인들에게도 만연한 부동산 투기에 의한 부동산 양극화는 땅값 상승에 따른 불로 소득의 취득이 토지 소유의 유무, 과소에 따라 계층 간에 심하게 차이가 나기 때문에, 종교의 정신에 위배되는 것이다.

이와 같이 기독교인에게 있어서 재테크는 그 뜻이 부적절하기 때문에 그 명칭을 '성도의 재정 관리'로 명명하고, 하나님의 '은혜의 경제'에 관심을 가져야 한다고 본다. 은혜의 경제 원리는 나눔이 투자가 되고, 나눔이 은혜가 되고, 나눔이 삶의 예배가 되는 원리이다. 인간이 소유에 집착하는 한, 만족은 없으며 오로지 하나님과의 관계를 통하여서만 진정한 행복이 가능한 것이다.

청부론의 경우처럼, 부자가 되는 것은 고통의 연속이며 하나님과의 관계보다도 돈의 관계를 더 신뢰하게 한다. 따라서 성경의 말씀처럼 "부자는 하나님의 도움을 필요로 하지 않는 사람이다"라는 관점을 명심하여야 한다. 맘몬과 하나님의 양자택일에서 맘몬을 이기는 길은 '은혜의 법칙'을 통하여서만 가능하다고 할 수 있다. 이는 거저 줌, 증여, 그리고 절제된 소비를 통하여 하나님의 은혜에 감사하고 물질세계를 믿음의 세계에 들어오게함으로써 맘몬이 저지르는 부패의 악순환을 끊어버리는 전략이 필요하다고 본다.

기독교인들에게 부동산 투기도 유혹이 될 수 있다. 이를 극복하기 위한 정치적 대안으로서는 '토지 보유세'가 강화되어야 할 것이다. 특히 토지 공개념, 즉 토지(자연)는 하나님으로부터 온 것이므로 사회 구성원이 공동으로 이익을 나누어야 한다는 관점에서 토지 보유세를 신설해서 사회적 기금을 만들어 토지를 통한 혜택을 국민이 공평하게 나누어야 할 것이다. 아울러 자연물에 대한 개인의 배타적인 사용에 있어서 사회적 책임을 부과함으로써 부동산 투기를 막는 '경제 현실주의적 관점'이 필요하다.

아울러 공동체 자본주의를 위한 '임팩트 금융(impact finance)'도 좋은 대안이라고 생각한다. 임팩트 금융은 소액 대출(microcredit)과 같은 마이크로 금융(microfinance)을 통하여 얻은 금융 수익을 가난한 이들에게 돌려서 선한 영향력(positive social impact)을 펼치는 것이다. 이를 위하여서는 기독교 기업이 앞장서서 기업 윤리에 명문화시켜서 성숙한 투자 문화를 이끌어 가야한다. 이를 성공적으로 수행하기 위하여서는 사회적 혁신 기업을 육성하여 자본주의가 이윤 획득만을 목적으로 하지 않고, 사회의 전체 성원을 배려하고 금융 산업을 보다 창조적으로 선도하며 공동체를 만들어 가는 것이다. 이러한 공동체주의가 가능하려면, 그 핵심 가치를 자본 획득이 아니라 모든 경제적 구성원이 '공감'하는 배려의 능력에 있다. 즉 사회의 모든 구성원들이 서로 소외됨이 없이 소비 행위에 있어서 서로 소통하고 배려하는 경제적 환경을 구성하고, '이념적 소비' 전략을 통하여 소비문화를 선도하는 것이다. 이 모든 것은 돈보다 생명이 더 소중하며, 경제나 중상주의 논리가 아닌 하나님과의 관계에서 자본주의를 개선해야 할 당위성을 가지는 것이다.

하나님의 '은혜의 법칙'이 경제 행위에 적용되기 위하여서는 초대교회의 정신으로 돌아가야 한다. 그러나 은혜의 법칙을 수행할 수 있는 사회적 구성체에 대한 개혁 없이 개인적 차원에서의 영적 싸움으로는 가능하지 못할 것이다. 막스 베버(Max Weber)는 동양 사회에서 근대화 과정 중에 서구의 합리적인 자본주의가 발달하게 되지 못한 이유로서 경제 생활을 전적으로 지배하는 가사와 사업의 분리, 그리고 이와 긴밀하게 연결되어 있는 합리적인 부기가 철저하지 못하였음을 지적하였다. 근대적인 기업 경영의 독립성이 있었다 하더라도 서구의 합리적인 기업 부기, 그리고 개인적인 소유와 기업의 법적인 분리 같은 투명성이 전적으로 결여되어 있거나 초기 발달 정도에 머물렀다고 가정할 때, 뒤이어 나타나는 현상은 기업이 탐욕적이 되는 것이다. 이는 여전히 한국 사회에 만연하여 있는 기업의 부정부패 현상을 설득력이 있게 설명하여 주는 것이다. 따라서 도덕적 개인과 비도덕적 사회 사이의 간극을 메꿀 수 있는 자아의 영적 갱신과 구조를 바꾸는 공공정신이 수반되어야 할 것이다.

토지 공개념에 근거한 토지 보유세를 부과하게 되면, 한국 사회에 만연한 부동산 투기의 문제에 대해 원론적으로 적절한 해법이라고 여겨진다. 과거 1989년 노태우 정부 때 토지 공개념 3개 법안(택지 소유 상한제·토지 초과 이득 세제·개발 부담금제)이 비록 헌법재판소로부터 위헌 및 헌법 불합치 결정을 받았지만, 그 중요성은 여전히 간과되어서는 안 될 것이다. 당시 이 법안은 국가의 지나친 토지 소유 규제방식에 대한 문제와 경제적 한계 불로 소득 환수에 있어서 과세 기간의 설정 여부와 양도세와의 이중 과세 등의 문제, 그리고 개발 행위를 통한 막대한 불로소득의 환수에 있어서도 환수 대상과 지역 설정의 문제 등이 지적되었다. 그렇다면 무엇보다도 올바른 토지 공개념을 실현하기 위하여서는 토지 보유세를 통한 '형평'과 필요 이상의 토지를 소유하지 않는 '효율'을 확보하기 위하여 국토의 종합적 계획이 선행될 때 가능할 것이다. 이 또한 기독교의 공공 영역에서의 소통과 연대를 필요로 한다. 아울러 임팩트 금융을 통한 '선한 영향력'을 신장하기 위하여서는 미국식 신자유주의의 전 지구적 확산과 초국적 경제 제국에 맞설 수 있는 창조적인 노력이 요구된다. 경제 제국의 억압에 맞서기 위하여 서로 연대하고 정치적 공간을 통한 소통도 중시되어야 할 것이다.

소유에서 나눔으로

지금까지 살펴본 거시적인 경제적 관점도 중요하지만, 내부적인 기독교 내의 자성과 성찰도 중요하다. 기독교 역사 속에서 위기는 외부적인 요인보다도 항상 내적인 문제, 즉 영적 타락의 문제였다. 이것은 하나님을 의지하기보다는 현세적인 것에 의지하면서 자연히 도덕적 부패가 따르게 되었으며, 그 결정적인 요소는 바로 '경제적 요인'이었다. 이 돈의 우상성과 연관된 '돈 귀신(mammonism)'은 인간에게 '무한한 소유'라는 욕망을 부추기며, 돈으로 모든 것이 가능하다는 환상을 심어주고 있다. 따라서 기독교의 영적 전쟁은 '소유'가 아닌 '나눔'으로 '물질'이 아닌 '정신'으로 승부하여야 한다고 본다.

또한 경제적 문제를 가지고 하나님 앞에서 '회개'할 때, 하나님과 사람 앞에서 동시에 이루어지는 자아의 영적 혁명이 요구되며, 이웃과 함께 사회를 갱신하는 도덕성의 회복이 따라야 한다. 과거 〈밀양〉이나 〈도가니〉와 같은 영화에서 비쳐지는 기독교의 문제는 인간의 잘못에 대한 책임이 전적으로 '하나님의 은총'으로 면제되는 '죄의 생략'과 연관이 되어 있었다. 하나님 앞에서 인간은 실수하며 늘 잘못을 범하는 죄인이다. 그러나 죄의 용서는 하나님의 전적인 은총을 통하여 우리의 죄가 덮어지는 것으로 끝나는 것이 아니라, 변화되어 거룩한 삶을 사는 우리의 '사회적 성화'와 연관이 되어 있다. 우리는 '용서받은 죄인'이지 '의로운 죄인'은 아니기 때문이다. 죄인이 용서받음으로 죄인의 행위가 정당화되는 것이 아니라, 오로지 은총을 주시는 하나님만이 의로운 분으로 드러나며, 이후에는 하나님의 말씀대로 살아가는 제자의 삶이 이어져야 할 것이다. 따라서 그리스도인의 진정한 회개는 자기 성찰과 반성으로 끝나는 것이 아니라, 변화된 삶의 모습을 통하여 사회를 정화하는 행동과 연관이 되어야 한다.

아울러 경제정의 문제와 연관하여 종종 사회적 문제로 대두되는 교회 재정의 문제는 교회의 재정 집행에 대해서 객관적 합리성에 대한 요구라는 것을 명심하여야 할 것이다. 헌금은 하나님께 드려지지만, 헌금의 사용은 교회 내 성원의 민주적 소통에 의하여 집행되어야 한다. 교회의 재정에 대한 투명성은 '정당성'과 '정통성'의 요건이 충족되어야 한다. '정당성'이란 교회 재정을 집행하는 데에 있어서 교회 성원의 동의를 거친 올바른 집행 방식이 이루어지는 것이며, '정통성'이란 이와 같은 교회의 재정 집행 과정을 인정하는 외부의 사회적 합리성이라고 할 수 있다. 물론 교회는 교회 내적 성원과 함께 하나님의 뜻 안에서 재정을 집행하는 권리가 있다. 그러나 현 자본주의 사회에서 요구하는 물질의 사용에 대한 상식적인 합리성의 잣대를 훨씬 넘어서는 도덕성을 교회가 결여할 때 바로 지탄의 대상이 되는 것이다. 따라서 재정 집행에 관한 교회 성원의 민주적 절차와 아울러 사회의 도덕적 기준을 넘어서는 거룩성이 요청이 된다. 돈이 거룩한 것은 아니다. 그러나 돈을 거룩하게 사용할 수 있다. 청교도의 청빈과 근면을 통하여 절약된 물질이 자본주의를 이끈 원동력이 되었듯이, 한국 교회는 재정의 투명성과 아울러 사회가 요구하는 도덕적 합리성을 뛰

어넘는 재정 집행을 통하여 추락된 위상을 회복할 수 있을 것이다.

목회자의 세금 납부에 관한 내용도 사회에서 요구하는 교회의 개혁과 연관이 되어 있다고 본다. 그러나 현실적으로 기독교계 전체적으로 미자립 교회의 숫자가 급증하고 있으며, 목회자 가족이 국민 기초 생활 보장 수급자나 차상위 계층의 영역에 속하는 경우도 허다하기 때문에 이러한 국가의 요구를 그대로 수용하기에는 문제가 있다. 더군다나 각 교단이 최저생계비에 대한 지원도 없는 상태에서 세금 납부나 교역자의 사례비 형평성을 일반화하기에는 여전히 현실과 다소 거리가 있어 보인다. 그러나 재정 투명성의 문제와 연관하여 볼 때, 세금 납부와 목회자의 사례비에 관한 사항은 자발적으로 이루어져야 하며, 이러한 운동이 대형 교회들을 중심으로 전개될 때, 한국 사회에 미치는 영향은 매우 클 것이다.

현대 사회에서 요청하는 공인의 도덕성은 '100-1=99'가 아니라 '100-1=0'인 사회에 살고 있다. 자그마한 실수 하나가 도덕적 인간으로 살아가는 데에 치명적인 사회적 네트워크가 형성되어 있다. 교회와 구성원의 목소리와 몸짓 하나하나는 이제 실수나 잘못이 회개로 이어지기 전에 그 공동체의 근간을 흔드는 문제로 확대되어 가고 있다. 이와 같은 때에 기독교 공동체가 세상의 가치를 초월하는 거룩성으로 무장하여 예수 그리스도께서 부탁하신 복음의 사명을 완수하여야 할 것이다.

06장

정치
윤리

06장 ● 정치 윤리

그리스도인에게 정치가 필요한가?[74] 그리스도인이 정치인이 된다는 것은 무엇을 의미하는가? 교회는 정치에 어디까지 개입하여야 하는가? 선거 때마다 등장하는 기독당은 어떻게 생각하여야 하는가? 이와 같은 질문들은 아마 일상에서 우리 스스로가 그리스도인으로서 정치와 종교와의 관계에 대하여 가지고 있는 궁금한 내용들일 것이다.

---

[74] 필자는 그동안 기독교의 정치 윤리에 대하여 다양한 관점을 소개하였다. 이하 설명하는 내용은 필자가 미국 감리교 저널지 Leadership Is Discipleship에 기고한 내용임을 밝힌다. 유경동, "교회의 정치적 이데올로기 문제 어떻게 볼 것인가?" Leadership Journal (Discipleship Ministries, 2016), 44-56.
그리고 다음의 한국저널지에도 기고하였다. "교회와 정치와의 관계 어떻게 볼것인가," 「월간 프리칭」 (2015. 2)

정치와 종교

우리나라 헌법에는 국민의 기본권을 보장하는 참정권이 있으며, 정교분리에 의하여 국가의 자주권은 국민의 주권에서 나온다는 것을 인정하면서도 동시에 기본권으로서 종교인의 양심의 자유를 인정하고 있다. 중요한 점은 양심의 자유나 신앙의 자유는 내심적인 자유에 국한하고 있으며, 다만 '법의 테두리 안에서' '양심 실현의 자유'를 보장한다는 것이다. 따라서 그리스도인에게도 신앙의 양심에 따라 정치 참여의 길이 열려 있으며, 정치를 통한 하나님 나라의 실천도 가능한 것이다.

필자의 관점에서 볼 때, 양심의 자유와 양심 실현의 자유를 구분하는 것은 매우 중요하다고 본다. 신앙 자체는 종교의 양심으로서 제한할 수 없는 자유이다. 그러나 양심과 신앙의 뜻을 실현하려는 경우, 이는 외부적인 정치 사회적 조건에 의하여 제한 받을 수밖에 없다. 예를 들어, 세상의 배고픈 사람들을 하나님의 사랑으로 배불리게 먹게 해 주려는 생각은 신앙의 무한한 자유이지만, 그렇게 그 양심이 선하다고 해서 은행에 들어가 필요한 돈을 요구할 수 없는 것과 마찬가지이다. 세상의 부정의와 불평등을 치유하고 정의와 평화가 넘치는 세상을 만들려는 양심이 제약받을 수는 없다. 그러나 세상의 부조리를 개혁하기 위하여서는 양심이 실현될 수 있는 사회 구조의 틀 안에서 법과 절차를 준수하거나 부조리한 구조를 먼저 정의롭게 바꾸지 않고서는 그 이념을 실천으로 옮길 수 없다.

수년 전 미국의 한 방송사에서 '서바이벌(survival)'이라는 리얼리티 프로그램을 제작 방영한 바 있다. 상당한 액수의 상금을 걸고 무인도에 참가자들을 내려놓고 마지막까지 생존하는 사람이 최후의 승자가 되는 것이다. 우선 이 게임의 규칙 중에서 가장 눈에 띄는 것은 이 참가자들이 매일 저녁 회의를 통하여 자신들의 생존을 위하여 불필요한 사람들을 투표로 제거하는 것이다. 일종의 치밀한 계산이 필요한 생존 정치가 개입하게 된다. 그 그룹에는 노래하는 시인이 참가자로 있었다. 이 사람은 첫날부터 공동체의 구성원들을 위하여 사랑과 희망을 노래하고 시를 읽어 주면서 용기를 북돋우어주는 역할을 감당하였다. 필자의 눈에는 이 시인의 역할이 매우 중요해 보였지만, 결과는 바로 첫 날 투표에 의하여 그 음유 시인은 탈락하였다. 생존 게임에 필요한 것은 정신적인 사람이 아니라 자신의 음식을 공급하여 생존을 유지시켜 줄 수 있는 능력과 기술이 있는 사람이 필요하였던 것이다. 도덕이나 우정이 필요한 것이 아니라 우선 빵이 필요하다는 삭막한 생존의 논리가 처음서부터 개입하였던 것이다.

정치와 종교도 어떤 면에서는 인간의 생존을 위하여 다 필요한 체제이다. 정치가 인간의 생존을 위하여 스스로 제도화하고 발전시킨 사회적 체계라면, 기독교는 그 체계 안에 하나님이 의도하신 선한 목적이 있다고 본다. 우선 종교와 정치는 비슷한 목적을 가지고 있다고 봐도 된다. 종교는 세상의 문제점을 변화시키려는 거룩한 뜻을 가지고 '하나님의 나라'가 이 땅에 이루어지기를 기대한다. 그러나 정확하게 말해서 내심적인 신앙의 자유 안에서만 그 뜻이 분명하다. 정치는 유토피아를 지향한다. 정치는 국가가 감당할 수 있는 물적 인적 자원을 통하여 평등한 사회를 구현하며, 이를 법의 틀 안에서 정의로운 사회를 만들겠다고 약속한다. 그러나 정확하게 말해서 이 약속이 실현될 수 있을지 여부는 우선 유권자의 표를 정치인이 확보한 후에야 그 정치적 이념을 실제로 현실에서 적용 가능하다.

과거에는 국가의 경제적 위기나 재난이 있을 때, 종종 종교 지도자가 공영 방송에 출연하여 대국민 메시지를 전한 바 있다. 그 어떤 종단의 지도자라고 할지라도 전하는 내용은 "국민 여러분, 이 어려운 때 용기를 잃지 말고 희망을 가지세요"였다. 그러면 이어서 경제부총리나 국무총리가 나와 "우리 정부를 믿어 주시면 꼭 이 국가의 어려움을 헤쳐 나가겠습니다"라고 약속하였다. 양쪽의 메시지는 이런 점에서 같다. 즉 종교나 정치나 '희망'을 이야기한다. 미국의 신학자 라인홀드 니버(Reinhold Niebuhr)가 이런 재미있는 표현을 한 적이 있다. "사람들이 과거에 문제가 많은 정치인들을 선거 때 또 뽑아주는 이유는 저들이 희망을 이야기하기 때문입니다!" 그렇다 바로 미래에 대한 그 희망과 약속 때문에 비록 속는 한이 있더라도 유권자는 또 표를 던져 주는 것이다.

종교와 이데올로기

그런데 종교와 정치의 이데올로기는 여기서 그 문제를 드러내기 시작한다. 만일 종교 지도자가 "국민 여러분, 저를 믿어주시면, 제가 여러분의 어려운 문제를 해결하여 드리겠습니다!"라고 호소하면 어떻게 될까? 반대로 정치 지도자가 "여러분, 지금은 같이 우리가 기도할 때입니다"라고 주장하면, 무슨 일이 벌어지겠는가? 여기에 종교와 정치의 역할과 그 한계가 분명하게 드러난다. 종교란 이 땅에서 해결할 수 없는 고통과 인생의 위기가 있을 때, 신앙을 통하여 좌절을 극복할 수 있는 영적 생명력을 공급하는 것이다. 기독교의 관점에서는 예수 그리스도의 고통과 부활의 약속을 통하여 주님이 약속하신 천국의 소망을 잃지 않고 이 세상에서 끝까지 승리하는 삶을 사는 것이다. 반면 정치는 국민들이 당하는 각종 고통을 정의로운 정치적 구조와 평등한 사회 경제적 체제를 통하여 행복한 사회를 건설하는 것을 구체적으로 실천하고 그 목표를 잃지 말아야 한다. 기독교적인 관점에서는 성경의 예언자처럼 기독교는 국가와 정치 지도자들의 부도덕성을 고발하고 하나님의 뜻이 이 땅에 이루어지도록 정의를 실천하고 올바른 정치를 권장하며 그런 의로운 삶을 실천할 수 있도록 인도하는 것이다.

종교와 정치의 이데올로기의 위험성은 종교와 정치의 역할을 혼돈할 때 발생한다. 이데올로기란 법과 정치, 그리고 경제라는 구체적인 현실적 조건 속에서 한 이념을 실천하는 과정에서 그 이념을 신뢰할 수 있는지 정당성을 묻는 사상 체계라고 할 수 있다. 따라서 원칙적으로 종교의 정치적 이데올로기화는 굳이 부정적으로 접근할 필요가 없다. 문제는 '이데올로기의 위기'의 경우이다. 만일 종교가 자신의 목적을 상실하고 세상에서 권력을 지향한다든지, 정치가 헌법에서 명시한 민주와 자유의 나라를, 특히 경제정의를 실천하지 않고 '기도' 뒤로 숨어버린다면, 이것이 '이데올로기의 위기'이다.

종교가 정치적 목적을 얼마든지 지향할 수 있다. 단 종교의 내심적인 양심의 소리와 신앙적 자유를 유지하면서 세상 속에서 구체적으로 그 신앙의 자유가 실현될 수 있도록 사회를 바꾸어 나가면서 정의로운 실천적인 삶을 사는 경우이다. 또한 정치가 종교적 이념을 지향할 수 있다. 단 정치적 체제와 정의로운 국가를 세우려는 소명을 잃지 않고 끝까지 책임을 감당하면서 국가의 위기 시 종교가 제공하는 영적 쉼이 필요한 경우, 그 안에서 평화를 얻는 것이다. 만일 이 양자가 자신의 본분을 망각하지 않고 자신의 자리에서 최선을 다한다면, 어거스틴(Augustine)이나 마틴 루터(Martin Luther)가 소망하였던 두 왕국, 즉 '하나님의 나라'와 이 '땅의 나라' 사이에 조화가 이루어지게 된다. 그러나 그렇지 않으면, 종교의 정치적 이데올로기의 위기로 말미암아 사회와 종교는 각기 심각한 혼란에 빠지게 될 것이다.

종교의 권위

기독교가 정치 문제로 지탄받는 이유 중의 하나는 하나님이 부탁하신 복음의 목표를 정치적 권력과 혼돈하기 때문이다. 이것이 교회의 정치적 이데올로기의 심각한 문제이다. 권위와 권력은 그 출발점부터 다르다. 기독교의 권위는 하나님의 말씀에 근거한다. 하나님은 당신이 지으신 세상을 사랑하셨고, 독생자 예수 그리스도의 십자가와 부활을 통하여 당신의 사랑을 확증하셨으며, 보혜사 성령을 우리에게 주셔서 이 구원의 약속을 붙들게 하셨다. 기독교의 권위는 하나님의 말씀과 예수 그리스도의 계시, 그리고 교회 공동체 안에서의 거룩한 교제를 통하여 유지된다. 비록 교회 공동체가 다양한 정치적 성향을 가진 구원받은 백성들이 모인 모임이지만, 그 유일한 사명은 복음을 통하여 세상 끝날까지 예수 그리스도의 증인이 되는 것이다.

교회 공동체는 권력에 의하여 구성되지 아니한다. 교회 내 다양한 제도와 직제가 형성되어 있지만, 이 모든 목적은 오로지 복음의 사명을 위한 것이다. 그런데 교회의 제도와 직제에 의하여 주어진 일종의 종교적인 힘(power)을 권력으로 착각하게 되면, 여기서 '거짓된 복음'이 만들어지게 된다. 원래 정치적 권력의 목적은 주어진 정치적 힘을 통하여 평등과 정의로운 사회를 구현하는 것이다. 한편, 권위는 그러한 사회를 구현하는 지도자에게 부여되는 공동체의 성원들이 지지하는 정신적 정당성이다. 그러나 교회는 이미 예수 그리스도의 사랑을 통하여 죄인으로부터 용서함 받은 거룩한 공동체를 지향한다. 교회에는 권력이 무용지물이 되어야 한다. 왜냐하면 예수 그리스도만이 머리가 되시기 때문이다. 그 외 모든 성원들은 서로 섬기며 돕는 지체일 뿐이다. 따라서 교회의 유일한 힘은 그 공동체를 유지하는 '사랑' 외에는 없다.

권력은 적어도 민주 사회에서는 올바른 정치 사회 공동체를 위하여 국민들이 국가와 정치인들에게 부여한 '힘(power)'이다. 국민은 국가의 지도자를 선출하면서, 저들에게 '정의로운 법'과 국민의 안전을 위해 '치안 유지를 위한 경찰력', 그리고 '국가의 안보를 위한 군사력의 권한'을 위임하였다. 국가의 정치 지도자들은 자신들에게 부여된 권력을 정의롭게 사용하여야 한다. 그러나 정치가 권력을 잡기 위한 정치적 기술만 부리는 정당 정치에만 혈안이 되고, 선거 때마다 유권자의 기대를 기만하는 공약(空約)으로 점철될 때, 그 국가와 사회는 어떻게 되겠는가? 따라서 교회의 권위와 국가의 권력은 서로 견제와 격려가 필요하다. 교회 공동체가 세상의 성원들이 모여 구성된 신앙의 자유를 구현하는 시민들의 모임이라고 할 때, 교회는 신앙의 자유와 그 목적에 대하여 분명한 목소리를 내어야 한다. 아울러 세상 속에서 신앙인으로 살아갈 때, 어떻게 정의로운 사회가 실현될 수 있는지 그 정치적 사명과 목표에 대하여 분명한 예언자적 관점을 잃지 말아야 한다.

교회의 성원과 지도자가 권위를 유지하려면, 정치적 권력을 넘어서는 숭고한 정신적 세계를 유지하여야 한다. 이는 권력의 욕망이나 권력을 통한 경제적 이익에 좌우되지 아니하는 신앙의 발로에 의한 고상한 믿음을 갖추어야 한다. 법의 논리를 초월하는 양심에 의하여 세상의 약자들 편에 설 수 있어야 한다. 교회가 이 권위를 잃게 되면, 교회의 기구나 제도는 순간적으로 권력의 힘으로 변질된다. 종교가 권력이 되어 버리면, 그 자리에 계셔야 할 하나님 대신 피조물인 인간이 대신하게 된다. 그렇게 되면 제도에 의한 억압이 시작되는 것이다. 하나님은 사랑으로 세상을 통치하시지만, 인간은 그것이 종교적이든 정치적이든지 권력으로 인간을 지배한다. 따라서 기독교는 오로지 하나님의 사랑을 통하여 부여하신 사랑의 권위로 세상을 바꾸어 나가는 영적 힘을 잃어서는 안 될 것이다.

교회와 권력

교회의 정치적 이데올로기의 또 다른 문제는 선거를 통하여 새 정권이 들어설 때 발생한다. 앞에서도 지적하였듯이, 교회의 사랑은 보편적이며 하나님이 당신의 백성들을 위한 거룩한 뜻이기 때문에 이 사랑의 이념으로 정의로운 정치를 위한 정신적 에너지를 공급할 수 있다. 그러나 중요한 점은 기독교의 사랑은 하나님이 공급하시는 영원한 것이지만, 정치적 이념이 구현하는 정의와 평등은 상대적이다. 그리고 정치는 권력을 놓고 펼치는 변화무쌍한 파노라마와 같기 때문에 정치적 잣대의 정의와 평등은 지극히 제한적인 경우가 많다.

우리는 이 땅에 하나님의 뜻이 이루어지기를 기도하며, 또한 정치가 그 일부를 감당하여 줄 것을 기대한다. 사도 바울도 이 세상의 권세자들에게 순복하기를 요구하였다(롬 13장 참조). 어거스틴(Augustine)이나 토마스 아퀴나스(Thomas Aquinas), 그리고 종교개혁자 마틴 루터(Martin Luther)도 이 세상의 권세와 권력에 대하여 이중적인 기준을 설정하였다. 교회는 하나님의 사랑으로 신앙인들을 지도하고, 국가는 법과 공의로운 정치로 질서를 잡아줌으로써 신앙인들이 평화로운 삶을 영위하는 것이 목적이다. 그렇기 때문에 정치 지도자는 하나님을 두려워하며 백성들을 사랑하고 정직하고 부를 탐하지 말아야 한다. 이와 같이 기독교와 정치가 각 역할을 잘 감당한다면, 더할 나위가 없다. 그러나 만일 그렇지 않다면, 그리스도인은 어떻게 하여야 하는가? 이 세상에는 독재 정권이나 타락한 정치에 의하여 고통 받는 국가들과 국민들이 많이 있다. 아무리 민주화가 이루어진 나라라 할지라도 권력을 위한 야망과 경제적 이들을 위한 인간의 욕심으로부터 자유로운 정치인이나 나라는 하나도 없다. 피조물이 다 함께 고통으로 탄식하며 하나님의 구속을 대망하며 우리는 살고 있다(롬 8:22).

필자의 관점에서 기독교인은 정치적 이데올로기에 면죄부를 주어서는 안 된다고 본다. 예를 들어, 한국과 같이 크게 양당으로 나뉘어서 정당 정치가 이루어지는 경우, 대부분의 그리스도인들은 때에 따라서 기층 정치의 '여당' 아니면 '야당' 둘 중 하나에 속하게 된다. 개인의 종교적 신념, 정치관, 지역, 성, 그리고 사회와 경제적 요소들에 의하여 정치적 성향이 갈라지게 되어 있다. 선거 때마다 그리스도인들은 양당 중에 한 당을 선택하고, 하나님께 자신이 속한 정당의 후보가 선택되기를 기도한다. 그리고 당선되면 하나님의 뜻이 이루어졌다고 확신한다. 바로 이 점이 교회의 정치적 이데올로기의 위기이자 스스로 파는 함정이다.

설령 자신이 선택한 정치인이 당선되었다 하더라도 그 정치인의 모든 도덕성이나 정치인으로서 책임져야 할 책임이 하나님의 은혜로 면죄된 것은 아니라는 점을 잊지 말아야 한다. 하나님이 허락하시는 위로부터의 권세란 이 세상을 통치하시는 하나님의 능력이 이 세상의 그 어떠한 권력보다도 크시다는 것이며, 만일 하나님이 부여하신 권세가 올바르게 사용되지 않을 경우, 하나님은 역사 속에서 심판하셨다는 점을 우리는 중시하여야 한다.

그리스도인의 정치관은 항상 성경에 기초하여야 한다. 우리가 이 세상에 살면서 어떤 정당이나 정치인이 권력을 잡게 될 것인가도 중요하지만, 그 정당이나 정치인이 과연 하나님을 두려워하는지 우리는 진지하게 성찰하여야 한다. 정치는 사랑과 같은 것이 아니며, 단지 사회 구성원들에 의하여 정의와 평등을 실현하도록 위임된 권력이기 때문이다. 따라서 그리스도인은 자신이 원하는 정당이나 정치인이 권력을 잡은 것으로 만족하지 말고, 그 권력을 제대로 사용하고 있는지 하나님과 사람들 앞에서 끊임없이 성찰하고 그 책임을 묻고, 잘못된 것은 시정하도록 요구하여야 한다. 그럼에도 불구하고 만일 정치가 하나님의 뜻에 따라 작용되지 않는다면, 우리는 하나님께 호소하며 이 땅의 시민으로서 정치적 참여를 통하여 올바른 정치가 작동되도록 노력하여야 할 것이다.

그리스도인으로서 만일 우리가 올바르지 못한 정치에 의하여 고통을 당한다면, 어떻게 할 것인가? 우선 우리는 그런 일이 발생하지 않도록 부단히 기도하여야 할 것이다. 또한 정치적 참여를 통하여 올바른 정치 지도자와 권력을 만드는 일에 앞장서야 할 것이다. 그 이유는 그렇게 하여야만 우리는 평화로운 신앙생활을 할 수 있기 때문이다.

교회와 평화 전략

그리스도인의 '정치적 이데올로기'의 문제는 이 세상의 폭력에 대한 어정쩡한 관점에서 발생한다. 역사 속에서 정치적 고통은 대부분 국가의 무력 정치와 힘이 없는 국민들 사이에서 발생하기 때문에 그 피해 규모가 대체로 크다. 잘못된 정치인들이 권력을 유지하기 위하여 아직도 지구상에는 수많은 사람들이 죽어가고 있으며, 수많은 정치적 난민들이 발생하고 있다. 우리는 직간접으로 겪는 이 땅의 폭력에 대한 대안을 '평화'라고 생각한다. 물론 이 말이 틀린 말은 아니다. 평화가 있으면 폭력은 발생하지 않는다. 그러나 폭력에 대한 궁극적인 대안은 평화이지만, 실제로는 폭력을 발생하지 않는 정의로운 권력이 없는 한 폭력은 중지되지 아니한다. 따라서 폭력에 대한 대안은 평화가 아니라 우선 일차적으로는 올바른 '권력'이다.

기독교 역사 속에서 국가의 폭력에 대하여 크게 두 가지 입장이 있었다. 하나는 '기독교 현실주의' 전통에서 최소한의 악으로 최대한의 악을 방지하는 것이며, 다른 하나는 '비폭력 무저항주의'이다. 전자는 어차피 정치적 억압과 권력의 욕망을 막을 수 없기 때문에 그 권력이 폭력을 휘두르지 못하게 하고, 또한 잘못된 길로 들어서지 못하도록

'최소한의 악'으로 더 큰 악을 억제하는 것이다. 현대 국제 사회에서 UN의 역할이나 다양한 시민 사회의 활동이 이를 대변하여 준다. 약소국가들이 연합하여 제국을 경계하고, 소수자들이 연대하여 다수의 횡포를 막는 역할을 보게 된다.

그러나 이러한 기독교 현실주의에 한계가 없는 것은 아니다. 처음부터 '최소한의 상대적 악'으로서의 최대한의 악을 방지하는 것이기 때문에, 전쟁의 경우 평화를 지키기 위한 '정당 전쟁'이 인정이 되었다. 주님이 말씀하신 것처럼, 세상과 평화를 외치며 그 어떤 경우에도 폭력을 용인하지 말아야 하는데, 평화를 수호하기 위하여 폭력을 수반하게 된다. 내 가족을 죽이려는 적군을 그냥 내 영토와 가정에 침입하도록 허용할 수는 없기 때문이다. 그러나 최소한의 폭력을 이미 전제하기 때문에 이 폭력은 스스로 정당한 폭력이 되며, 엄밀하게 말해 성서의 관점과 배치된다. 그러나 현실적으로 또 다른 대안이 있을지는 의문이다.

한편 '비폭력 무저항주의'는 상대방의 폭력에 맞설 수 없는 허약한 정신 상태를 말하는 것은 아니다. 기독교 역사 속에서 이 전통은 정당 전쟁론을 능가하는 고상한 신앙적 능력으로 관심을 받아왔다. 비폭력은 상대방의 폭력을 내 몸으로 수용하여 나를 끝으로 더 이상의 폭력이 발생하지 않도록 그 폭력을 중지하는 것이다. 폭력의 당사자를 인간으로 보지 않고 하나님의 뜻을 거스른 공중권세 잡은 마귀의 궤술로 여기는 것이다. 폭력을 휘두르는 인간을 미워하지 않고 오히려 그들을 불쌍하게 여기면서 하나님의 구원을 간구한다. 여기에서 순교자의 피가 흐르지만, 상대방의 적의와 폭력은 거룩한 평화의 정신으로 정화되어 새로운 정신적 에너지로 바뀌게 되는 것을 기대하는 것이다.

필자는 이 비폭력 무저항주의 안에서 우리 주 예수 그리스도가 세상을 이기시고 부활하심을 신앙으로 믿는다. 그러나 역사 속에서 정치적 폭력은 또 다른 폭력을 끊임없이 재생산하며 아직도 쉰 적이 없었다면 너무 지나친 표현일까? 이 세상의 정치는 그 권력의 채우지 못한 욕망을 위하여 얼마나 더 정치적 희생양을 필요로 하는 것일까? 폭력은 대상자가 피 흘릴 때 잠깐 멈추지만, 저항할 수 없는 다른 대상자가 나타나면 다시 시작이 된다.

이 세상을 이기신 하나님, "이것을 너희에게 이르는 것은 너희로 내 안에서 평안을 누리게 하려 함이라. 세상에서는 너희가 환난을 당하나 담대하라. 내가 세상을 이기었노라(요 16:33)"는 말씀이 있기에 우리는 이 세상의 정치도 하나님이 통치하실 것을 믿는다. 그러나 우리는 이 세상의 정치가 올바른 정치가 되도록 올바른 권력을 만들어야 할 사명도 있음을 각성하여야 할 것이다. 하나님이 폭력을 허용하시는 것이 아니라 잘못된 권력이 폭력을 생산한다면, 우리는 하나님의 뜻을 따라 올바른 권력을 만들어야 한다. 올바른 권력만이 평화를 신장할 수 있다.

필자가 정의로운 권력을 만드는 일에 그리스도인이 앞장서야 한다고 강조하는 이유는 어거스틴과 그 입장을 같이한다. 어거스틴은 참된 하나님을 경배하며 올바른 의식과 진실된 도덕성으로 그분을 섬기는 사람들이라면 오랫동안 널리, 그리고 멀리 지배 영역을 확장하는 것이 바람직하다고 보았다. 하나님의 큰 은사인 경건과 고결성이 진정한 행복과 현세에서의 복된 삶과 내세에서의 영생을 만족시켜주기 때문에 이 세상에서의 선한 사람들의 지배는 자신에게보다는 사회 전체에 유익이 되기 때문이다.

지금까지 필자는 기독교의 '네 가지 정치적 이데올로기의 문제'에 대하여 살펴보았다. 그것은 각 각 '종교와 정치적 목적의 혼돈', '권위와 권력의 착각', '정치적 면죄부의 남발,' 그리고 '폭력의 대안으로서의 올바른 권력'에 대한 것이었다. 기독교가 313년 로마에 의하여 국교로 공인받았을 때, 형식적으로 그리스도인은 이 세상에서 더 이상 순교자가 아닌 삶을 살 수 있게 되었다. 우리도 대한민국의 국민으로서, 또는 사역자로서 신앙의 자유를 가지고 종교적 양심을 구현하며 산다. 그리스도인의 정치적 행위는 복음의 권위에 의한 착한 삶을 사는 것이다. 이는 우리가 이 세상에 살면서도 예수 그리스도의 제자로서 사는 것이다.

주님은 제자들에게 "내가 너희를 보냄이 양을 이리 가운데로 보냄과 같도다. 그러므로 너희는 뱀같이 지혜롭고 비둘기같이 순결하라 (마 10:16)"라고 부탁하셨다. 우리가 이 세상에 살지만 예수 그리스도의 양처럼, 그리고 비둘기같이 살아야 한다. 그러나 '뱀'같이 지혜로울 것을 부탁하신 것도 잊지 말아야 한다. 나의 신앙의 양심만이 아닌 이 신앙의 자유를 신장하기 위하여 이 세상의 제도권 안에서 어떤 사명이 있는지 헤아려야 할 것이다. 나와 내 가족, 그리고 교회 공동체의 평화를 위하여 우리는 하나님을 경외하며 백성들을 사랑할 수 있는 선한 정치 지도자들을 뽑아야 할 것이다. 아울러 정치의 한계를 알며 권력에 유혹당하지 말고 복음의 사명을 감당하며 하나님의 나라가 이 땅에 이루어지도록 최선을 다하여야 할 것이다.[75]

---

75 지금까지 필자는 일반 저널지 "교회와 정치와의 관계 어떻게 볼것인가," 「월간 프리칭」(2015. 2)에 기고한

종교와 폭력

한편, 필자가 짚어 보고자 하는 종교의 정치적 요소에 관한 것은 종교가 폭력으로 변질되는 문제점들이다. 종교의 역할을 한 마디로 정의한다면, '변화'라고 표현하고 싶다. 종교는 개인의 정신 혁명을 통하여 어려움에 처하여 있는 공동체를 바른 길로 인도하며 역사의 변화를 이끌었다. 인류 역사 속에서 종교가 제 역할을 할 때는 종교는 대부분 박해를 받는 입장에 있었다. 종교는 칼을 선택하지 않고 붓과 펜을 선택하였으며, 인간의 양심을 돌려 초월의 영역에 관심을 가지도록 인도하였다. 굳이 타 종교를 언급하지 않더라도 기독교의 경우도 예수 그리스도는 이 땅의 소외된 이들에게 하나님의 나라를 선포하셨으며, 십자가의 고난과 부활을 통하여 천국이 있음을 알려 주셨다.

종교의 또 다른 특징은 '보편성'에 있다. 보편성은 개인의 이기심과 사욕을 떨쳐 버리고 모든 이들에게 공평하며 궁극적으로는 인간이 수단이 아니라 목적이 되게 하는 원리이다. 온 천하보다도 한 생명이 더 귀한 것이 종교의 자명한 이치이며, 우리 기독교는 인간이 하나님의 형상을 닮은 존재임을 중시한다. 이 보편성은 황금률과 같은 것이기 때문에 종교는 이 땅에서 권력을 지향하지 아니하고, 낮은 곳을 향하게 되어 있다. 낮은 곳이란 대부분 사회 체제 속에서 주변부에 있는 사람들이 있는 곳을 말하며, 잘못된 권력 체제는 어차피 가난하고 소외된 이들의 등골을 뽑으면서 유지되기 때문에, 종교가 이들의 편

내용을 별도의 재인용 부호 없이 옮겼음을 밝힌다. 유경동, "교회의 정치적 이데올로기 문제 어떻게 볼 것인가?" *Leadership Journal* (Discipleship Ministries, 2016), 44-56.

을 들면 종교와 종교 지도자에 대한 박해와 추방이 일어나는 것이다.

종교가 폭력을 만나는 첫 번째 시점이 바로 여기이다. 소외된 이들의 편을 드는 종교와 이를 무력으로 제압하려는 권력이 부딪치게 되면, 종교는 기독교의 경우처럼 비폭력 무저항주의를 통하여 이를 극복한다. 무저항주의는 약자의 변명이 아니라 상대방의 폭력을 몸으로 막아 더 이상 폭력이 발생하지 않도록 비폭력으로 견디는 숭고한 정신이다. 이러한 비폭력 무저항주의를 개량주의적으로 변용한 것이 기독교 현실주의이다. 이 개념은 최소한의 무력으로 폭력을 저항하는 것이다. 평화를 지키기 위하여 전쟁에 개입할 수밖에 없는 '정당전쟁론'이 이 경우이다. 이 현실주의는 약자들의 연대를 전제하며, 국제 사회에서도 약소 국가들의 협력을 요구한다. 오로지 평화를 위한 무력만 허용하지만, 초기부터 폭력이 개입되기 때문에 비판의 여지가 많다.

종교가 폭력을 만나는 두 번째 경우는 거꾸로 종교가 폭력을 휘두르는 경우이다. 대부분의 종교는 초기에 종교 지도자를 중심으로 경건과 무소유를 통하여 자생적인 소규모 공동체를 형성하지만, 규모가 커지게 되며 소위 교파를 구성하고, 기층의 정치 경제 체제와 직간접적으로 관계를 형성하게 된다. 그리고 교파 자체의 유지를 위하여 교리가 강화되며 교권이 형성되는데, 그 영향력은 기독교 역사의 경우, 황제의 권력과 버금가는 종교 권력이 형성하기도 하였으며, 그 권력의 남용에 반발하여 종교 개혁이 일어나기도 하였다. 이러한 종교의 권력은 십자군 전쟁을 일으키기도 하였고, 교리에 어긋나면 화형이나 참수형이 시행되기도 하였다.

종교가 폭력을 만나는 세 번째 경우는 현대 사회에서 벌어지고 있는 민족주의와의 관계에서 볼 수 있다. 『역사의 종말』의 저자인 프란시스 후쿠야마(Francis Fukuyama)는 지난 9.11 테러 사건과 연관하여 의미심장한 분석을 한 바 있다.[76] 그가 말하는 '종말'이란 개념은 현대적 자유 민주주의와 시장중심의 자본주의가 최종 단계에 이르렀다는 의미를 가진다. 그러나 이 개념에는 두 가지 해석이 가능한데, 하나는 미국을 위시한 선진국들이 주도하는 신자유주의는 자유와 평등이라는 가치 개념을 통하여 세계로 확산하게 된다는 것이다. 그런데 다른 하나는 자칫 이러한 동향이 '브레이크 없이 달리는 열차'와 같아서 서구 사회의 가치 개념에 대한 저항이 있을 수 있다는 것이다.

여기서 짚고 넘어가야 할 점은 현대의 민주주의는 기독교의 보편성에서 종교성을 분리한 가치 개념으로서 결국 민주주의와 자본주의, 그리고 기독교의 가치 개념은 유기적으로 연관이 되어있다는 것이다. 그런데 이러한 세계화의 추세가 저항을 받는 이면에는 보편성의 필수요소인 인간을 중시하는 시민성의 신장보다는 거대 자본의 상품과 저가 노동의 유통만 강화한다는 인상을 주기 때문이다. 즉, 정신의 세계화와 교류가 아닌 서구를 중심으로 한 상품의 세계화에 대한 저항이 있을 수밖에 없는 것이다. 그런 맥락에서 현대 국제 사회에서 벌어지는 종교 폭력에는 자본과 노동, 그리고 상품의 세계화를 둘러싼 북반구와 남반구, 선진국 위주의 서구와 그 외 주변부 국가들과 민족, 기독교와 그 외 종교의 형식으로 재편되고 있다는 인상을 지울 수 없다.

---

[76] 후쿠야마와 연관된 자세한 해석은 필자의 선행 연구를 참고하시오. 유경동, 『한국 사회와 기독교 정치 윤리』 (2005), 35-37.

"소비자의 선택을 세계화하라!"라는 구호에 매력이 없는 것은 아니다. 세계 어디에 있든지 시장의 자유 선택에 의하여 높은 삶의 질을 나누자고 하는 데에 현혹이 된다. 그러나 문제는 현대 사회에서 인간이 소비자의 도구로 전락하게 되면, 민주적 시민 질서도 약화되고 원래 종교가 수행하였던 인간의 가치 개념이 수단으로 변질되어가게 된다는 점이다. 따라서 세계화에 대한 민족주의적 저항에 대하여 폭력이 양산될 때, 과연 종교가 어떤 역할을 하여야 할지 그 책임이 중요한 것이다.

위에서 살펴보았듯이, 현대 국제 사회에서 벌어지고 있는 폭력에 종교가 얼마나 개입되어 있는가는 더 많은 심층적인 분석이 필요하다. 먼저 특정 종교성의 가치 개념에 폭력적 요소가 있는지, 폭력을 유발하는 정치 경제적 요인이 무엇인지, 그리고 폭력이 자행될 때 그 목적이 무엇인지, 그리고 폭력에 개입된 사람들의 인성과 이성적 합리성과 같은 점들이 면밀하게 검토가 되어야 할 것이다. 필자는 이와 같은 논지는 생략하고, 종교가 폭력을 유발하는 종교 심리적 측면에 대하여 살펴보고자 한다.

첫째, 만일 종교가 폭력에 개입한다면, 이는 종교적 확신이 개입되는 경우가 허다하다. 우선은 자신이 종교적 신념이 위협받는 상황이 설정된다. 자신의 신앙적 정체성에 심각한 문제가 되는 어떤 '신뢰의 위기'가 발생할 경우, 현상 세계를 그렇게 만드는 특정한 적이 '사탄'으로 지목되며, 그리고 신뢰의 위기를 겪는 사람이나 종교단체에게는 의지할 수단으로 폭력적 매개물이 주변에 있어야 한다.

둘째, 종교적인 테러는 눈앞의 현상을 넘어서 또 다른 것을 가리키는 상징세계를 가진다. 따라서 폭력에 개입하다가 희생이 되어도 내세에 보상받는 '순교'가 되며 자신에게 영광이 되기 때문에, 종교 폭력은 일반 정치적 테러리즘과 그 내용에 있어서 차이가 있다. 정치 테러의 경우 정적이 제거되면 되지만, 종교 폭력의 경우는 정적의 제거와 상관없이 폭력을 허용한 신적 계시의 문제를 더 중요시 한다.

셋째, 종교적 신념이 극대화 될 때는 소위 모든 폭력은 '우주적 전쟁'으로 귀결된다. 즉 적을 물리쳐야 할 영적 전쟁 상황에 있고 그 수단이 폭력 외에는 없기 때문에, 그 어떤 종류의 폭력도 정당화 될 수 있다. 이때 폭력은 잔인성을 띠게 되며, 성과 연령, 그리고 가족 관계도 깨어지며, 오로지 최종 승리만이 목표가 된다. 종교가 폭력을 정당화하는 것은 분명히 모순이지만, 현상을 '무질서'로 보기 때문에 폭력을 통하여 질서대로 원상을 복구하는 방식은 계속 허용된다.

넷째, 종교적 폭력은 그 대상이 개인이 되기도 하며, 국가, 이념, 단체 등 상대를 불문한다. 시행하려는 종교적 폭력에 반대하는 세력이 나타나는 경우 돌파하는 방법은 둘 중 하나이다. 하나는 상대의 세력이 더 큰 경우는 희생을 감수하는 고난과 자발적인 고통으로 승화하며 종교 폭력이 소기의 성과를 거두게 되면 신의 뜻으로 돌린다.

다섯째, 대부분의 종교적 폭력은 시작 초기부터 신적 계시로 수행되기 때문에, 이와 같은 영적 전쟁에서 패배한다는 생각은 아예 배제한다. 그러나 만일 현실적 조건에서 종교 폭력으로도 소위 현상의 무질서가 개선될 여지가 없으면 초기의 종교적 확신은 다시 지연되고, 새로운 계시를 기다리며 또 다른 폭력을 준비하게 된다.

지금까지 필자가 분석한 종교 폭력의 유형은 일반적이기 때문에 이것을 공식화할 수는 없지만, 종교 심리학적 맥락에서 어느 정도는 적용이 될 수 있으리라고 본다. 종교의 역사에서, 그리고 현대 국제 사회에서 종교적 가치 개념이 개입된 특정 폭력이 계속되는 이유는 폭력의 대상화에 영적 상징 세계가 개입되며, 신적 질서를 세워야 한다는 소명과 연관이 되기 때문에, 이 폭력을 달리 막을 방도가 없다. 그렇다면 과연 작게는 소규모 섹트나 대규모 국제 사회에서의 벌어지는 종교 폭력을 방지할 대안이 인류 사회에 없다는 것인가!

필자가 인류 사회의 평화를 위하여 있어서는 안 될 종교 폭력 문제에 대하여 제시하고자 하는 대안은 다음과 같다.

첫째, 국제 사회에서의 종교와 정치 세력 간 초당적 소통이 요구된다. 인류 역사가 그나마 현재의 국제 질서를 유지하여 온 이면에는 민주와 평등, 그리고 자유라는 고귀한 가치를 위하여 노력한 결과이다. 물론 그 수준이 만족할 만한 것은 아니지만, 그래도 국제 사회는 폭력을 중재할 UN과 같은 기구도 있으며, 평화를 수호하기 위한 수많은 단체들이 있다. 따라서 현재 국제 사회에서 벌어지고 있는 이슬람과 비이슬람권의 분쟁으로 비쳐지는 종교 간의 갈등을 중재하여야 하는 비상한 노력이 요구된다. 특히 앞에서도 강조한 바, 서구적 민주주의 이념과 자본주의, 그리고 기독교의 연대로 비쳐지는 세계화의 흐름이 제3세계나 비기독교 국가들에게 폭거로 비쳐지지 않도록 보다 현명한 국제 정치적 소통이 필요하다고 본다.

둘째, 문화 생산자가 아니라 소비자로 인간을 전락시키는 현 시대의 소비 문명에 대한 반성이 필요하다고 본다. 급작스런 기후의 변화와 생태계의 파괴는 모두 잘못된 소비 문명의 결과이다. 세상이 신음하고 고통당하는 현실에서 소비의 욕망은 다다를 수 없는 바벨탑처럼 높아만 가고 있다. 인간이 목적이 아니라 소비의 수단으로 바뀐 현실에서 인간의 정신도 일회용처럼 소비되어 버려지고 있다. 따라서 인류 사회는 보다 냉정하게 현 무정부 상태를 야기시키는 국제 사회의 종교적 분쟁의 원인에 대하여 지성하고 현 문명에 대한 삶의 태도를 바꾸어야 한다.

셋째, 종교는 그 어떤 상황에서도 폭력을 정당화할 수 없다. 만일 종교가 폭력에 의지하면, 그것은 이미 종교가 아니라 이념이다. 즉 이데올로기로 변질되었다는 것이다. 이념도 나름 고상한 목표가 있다. 그러나 무엇보다도 종교는 종교로 돌아가야 한다. 즉 종교 본연의 목표를 재설정하여야 한다고 본다. 종교는 정치적 권력이 아니라 정신적 권위로 세상을 선도하여야 한다. 종교는 정치적 이데올로기에 복종하지 말고, 종교 본연의 숭고한 정신에 헌신하여야 한다. 종교 간의 대화와 평화란 자신의 종교적 가치관을 포기하자는 것이 아니다. 각 종교가 가지고 있는 보편성의 우주적 개념에 진작하면서, 상대방의 입장을 들어 주는 것이다.

종교의 자유란 그 누구도 간섭할 수 없는 양심의 자유와 연관이 된다. 그러나 이 자유는 '내심의 자유'로서 현실에서는 법과 윤리의 조건에 제한받을 수밖에 없다. 종교적 양심이 현실에서 정당성을 인정받기 위하여서는 인류 사회가 구축하여 온 공공질서 안에서의 민주적 절차와 인간의 생명을 존중하는 자유와 인권이 우선시되어야 하며, 그리고 정의를 신장하는 국가와 국제법의 테두리 안에서 그 자유를 위하여 노력하여야 할 것이다. 이와 같이 종교적 신념이 정치적 이념을 통하여 빛을 발휘하는 경우는 바로 위의 공공의 영역에서 정당성을 인정받을 때이다. 스스로 폭력적 행위에 정당성을 부여하는 것은 자기 독백이지 대화가 아니다.

폭력의 대안은 평화인 전통을 기독교는 역사 속에서 이어왔다. 그러나 현실의 국제 정치에서 복잡한 정치 경제적 요소와 결부된 종교적 폭력에 대한 대안은 올바른 종교와 올바른 권력의 형성에 있다고 본다. 종교 지도자와 정치 지도자의 이중적인 노력이 요청이 되는 것이다. 이를 위하여 종교는 종교로 돌아가고 정치는 정치 본연의 목적을 위하여 서로 노력하여야 할 것이다. 하나밖에 없는 인간 생명을 그 무엇보다도 소중이 여기는 종교, 그리고 그 하나밖에 없는 인간의 삶을 위하여 평등의 사회를 구축하려는 정치의 지혜가 힘을 합쳐서 보다 평화로운 사회가 건설되기를 위하여 노력하여야 한다. 저 높은 곳에 계신 하나님께 영광을 돌리기 위하여 이 땅에 평화를 심는 역할에 최선을 다하여야 할 것이다.

07장

신학 윤리

07장 신학 윤리

 필자는 현대 사회에서 보편성의 윤리를 지향하는 과정에는 많은 장벽이 있다고 본다. 겉으로는 완전하지 못한 정치 체제와 경제 구조, 그리고 법의 형평성과 권력의 문제 등이 서로 얽혀 있다. 그러나 자기 중심적인 인간 본성의 문제 또한 간과될 수 없다. 유전 공학적인 관점에서 인간의 '이기적 유전자'적 속성, 정신 분석학적인 맥락에서 '인간의 욕망', 유물론적인 틀에서 '맘모니즘', 관념론적인 차원에서 '무한을 추구하는 인간의 사고', 집단 이기주의를 구성하는 '문화적 요소', 현대의 '시각주의', 그리고 정치적 체계의 억압으로 말미암은 '생활 세계의 식민지화'와 같은 문제들이라고 본다.

 위의 요소들은 보편성을 추구하는 인간론을 전개하는 데 나름대로 합리적인 원리들을 제시하기 때문에, 필자는 이 요소들과 앞장의 철학적 인간학을 포함하여 인간학적 신학을 위한 방법론이라고 명칭을 붙이고 싶다. 여기서 인간학과 신학을 붙여서 '인간학적 신학'이라고 명명한 이유는 현대 인문 사회 과학의 학문적 성찰이 신학을 전개하는 데에 도움이 되기 때문이다. 신학이나 철학이나 인간이라는 존재와 사유 체계에 근거하여 진리를 향한 물음을 전제하기 때문에, 인간이 없는 사유나 사유가 없는 인간은 존재하지 않는다. 인간학적 신학 개념은 신학적 인간학과 대치되는 개념으로서 그 목표가 이 세상의 도덕적 범주 안에서 인간성에 관한 질문을 통하여 진리를 찾아 나아가는 과정이라면, '신학적 인간학'은 윤리학의 출발점을 신학적 명제로부터 출발하는 학문이라고 할 수 있다. 그러나 이 양자의 차이는 방법론의 개념이고 실제로 그 구분이 명확한 것이 아니다. 이는 마치 경험과 이성, 그리고 귀납과 연역의 예처럼, 상호 이론적으로 충분히 공감할 수 있으며, 오히려 변증법적으로 진리를 찾아 나가는 방법론이라고 할 수 있다.

신학적 인간학은 인간에 대한 명제를 신적 계시를 통하여 찾아가는 방법론이라고 할 수 있다. 이 신학적 인간학은 삼위일체 하나님의 세계관이 드러나는 성경을 중심으로 십자가의 신학을 강조하고, 성령의 능력에 의한 '자아의 혁명'을 강조한다. 인간학적 신학이 무한을 추구하는 인간의 한계성을 지적하고, 이를 변증법적으로 극복하려는 인간상을 제시한다면, 신학적 인간학은 하나님을 배반한 인간의 죄성과 이를 극복할 수 없는 본성의 문제를 지적하고, 예수 그리스도의 십자가를 강조하며 제자도로 나아가는 방법론이라고 할 수 있다. 인간학적 신학은 자유와 계몽, 그리고 교육의 요소들을 여전히 강조하지만, 신학적 인간학은 성령의 구속을 통한 교회론과 공동체론을 강조하며, 궁극적으로는 부활과 영생의 주제에 전념한다.

유일신론 또는 유신론[77]

신학적 인간학은 신 중심적인 '유일신론적 윤리(Monotheism)'에 집중한다.[78] 유일신론적 관점에서는 신이 곧 현실의 궁극적 원리라고 믿으며, 그러한 의미에서 신은 전능(omnipotent)하고 전지(omniscient)하고 무소부재(omnipresent)한 동시에 전적으로 선하다(omni-benevolent)고 믿는다. 일반적으로 유일신론은 서구 종교에서 주로 발전했는데, 유일신에 관한 논의는 주로 경험, 계시, 이성 세 가지 원리로 설명된다. 경험이란 외적 경험으로서 외부적, 또는 보편적으로 경험 가능한 다양한 경험들을 이야기 하며, 내적 경험은 개인적인 신비주의적 체험을 의미한다. 계시란 종교적 경험의 형태로서 어떤 한 사람이 신적 계시를 처음 받고, 이를 받아들인 사람들이 그 사람의 계시를 권위 있는 것으로 인정하는 형태로 전승된다. 계시의 문제는 이를 어떻게 이해하고 해석할지의 문제(철학적 해석학)와 더불어 그것이 근본적으로 주관적이라는 데에서 출발한다. 일반적으로 계시는 이성과 결부되지 않고 오직 믿음으로만 수용된다고 보는 신앙주의(fideism)적 입장도 있다. 반면 모든 종교적 계시는 합리적으로 설명 가능하다고 보는 관점(Locke)도 있다. 전통적으로 이성은 경험과 계시의 보조 자료로 여겨지며, 각 세 요소는 모두 신 개념의 중요한 자료로 간주된다.

유신론의 기원에 대해서는 주로 초기 이스라엘 종교로부터 발생

---

77 지금까지 유신론의 관점은 브라이언 몰리(Brian Morley)의 해석을 요약한다. Brian Morley, "Western Concepts of God," URL = http://www.iep.utm.edu/god-west/

78 이하 유신론적 관점은 브라이언 몰리(Brian Morley)의 해석에 의존하여 요약하였음을 밝힌다. Brian Morley, "Western Concepts of God," URL = http://www.iep.utm.edu/god-west/

했다고 보는 것이 주류 성서학자들의 설명이다. 그러나 종교사적으로 보면, 대부분의 다신교 전통 또한 정치, 문화, 역사적 발전 과정에서 다양한 신들 중에 최고신을 설정함으로써 유일신 전통과 같은 형태로 변화하는 것을 볼 수 있다. 일단 유일신으로서 하나의 신이 결정되면, 그 신은 전 우주적 주권을 가지는 전능한 존재로서, 완전한 헌신을 요청한다. 일반적으로 유일신론에서 보는 신의 특징은 다음과 같다. 비물질성(incorporeality), 단순성(simplicity) 및 합일성(unity), 영원불멸성(eternity and immutability), 전지-전능성(omnipotence and omniscience), 전적인 선(goodness) 및 고통에 대한 무감성(impassibility) 등이 있다.

다신론[79]

참고로 유일신론과 비교되는 다신론(Polytheism)이란 여러 신이 존재하며, 각 신에 대한 숭배를 주장하는 관점이다. 전형적으로, 다신론적 관점에서 신들은 특정한 기능으로 분류되며, 인간의 특징을 가지기도 한다. 주로 고대 그리스와 로마 신들이 이러한 다신론적 특징을 가지며, 고대 이집트 및 힌두교 전통이 다신론 전통에 속한다. 여러 신의 존재에 대한 믿음은 아직 영혼이나 악마, 초자연적 능력에 대한 이전의 초기 종교적 신앙의 영향이다. 초기 애니미즘 또는 토테미즘적 신앙 형태가 다신론으로 정해지면서, 특정한 초자연적 능력이 인간

---

[79] 다신론은 아래의 관점을 참고하였다. http://www.polytheism.net/

화되고, 이것이 우주를 구성하는 신들의 집단으로 구조화된다. 보통 신계라는 인식은 특정한 문화의 신앙 체계와도 관련되며, 신들의 집단은 자연적 현상을 설명하고, 우주에서 특정한 문화의 역할을 설명하기도 한다. 전통적으로 신의 숫자는 특정 문화의 신앙 체계가 발전함에 따라 확장되며, 신의 위계적 질서를 형성하기도 한다. 때로는 하위 신들은 다른 신에 통합되거나 제거되기도 한다. 기독교, 유대교, 이슬람교와 같은 유일신론 종교를 제외하고 여전히 대다수의 종교는 다신론적이다. 현대 다신론은 힌두교, 유교, 불교 등으로 볼 수 있다.[80]

역사적 예수[81]

피터 커비(Peter Kirby)의 설명에 따르면, 역사적 예수에 대한 논의는 합리주의의 발전과 자유주의적 신학의 전통에서 주로 연구되었다. 일반적으로 역사적 예수라는 말은 나사렛 예수의 삶과 가르침은 역사 비평적 방법으로 재구성하는 것으로서, 기독교 교리적 그리스도 또는 기독교 신앙의 그리스도가 아닌 역사적-문화적 맥락에서의 예수의 삶에 대하여 살펴보는 것을 의미한다. 알버트 슈바이처(Albert Schweitzer)가 대표적인 인물이다. 현대에 예수의 역사성에 대한 문제는 인간으로서 예수를 어떻게 이해할지에 관련하여 다양한 입장이 존재한다. 예를 들어, 얼 도허티(Earl Doherty)나 티모시 프레케

---

80 지금까지 다음의 '다신론'에 대한 관점을 요약하였다. http://www.polytheism.net/
81 역사적 예수 문제에 대한 간략한 설명은 피터 커비(Peter Kirby)의 초대 기독교 문헌(Early Christian Writings) 웹사이트를 참고하였다. UR=http://www.earlychristianwritings.com/theories.html

(Timothy Freke), 피터 갠디(Peter Gandy) 등은 예수를 천상의 그리스도로, 그리고 알바 엘레가드(Alvar Ellegard)와 웰스(G.A. Wells) 등은 예수를 무한한 과거의 존재로 봄으로써, 예수의 신화성을 제거하여 역사성을 살펴볼 필요가 없다고 본다. 이러한 경우, 역사적 예수의 문제는 기독교 공동체의 신앙의 문제 또는 성서 해석에 있어서 필요 없는 것으로 간주된다. 한편 그레고리 라일리(Gregory Riley)는 그리스 문화적 영웅으로서 예수의 이야기 자체가 중요한 것이지, 역사적 예수에 대한 탐구 자체가 중요한 것은 아니라고 본다. 예수에 대한 성서적, 신학적 해석에 있어서 중요한 것은 예수의 역사성 자체가 아니라, 그가 헬라 문화권에서 전달되는 이야기 방식에 있다고 본다. 한편, 예수의 역사성에 보다 집중하는 관점도 있다.

역사적 예수에 대하여 로버트 아이센만(Robert Eisenmann)은 예수를 혁명적 운동이라는 관점에서 그가 첫 번째 유대 혁명을 이끈 인물로 본다. 그는 요세푸스와 사해 문서를 바탕으로 예수의 혁명적 운동과 신약성서를 연결한다. 지혜로운 현자로서 역사적 예수를 보는 관점은 그를 신적 구원자로 보는 것을 반대한다. 반면 마커스 보그(Marcus Borg)와 같은 학자들은 역사적 예수를 성령의 사람으로 보며, 이는 현자 학파의 반대 입장이다. 마커스 보그는 예수가 무엇을 이야기했는가보다는 예수가 무엇을 했는지, 특별히 그의 영적 운동에 집중한다. 역사적 예수를 사회 변혁의 예언자로 보는 입장도 있다(리차드 호슬리[Richard Horsley], 히암 매코비[Hyam Maccoby] 등). 이러한 입장에서 예수는 로마 통치 기간 세속을 떠난 히피족의 원조와 같은 존재이다. 역사적 예수를 구원자 예수로서 이해하는 관점은 룩 존슨(Luke T. Johnson), 로버트 스타인(Robert H. Stein), 그리고 N. T. 라이트 (N. T.

Wright) 등이 해당한다. 이들은 역사적 예수가 자기 자신을 구원자, 즉 신의 아들로서 이 땅에 보내진 존재로서의 자기 의식으로부터 자신의 복음 사역이 시작된 것으로 본다.[82]

신학적 인간학의 사명

지금까지 필자는 신학 윤리의 관점에서 유일신론의 신관을 살펴보았다. 기독교는 계시의 종교로서 유일신론을 구성한다. 유일신론이 윤리학적인 차원에서 중요한 이유는 계시 신학의 관점에서 자아의 혁명을 유도하기 때문이라고 본다. 기독교의 계시는 하나님과 인간의 관계를 역사 속에서 구현한 것이다. 하나님은 창조를 통하여 역사에 개입하셨고, 예수 그리스도는 십자가를 통하여 역사와 하나 되셨고, 그리고 성령은 역사 속에서 진리로 우리를 인도하신다. 따라서 우리는 역사에 계시하신 하나님 앞에서 결단하며, 회개와 자아의 혁명을 통하여 역사에 동참한다.[83]

    기독교의 유일신론은 무엇보다도 역사 인식에 있어서 책임을 강조한다. 하나님은 창조를 통하여 인간 세계와 관계를 맺으시고 역사를 인도하여 오셨다. 인간에게 역사는 방관자가 아니라 하나님이 주신 선물이요 보존하고 다스려야 할 책임의 영역이다. 우리에게 역사에 대한 책임은 네 가지로 분류될 수 있다. 첫째는 응답(response), 둘

---

[82] 지금까지 '역사적 예수'에 대하여 커비의 관점을 요약하여 옮겼다. Peter Kirby, "Historical Jesus Theories," Early Christian Writings, URL=http://www.earlychristianwritings.com/theories.html/

[83] Richard Niebuhr, 『계시의 의미』(박대인·김득중 역, 대한기독교서회, 1968), 11.

째는 행동에 대한 해석(interpretation), 세 번째는 반응을 예견한 책무(accountability), 네 번째는 사회적 유대(social solidarity)라고 리처드 니버(Richard Niebuhr)는 보았다.[84]

신학적 인간학의 사명은 윤리의 규범을 하나님의 명령에 대한 응답으로 시작하는 것이다. 그러나 그 응답은 개인의 영성에 머무르지 않고, 책임을 통하여 역사 안에서 공동체를 구성한다. 여기서 공동체가 필요한 이유는 자신들의 뜻을 관철하기 위한 배타성을 의미하는 것이 아니라, 이 세상을 구원하시려는 뜻을 우리에게 알려 주신 예수 그리스도의 제자가 되기 위한 연합과 일치를 말하는 것이다. 예수 그리스도의 제자가 됨으로써 우리는 세상과 화목하며 타락한 피조세계의 회복을 원하시는 하나님의 뜻을 성취하여 나가는 것이다.

예수님의 제자가 되기 위한 신학적 윤리는 그 출발점이 인간학적인 관점에서 시작하지 않는다. 만일 우리가 "어떤 선한 사람이 되어야 하는가?"라고 질문함으로써 윤리적 지향점을 찾는다면, 그 선의 가능성이 자신으로부터 출발하기 때문에 근본적인 선이 무엇인지 알 수 없다. 이것은 마치 예수 그리스도에게 찾아온 재물이 많은 청년의 질문과 같다. "내가 무슨 선한 일을 하여야 영생을 얻으리이까?" 이에 대한 예수 그리스도의 대답은 선하신 분은 오직 한 분이심을 강조하셨다(마 19:17). 인간의 질문 속에는 선에 대한 인간의 가능성이 내포되어 있다. 그러나 선은 오로지 하나님의 영역이다. 부자 청년은 선을 이룰 계명 또한 다 지켰다고 주장한다. 살인하지 않았고, 간음과 도둑질하지도 않았으며, 거짓 증언도 한 적이 없다. 부모를 공경하였고 나

84　Richard Niebuhr, 『책임적 자아』(정진홍 옮김, 한국장로교출판사, 2001), 82-88.

름대로 이웃 사랑을 위하여 최선을 다하였다. 그러나 예수님의 지적은 "소유를 팔아 가난한 자들에게 주라!"는 명령을 하신다(마 19:21). 이는 제자도의 실재가 무엇인지 보여 주는 대목이다. 왜냐하면 예수님이 필요하신 것은 순종이지, 인간의 행위가 아니기 때문이다. 예수님을 따르는 조건은 인간의 행위에 앞서는 소명이다. 인간의 소신에 앞서는 사명으로서 오로지 예수님의 말씀에 복종하는 길 외에는 그의 제자가 될 수 없는 것이다.

따라서 기독교 윤리는 계시된 도덕(Revealed Morality)이 아니라 계시된 실재(Revealed Reality)이다. 예수님을 따르는 길은 자신을 부정하지 않고서는 가능하지 않다. 자신이 어떻게 선할 수 있는지 구원의 조건을 스스로 상정하고 예수 그리스도를 따르는 것이 아니라, 내 앞에 서신 그리스도의 명령에 순종하는 것이다. 인간학적 신학의 전제 조건인 모든 인간적 요소들을 고려하고 하나님의 뜻을 미루어 해석하는 것이 아니라, 지금 내 앞에 서신 예수 그리스도, 역사의 한 가운데 오셔서 십자가를 지시고 부활하신 그 분을 따라 나서는 것이다.

기독교윤리학과 신학적 인간학의 주제

신학적 인간학의 관점에서 기독교윤리학은 다양하게 접근할 수 있다. 일반적으로 신학적 윤리, 정치적 윤리, 철학적 윤리와 같은 영역으로 나누어 기독교윤리학을 전개하는데, 신학적 윤리에서는 삼위일체와 인간의 죄, 십자가의 윤리와 성령론을 중심으로 인간의 자아의 변화에 관심을 가지며, 정치적 윤리는 인간 사회 구성체 내의 민주와 자유, 생명의 문제를 중심으로 권력의 문제와 부의 분배 등을 다룬다. 그리고 철학적 윤리는 역사 속에서 형성된 보편적 사상의 내용을 분석하면서 기독교 사상에 영향을 준 사관을 다루게 된다.

필자는 여기서 그동안 한국 사회에 소개된 기독교윤리학에 관한 다양한 주제를 '신학적 인간학'의 관점에서 분석하고 그 핵심 내용을 정리하여 보도록 하겠다.[85]

첫째, 기독교윤리학은 현대 인문학의 윤리에 관한 다양한 이론과 해석에 관하여 관심을 가지지만 신 중심적인 관점에 더 무게를 두는 경향으로 흐르고 있다. 기독교윤리학을 윤리 신학 또는 신학적 윤리라는 관점에서 강조되어야 한다고 보는 입장이다. 윤리 신학은 윤리를 신학의 한 분야로 보는 것이며 신학적 윤리는 윤리를 신학적 이해와 설명을 통하여 그 뜻을 분명하게 하는 것이다.

맹용길에 따르면, 특히 신학적 윤리는 신 중심적 관점에서 삼위일체 하나님과 예수 그리스도, 그리고 성령의 내용을 중심으로 하나님의 나라에 대한 소망을 가지고 윤리적 행위를 판단하여야 한다고 보는 것이다.[86] 따라서 박봉배는 기독교 윤리의 출발점은 하나님의 명령이 되며, 하나님의 말씀으로 세상이 창조되었으며, 하나님으로 말미암아 세상의 진리와 선이 드러났기 때문에 그 말씀에 순종하는 것이 당연한 윤리적 도리가 되는 것이라고 강조한다.[87]

박득훈은 기독교 윤리 방법론은 또한 이론과 실천 사이의 공백을

---

85 이하 기독교윤리학 방법론에 대한 다양한 소개는 한국 개신교 내 기독교윤리학자들의 이론을 정리하여 소개하는 형식을 취하였음을 밝힌다.
86 맹용길, "신학과 윤리,"『기독교윤리학 개론』(대한기독교출판사, 1992), 162.
87 박봉배, "그리스도인과 윤리,"『기독교윤리학 개론』(대한기독교출판사, 1992), 16.

극복하는 이론이 되어야 한다고 강조한다. 기독교의 세계관은 하루 아침에 구성된 것이 아니라 인간의 오랜 경험과 역사적 전통을 통하여 형성된 교리와 신조, 그리고 신앙 고백을 통하여 형성된 것이기에, 현대와 같은 다원주의 사회에서 어떻게 구체적인 실천 방법을 찾을 수 있을지는 어려운 경우가 많다. 따라서 우리는 성경을 통한 계시의 사건에 중심을 두고 신앙과 실천의 조화, 성령으로 인도되는 이성의 성찰, 그리고 다양한 가치관을 이해하고 수용하며, 그리고 통합하여 나갈 수 있는 소통의 장을 형성함으로써 진리에 다가갈 수 있다고 본다.[88]

한기채는 21세기의 다원주의 상황에서 윤리는 전통적인 규범과 보편성을 찾는 관점에서 맥락주의 요소들을 살펴야 하는 점이 요청이 된다고 주장한다. 과거 인본주의 윤리적 가치 판단도 간과되어서는 안 되지만 무엇보다 기독론 중심적인 윤리가 점점 강화될 필요가 있다. 이를 위하여서는 주체와 객체의 '상호 주체성(inter subjectivity)' 안에서 성령론적인 윤리를 통한 책임 윤리가 회복되어야 한다.[89] 그 목표는 주체와 객체 사이의 종속적인 관계를 극복하는 삼위일체 안에 나타난 성령의 역동적인 윤리관이어야 한다. 이를 위하여서는 행위자의 결단과 성품이 원숙한 덕성에 의하여 조절될 수 있어야 한다. 성경의 이야기와 이미지, 그리고 비유들은 행위 결정을 위한 개인과 공동체의 덕성을 함양시킬 수 있다.[90]

---

88 박득훈, "기독교 사회 윤리 방법론", 『교회와 사회』 (성광문화사, 2002), 106~107. 여기까지 박득훈의 이론을 요약하였다.
89 한기채, 『기독교 이야기 윤리』 (예영커뮤니케이션, 2006), 22~23.
90 위의 책, 31.

맹용길은 기독교윤리학의 정체성은 사람이 마땅히 할 일을 분석하여 행위의 당위성을 규정하는 학문이라고 할 수 있으며, 그 행위의 대상은 하나님과 사람, 그리고 자연 환경을 목표로 한다고 주장한다.[91] 따라서 기독교윤리학의 목표는 자연이 생명과 연관이 되며 윤리학의 근본 주제가 된다.[92] 맹용길에 따르면 기독교윤리학의 내용은 반드시 세상 안에서 일어나는 것으로서 사람들이 세상에서 도덕적이 되도록 인도하여야 한다. 따라서 기독교윤리학은 이 세상의 시간과 공간 안에서 우리의 삶을 창조적으로 살아가게 하며, 그리고 문제의 해결 방법을 적극적으로 찾아서 삶에 구체적으로 적용하게 하는 데 초점을 모은다.[93]

둘째, 박충구에 따르면 기독교윤리학은 자신에 대한 비판적 성찰과 인식을 강조하며 이를 통한 공동체의 선을 함양하는 일에 관심을 가져야 하는 사명이 있다. 그에 따르면 시대와 정황에 따라 때론 도덕과 윤리의 상이한 가치판단과 다양성을 고려하여야 하기 때문에 우리는 삶 속에서 보다 선하고 진실한 것이 무엇인지 알기 위하여 끊임없이 창조적 선택에 따라서 이에 어울리는 행위를 하도록 노력하여야 한다.[94] 박충구는 이를 위하여 다양한 윤리 체계 안에 있는 생명력을 파악하여야 하며, 수많은 환경과 조건들 속에서 창조적인 윤리적 선택과 삶을 유지하기 위하여 노력하고, 아울러 책임의 영역에서 개인의 결단과 공동체의 연대를 중시하여야 한다고 강조한다. 따라서

---

91 맹용길, 『기독교윤리학 개론』 (한국장로교출판사, 1994), 19.
92 맹용길, 위의 책, 20.
93 맹용길, 『기독교 윤리 실천 방법론』 (장로회신학대학교 출판부, 1998), 41.
94 박충구, 『기독교 윤리사』 (대한기독교서회, 1999), 11~12.

이를 위하여서는 공공의 영역에서 '전선적 위치(front)'에 서서 의무를 다하여야 하는 것이다.[95]

박충구는 이와 같은 사명을 감당하기 위하여서 기독교윤리학은 '파괴적 비판학(destructive criticism)'이기보다 '건강한 혹은 구성적인 비판학(healthy or constructive criticism)'의 관점을 가져야 한다고 주장한다. 특히 인간 해방의 요소에 집중하여 체제 유지가 아닌 제도적 변혁을 모색하는 기독교 윤리의 가치들을 적용하여 의식의 변화를 선도하여야 하며, 이를 위하여서는 인적 영성과 사회의 변화를 동시에 모색하는 사명이 있다. 아울러 한국 사회 안에서 민주와 정의 평등과 자유와 같은 가치들이 신장될 수 있도록 노력하여야 하는 것이 기독교윤리학의 행위라고 박충구는 강조한다.[96] 따라서 박봉배에 의하면 기독교윤리학은 인간 자체를 중시하여 인간이 목적이 되어야 하지만 동시에 개인주의와 공동체주의의 적절한 조화가 그 목표가 되어야 한다고 보았다. 즉, 개인은 '타자와 더불어 존재'하기에, 기독교윤리학은 개인주의를 극복하고 개인이 공동체 안에 있지만 사랑으로 서로 얽혀있는 그런 특성이 기독교윤리학에 나타나야 하는 것이다.[97]

셋째, 손규태는 기독교윤리학은 사회의 개혁과 정치적 구조의 민주화를 위하여 헌신하는 학문이 되어야 하며, 한국의 역사 인식과 그 맥락을 같이하며 해방의 영성을 지향하여야 한다고 강조한다. 그에 의하면 개신교의 정체성 위기나 선교의 위기와 같은 문제점들은 '개신교의 성장주의와 맘몬주의'에 있다고 보았으며, 특히 인간은 죄인

---

95 위의 책, 19~22.
96 위의 책, 40~44.
97 박봉배, "그리스도인과 윤리," 『기독교윤리학 개론』 (대한기독교출판사, 1992), 8~9.

임에도 불구하고 '신앙의 영웅'을 자처하는 잘못된 윤리관으로 말미암아 세상으로부터 지탄받는 지경이 되었다고 개탄하고 있다.[98] 따라서 노영상은 올바른 기독교 영성은 '영적 삶(spiritual life)'과 '도덕적 삶'(moral life)이 함께 어우러지는 통합적인 특성이 드러나야 하며, 이 영성은 개인적(individual) 단계, 지역적(local) 단계로 부터 사회구조적(structural) 단계로, 그리고 사회적 단계로부터 우주적(cosmic) 단계로 확장되어 나가면서 개인과 사회변혁의 통전적인 변화를 모색하는 학문이 되어야 한다고 강조한다.[99]

노영상은 교회의 정치 참여 유형은 두 가지로 나누어 볼 수 있다고 보았는데, 하나는 기층의 정치 체제와 사회 구조를 정당화하여 사회통합의 역할을 감당하는 제사장직의 역할과 다른 하나는 사회에 대한 비판적인 기능을 감당하는 예언자적인 역할을 들 수 있다고 보았다. 노영상에 따르면 그러나 중요한 것은 사회의 통합과 안정을 지향하면서도 동시에 개혁과 발전을 위하여 교회가 어떻게 참여할 수 있는지에 대한 지혜가 필요하다고 주장한다.[100]

넷째, 신기형은 기독교윤리학은 경제주의와 물질만능주의에 대하여 경종을 울리며 하나님의 나라에 대한 희망을 선포하는 학문이 되어야 한다고 주장한다. 기업은 재물의 획득에 사안을 걸지 말고 정신이 뒷받침된 물질적인 생활에 기여함으로써 사회에 봉사하는 기회를 가지고, 이윤을 추구하지만 경제적 논리와 도덕적인 원리들이 조화함으로써 사회를 위한 통합의 역할을 하여야 한다고 신기형은 주장

---

98 손규태, 『개신교 윤리 사상사』 (서울: 대한기독교서회, 1998), 10.
99 노영상, 『영성과 윤리』 (한국장로교출판사, 2001), 28-30.
100 노영상, "교회와 사회의 관계성에 대한 유형 연구," 『교회와 사회』 (성광문화사, 2002), 74.

한다. 이를 위하여 기업은 사람들이 노동에 참여할 수 있는 기회를 제공하며 은혜의 통로가 되는 역할을 감당할 수 있다.[101] 기업이 주주들의 이익을 위한 도구적인 수단으로 전락하지 않고 오히려 이익을 생산하는 과정을 통하여 사회의 발전과 행복을 위하여 공헌할 때 기업의 구성원들은 사회를 섬기는 역할을 하게 되며 나아가 건강한 기업 윤리를 형성하게 되는 것이다.[102]

이혁배는 자본주의와 연관된 기독교적 사회 윤리의 맥락에서 "반쪽 진리는 순 거짓보다 위험하다(A half-truth is more dangerous than a whole lie)"는 경구를 기억하여야 한다고 강조한다.[103] 이혁배는 자본주의도 불완전한 경제 정치적 이데올로기라는 점을 잊지 말아야 한다고 주장하면서, 권위주의나 전체주의에 비해 민주주의는 명백히 우월한 체제이긴 하지만, 성경의 역사에서 보듯이 도덕적으로 완전한 지도자를 본 적이 없으며 집권자의 도덕적 능력에 대한 과신(過信)이 인류 사회를 얼마나 황폐하게 만들었는지 많은 사례를 보았기에, 비록 민주주의나 자본주의가 다른 제도에 비하여 상대적으로 선한 제도임에는 틀림이 없으나 좋은 정치 좋은 민주주의를 위하여 더 노력하여야 한다고 강조한다.[104] 이혁배는 특히 자본주의가 산출하는 불평등과 빈곤의 문제를 해결하기 위하여 조세 제도를 통하여 방대한 자원을 사용하는 권한을 가진 국가의 역할에 대하여 더욱 적극적인

---

101 신기형, "기업 윤리와 기업 목적," 『교회와 사회』(성광문화사, 2002), 222~223.
102 위의 책, 229~230.
103 이혁배는 Gorringe의 입장을 인용하고 있다. "현대의 재산 문제와 기독교 윤리," 『교회와 사회』(성광문화사, 2002), 266.
104 이혁배, 위의 책, 266~268.

정치적 민주주의가 이루어질 수 있도록 기독교의 역할이 필요하다고 주장한다. 또한 정치가 계층과 계급적 진영 간의 구조적인 권력 투쟁의 장이기 때문에 우리는 절차적, 실질적 민주화에 대한 관심을 가지고 사회적 약자로서의 노동 계층에 대한 관심과 노동 운동의 정치 세력화에 대한 지지를 지속적으로 하여야 할 것이라고 강조한다.[105]

두크로는 특히 현대의 신자유주의와 세계화에 대한 예언자적 소리가 요청된다고 강조하면서, 신자유주의 체제 안에서 벌어지는 빈부의 문제와 금융자본주의의 횡포를 막아낼 수 있는 기독교 운동이 절실하게 필요하다고 주장한다.[106] 그는 세계적 수준의 맘몬주의를 극복하기 위하여 하나님과 맘몬 둘 중에 하나를 선택하여 살아가야 된다는 결단(마 6:24)을 통하여 자본주의의 한계를 극복하여야 하는데, 이를 위하여서는 다음과 같은 다섯 가지 신앙적 결단이 요구된다고 본다.[107] 그것은 무엇보다도 (1) '그리스도인들의 위치 설정(Ortsbestimmung)'을 통하여 가난한 자들의 편에 서야 한다(출 3장; 마 25:31). 또한 (2) 개인적 경건의 전통을 극복하고 공동체성을 회복하여 연대하는 운동력을 가져야 한다. 그리고 (3) 출애굽기 및 성서의 사회적 예언자들의 전통에 따라 비록 갈등의 여지는 생기지만 노예화와 지배를 강요하는 체제에 저항하는 노력이 있어야 한다. 아울러 (4) 오늘날의 정치체제와 정치적 편당에 춤을 추는 종교 이데올로기에 대한 신학적 비판이 요구된다. 그리고 마지막으로, (5) 그리스도인들은 성서 및 기독교 전통에 서서 공공 영역에서 정치 경제, 그리고 종교적

---

105 위의 책, 270.
106 U. 두크로,『성서의 정치 경제학』(한울, 1997), 233.
107 U. 두크로,『성서의 정치 경제학』(한울, 1997), 584-585.

관점에서 소통하고 그 위치를 확인하여야 한다.

이와 같은 일을 감당하기 위하여서 노정선은 기독교의 사회 운동은 제3세계의 역사적인 고난과 희생에 대한 제1세계의 반성을 요구하며, 이론적 소피스트의 관점에서 벗어나 제3세계의 고난에 동참하는 결단과 헌신이 제1세계의 신학에 필요하다고 주장한다. 따라서 제3세계의 신학은 학술적인 관점에서 현실 참여를 통한 개혁의 요소를 담고 있어야 한다고 노정선은 강조한다.[108]

다섯째, 고재식은 기독교윤리학은 교회 공동체의 사회적 봉사와 헌신에 관심을 가져야 하며, 교회의 생존권은 시민적 요소에 있다고 보는 정치 신학적 관점을 중시하여야 한다고 강조한다.[109] 국가 권력자들은 권력에 따라 없어지지만 민중, 그리고 현대적 의미로 시민은 없어지지 않기 때문에, 교회는 억압당하는 이들의 편에 서서 교회의 생존을 지탱해 주는 원동력을 확보하여야 한다고 고재식은 보았다. 그러나 이와 같은 교회의 정치이데올로기는 자기 보존이 목적이 아니라 가난하고 억압받는 이들을 해방시켜야 하는 필연성이 그 이유이며, 이스라엘의 해방 운동이 구체적으로 애굽의 전체주의에 대항하여 전개된 것처럼 교회의 정치적 운동은 이 세상의 유토피아를 위한 것이 아니라 하나님의 백성들을 위하여 퍼져 나가는 누룩과 같은 운동이 되어야 하는 것이라고 고재식은 강조한다. 결국 기독교윤리학의 목적은 기독교 운동이 정치 권력을 장악하려는 운동이 아니라

---

108 노정선, "문화와 윤리," 『기독교윤리학 개론』 (대한기독교출판사, 1992), 298~299. 노정선의 기독교 윤리는 학술보다는 노래로 연연히 이어져 가는 가사 속에서, 그리고 밟아도 밟아도 또 피어나는 풀처럼 연연히 소리치는 역할을 하여야 하며 그 함성이 퍼져나가야 한다고 보았다.

109 이하 고재식의 관점을 옮겼다. 고재식, "교회와 사회", 『기독교윤리학 개론』 (대한기독교출판사, 1992), 271~272.

예수 그리스도의 삶을 통하여 우리에게 계시되어진 하나님의 뜻을 따라 사는 것임을 고재식은 주장한다.[110]

신국원은 기독교 공동체의 사회적 책임에 관하여 소비적 대중 매체에 대한 교회 공동체의 계몽과 문화 운동이 요구된다고 주장한다. 이를 위하여서 교회는 '소비적 문화'에서 '문화를 생산하는 주체'의 역할을 하여야 하며, 미디어를 선도하기 위하여 비평적인 관점에서 그 콘텐츠를 재해석 하고, 그리고 미디어의 프로그램이 만들어진 의도를 파악하여 그것이 교회 공동체와 개인의 신앙에 어떤 영향을 주는지 의식하고 있어야 한다고 강조한다.[111] 따라서 생활의 일부가 되어 버린 대중 매체를 올바르게 활용하기 위하여 비판적인 관점을 가지고 미디어가 사회에서 올바른 역할을 할 수 있도록 공적 책임의 영역에서 목소리를 내는 것이 매우 중요하다고 신국원은 본다.[112]

여섯째, 정원범은 기독교윤리학은 생명과 자연에 깊은 관심을 가지고 자연과 생태계에 대하여 인간 중심적 세계관을 극복하고 생명 중심주의로의 전환이 필요하다고 주장한다. 그에 따르면 생명 중심주의의 일차적 과제는 인간의 생명과 자연의 생태계를 보전하는 것이지만, 이를 위하여서는 신학적으로는 다시 신 중심주의 윤리로 돌아서야만 한다고 주장한다. 생태계의 위기를 극복하기 위하여서는 인간 중심적 세계관에서 하나님 중심주의로 방향을 전환할 때 가능한 것이며, 하나님의 창조 세계에 대한 책임과 그 소명을 다하지 못한

---

110 고재식, "교회와 사회," 『기독교윤리학 개론』 (대한기독교출판사, 1992), 271~272.
111 신국원, "대중매체(Mass Media)의 수용에 관한 기독교인의 책임," 『교회와 사회』 (성광문화사, 2002), 53~55.
112 퀸틴 슐츠, 『미디어 시대 당신의 자녀는 안전한가』 (한국기독학생회 출판부, 1997), 84~86 참조.

죄를 회개하고 철저한 신앙적 자각이 있어야 한다고 정원범은 주장한다. 이를 위하여서는 동시에 생태학적인 덕목을 개발하여 소비 문명에서 지속 가능한 문명으로의 삶을 선도하고 또한 정치 경제적인 제도와 정책이 수립될 수 있도록 노력할 때 생명 중심주의적 공동체가 형성될 것이라고 정원범은 강조한다.[113]

이상원은 생명 중심주의적 관점에 서서, 기독교 윤리는 생명 의료 윤리에 관심을 가지고 과학적인 실험과 임상적 결과, 그리고 이에 따른 의학계의 사회적 합의에 관심을 가지고 범생명적인 규범을 이끌어 내야 한다고 주장한다. 그는 의료의 책임과 결과에 대하여 의학계의 자율적(autonomous)인 입장과 자기 합리화(self-rationalizing)의 과정에 간섭한다는 비판을 받을 수 있지만, 그럼에도 불구하고 기독교 윤리학은 하나님의 창조와 생명 개념을 중시하는 입장에 서서 성경이 제시하는 윤리적인 규범들을 제1차적인 판단 규범으로 강조하여야 한다고 주장한다.[114]

일곱째, 구미정은 기독교윤리학은 여성주의적 관점에서 가부장적 차별과 편견을 극복하는 일에 관심을 가져야 한다고 강조하면서, 특히 생태 여성주의(ecofemenism)는 여성주의적(feminist)인 관점에서 '성'이라는 렌즈를 통하여 사회적 차별과 인간의 자연 지배에 대한 문제를 통찰하는 입장에 서야 한다고 주장한다. 구미정은 자연에 대한 인간의 지배와 여성에 대한 폭력은 동일한 지배의 논리에서 행하여지는 것이기 때문에, 기독교윤리학은 생태 여성주의적 시각에서 차

---

113 정원범의 생명 중심주의에 대한 해석은 다음에서 요약하였다. 정원범. "기독교와 자연환경," 『교회와 사회』 (성광문화사, 2002), 366~367.

114 이상원, "기독교와 의료행위," 『교회와 사회』 (성광문화사, 2002), 378~379.

별과 편견을 극복하는 공동체의 장을 모색하고 '사랑'이라는 기독교 윤리의 규범을 생태학적으로 재구성하는 것을 목표로 노력하여야 한다고 본다.[115]

구미정은 하나님과 세계 사이의 관계를 위계적으로 이원화하는 태도를 극복하기 위하여 기성 체제에 대한 비판과 아울러 '여성주의적 관점(feminist perspective)'과 '여성적 관점(feminine perspective)'이 구분되어야 한다고 본다.[116] 그에 따르면, '여성적(feminine)' 관점은 양육, 돌봄, 연민, 의사 소통의 연결과 같은 돌봄의 윤리(ethics of care)를 강조하는 것이며 '여성주의적(feminist)' 관점은 남녀의 동등한 권리를 강조하고 정의롭고 공평한 분배를 위하여 가부장적 질서에 저항하는 담론을 포함한다. 따라서 구미정에 따르면 기독교 윤리는 사랑의 주제에 있어서, 하나님이 사랑의 하나님이시라면 '무로부터의 창조'(creatio ex nihilo)가 아닌 '사랑으로부터의 창조'(creatio ex amor)를 강조하여야 하며, 이 때 하나님의 사랑은 신앙의 직설법으로서 생태 윤리의 기초가 될 수 있다. 아울러 하나님의 형상(Imago Dei)으로 존재한다는 것은 사랑에 참여함으로써 온전한 존재가 되는 것이기에, 이 사랑이 피조 세계 전체로 퍼져서 기독교의 사랑을 실천하여야 한다고 구미정은 강조한다.[117]

---

115 구미정, 『생태 여성주의와 기독교 윤리』(한들출판사, 2005), 189~190.
116 구미정은 베티 시켈(Betty A. Sichel)의 분류를 간접인용하고 있다. 참고) Betty A Sichel, "Different Strains and Strands: Feminist Contributions to Ethical Theory," in *Newsletter on Ecumenism 90*, no. 2(Winter 1991), 90.
117 위의 책, 193.

08장

성서 윤리

08장 • 성서 윤리

신구약 성서의 핵심적인 개념들은 무엇인가? 기독교 윤리에 있어서 성경의 통일성 전체를 살펴보는 것은 매우 중요하다. 성경 자체는 6,000년이라고 하는 시간에 속해 있다. 창세기에서 아브라함까지만 해도 대략 2,000년이며, 아브라함에서 예수 그리스도까지 계산해서 BC/AD로 나눈 기간이 2,000년이 걸리며, 예수 그리스도에서 현재까지 대략 2,000년이 걸리므로 총 6,000년의 시간이 흘렀다. 이 성경에는 예수 그리스도의 역사적 사건과 사실을 둘러싼 본질이 있다. 이 본질을 둘러싼 것은 문화적 상황인데, 이러한 문화적 상황을 해석하는 당시의 시대적 상황은 지금과 매우 다르다. 이에 불트만(Rudolf Bultmann)은 본질을 구성하는 것 외에 비본질적인 문화를 제거하려고 시도했다. 마찬가지로 우리는 신구약 성서를 볼 때, 6,000년이라고 하는 시대적 상황에 따른 것이 아닌 보편적인 것을 파악할 수 있어야 한다.

신구약 성서 윤리[118]

성경의 본문을 택할 때 자신이 선택한 본문과 대조되는 긴장 관계에 속한 본문을 찾아서 윤리적 통일성을 찾아야 한다. 그렇다면 6,000년 동안의 시대적 다양성을 넘어서 보편적인 원리를 찾아내는 방법은 무엇인가! 우리는 이 시대에 다루고 있는 윤리학적 내용이 다르다는 것을 고려하여 구약성경을 바라보며 성경을 분석할 수 있어야 한다.

먼저 '원역사'는 창세기 1장부터 11장이다. 성경의 눈과 같은 역할을 하는 원역사 속에는 하나님의 천지창조와 인간의 죄와 타락, 바벨탑, 노아의 홍수, 노아의 세 아들들의 이야기가 전개된다. 이 원역사는 성경 전체의 방향을 좌우하는 역할을 한다. 창조주 하나님이 없는 이 이야기는 우리에게 아무런 의미가 없기 때문이다. 원역사를 통해 하나님의 창조성, 인간의 타락, 하나님과 피조물과의 관계, 인간이 가져야 할 세계관 등 기독교의 핵심적인 개념들이 들어있다.

두 번째로 '족장사'는 인간과 하나님의 관계가 세워져가는 부분이다. 아브라함의 하나님, 이삭의 하나님으로 나타나시며 만나주시는 인격적인 하나님으로 등장한다. 창세기 12장에서부터는 고대 근동의 한 사람인 아브라함의 족장에서 나타나는 하나님의 구원의 역사가 나타난다. 인격적인 하나님 아래서 믿음을 나타내는 것이다.

세 번째는 아브라함의 사대손인 요셉 때, 애굽에 들어가서 400년간 종살이를 하다가 고통을 못이긴 2백만여 명의 히브리 민족을 구원하는 '민족사'이다. 이 민족사에서 모세가 등장한다. 잘 생각해 봐야

---

118 '신구약 성서 윤리'는 필자의 관점에서 기독교윤리학적 맥락에서 설명하였음을 밝힌다.

할 것은 시기마다 성서적 주제가 달라진다는 것이다. 아브라함은 인격적 하나님을 나타냈지만, 모세는 히브리 민족의 죽음과 삶의 경계에서 가나안 땅에 정착하기 위해서 원주민들과 싸워서 이겨야 했다. 그렇기에 여기에서 나타나는 하나님의 이미지는 히브리 민족과 함께 혹은 대신하여 싸우시는 전쟁의 신이신 하나님의 이미지이다. 아브라함을 만나 계약하시는 인격적인 하나님과는 너무 다르다. 우리가 구약성경을 택할 때, 어떤 본문을 전하느냐에 따라 하나님의 성격이 다르게 나타날 수 있다. 인격적인 하나님을 소개하고자 할 때는 족장사에서 소개해야 하며, 싸워 승리해야 할 때는 민족사에서 전쟁하는 하나님을 소개해야 한다.

네 번째는 사무엘이 택한 사울을 시작으로 '국가(왕정)의 시대'가 열린다. 사울, 다윗, 솔로몬을 통한 이스라엘 왕권이 소개된다. 이 시대에는 왕의 권력을 유지하는 것이 매우 중요한 사항이었다. 새로운 왕이 세워진 후, 다른 왕국과 계속 전쟁을 했기 때문이다. 또한 하나님께서 왕을 세우셨기 때문에, 그 권력을 유지하면서 어떻게 나라를 형성하여 다스리는지가 중요했다.

다섯 번째로 솔로몬 왕 이후 남 유다와 북 이스라엘로 나눠져 있다가 남 유다는 바벨론에게, 북 이스라엘은 앗수르에게 패망하고 만다. 이 '패망의 시대'에는 이스라엘 민족에게 소망을 선포하기 위해 수많은 예언자(선지자)가 나타난다. 그러한 예언자들의 이야기를 담은 선지서들이 기록된다.

여섯 번째 '신구약 중간기'는 말라기 이후 하나님의 말씀이 사라진 400년 동안의 이야기이다. 하나님의 말씀이 없었기 때문에, 이스라엘 민족을 구원할 메시아 사상을 기대하고 있었다. 이러한 신구약 중간기 이후 결국 예수 그리스도가 우리에게 오셔서 신약의 시대가 열린다.

지금까지 구약이라는 4,000년 동안의 서사적 내용 가지고 있는 서로 다른 가치관을 넘어서서 어떻게 통전적인 의미를 생각할 수 있는지에 대해 살펴보았다. 그렇다면 신약은 어떻게 바라볼 수 있겠는가? 신약의 윤리는 '삼위일체의 윤리'이다. 삼위일체의 윤리는 자기 비움, 타자 우선, 배려의 윤리, 보편적 윤리, 낮은 곳으로의 윤리, 행위의 윤리를 모두 포함한다.

신약성서의 윤리를 '완전주의 윤리'라는 관점에서 볼 수도 있다. 예수 그리스도께서 죽으시고 부활하셔서 속히 돌아오시겠다는 약속을 붙들고 살아가는 이 상황은 신약성서의 공동체 속에서 예수 그리스도에 대한 종말론적인 개념이 강했다는 것을 증명하는 것이며, 사도행전과 각 서신들에서 이를 확인할 수 있다. 가진 것을 다 나누는 무소유가 가능했다는 것은 '완전주의'의 개념으로서 예수 그리스도의 종말론적 사상이 강했다는 증거이다.

완전이라는 개념은 완성된(complete), 완벽한(perfect)이란 개념도 있지만, 전체(whole), 하나(one), 채우다(fill), 그리고 연대(unity)라는 뜻도 포함되어 있다. 그렇기 때문에 완전주의 윤리에서의 '완전'은 다양성 안에서 하나의 작은 가치들이 주목을 받고 인정을 받는 것이다. 과부의 두 렙돈 이야기, 아들을 잃은 어머니 이야기, 결혼식장에 포도주가 떨어진 이야기 등은 모두 천국을 이야기하는 것이다. 전체라는 개념으로서의 완전과 부족한 것을 채워 준다는 완전, 통일로서의 완전의 의미가 보충되어야 한다. 예수 그리스도가 우리에게 오신 것으로서의 완전의 개념을 세워야 한다.

성경과 설교[119]

성서 윤리에서 설교는 하나님의 진리를 선포하는 기능을 가지기 때문에 매우 중요하다. 성서는 기독교윤리학의 원천으로서 오로지 하나님의 계시에 의한 말씀의 권위를 가지게 될 때, 성서는 그 의미를 가진다. 한편 설교는 성경 본문과 연관이 되어 있으며, 그 계시의 말씀이 선포되는 언어로 나타나는 것이다. 설교의 핵심은 말씀으로 육신이 되신 예수 그리스도이다. 설교는 계시로 드러난 하나님의 말씀을 회중이 이해할 수 있는 언어로 전달하는 데에 있는 것이지, 강의나 연설과 같은 것과는 다르다는 것을 항상 인식하여야 한다.

리처드 헤이스(Richard B. Hays)는 『신약의 윤리적 비전』에서 '해석자가 자신의 입장과 긴장 관계에 있는 본문들을 어떻게 다루고 있는가'를 종합적으로 보아야 한다고 했다.[120] 그는 '공동체'와 '십자가', 그리고 '새 창조'라는 초점의 이미지를 가급적 벗어나서는 안 된다고 주장한다. 내가 뽑은 본문과 상충되는 또 다른 본문과의 갈등이 생길 수 있기 때문이다. 범위의 지침에서 '사용된 본문의 시야가 얼마나 포괄적인가?' 하는 질문은 성서 비평에 대한 질문이 아니라 설교의 주제로 사용되는 성서 본문의 시야를 묻는 것이다. 이것은 구약성서를 해석할 때 '얼마나 신 중심적인가'로 바꾸어 질문해도 같은 뜻이 된다. 설교의 보편성을 놓치면 윤리적으로 큰 위험을 초래할 수 있다. "어떤 성경 본문들이 사용되었고, 또 사용되지 않은 것들은 어떤 것들인

---

119 '성경과 설교'는 필자의 관점에서 설명하였음을 밝힌다.
120 참고) Richard Hays, 『신약의 윤리적 비전』 (한국기독학생회출판부, 2002).

가?"를 잘 선정해야 한다.

하나님의 말씀은 진리로 선포되는데, 이 과정에서 제일 중요한 것은 성경 해석과 선포되어지는 설교 형식으로서의 말씀이다. "하나님의 말씀은 살아 있고 활력이 있어 좌우에 날선 어떤 검보다도 예리하여 혼과 영과 및 관절과 골수를 찔러 쪼개기까지 하며 또 마음의 생각과 뜻을 판단하나니(히 4:12)." 특히 성경의 해석과 설교적 '행위'가 어떻게 윤리의 문제와 연관이 되어있는지 살펴보는 것은 의미가 있다고 본다. 왜냐하면 인간의 '행위'에는 당연히 '어떤 의도'가 내포되어 있으며, 이러한 의도는 '특정한 윤리적 행위'를 이끌어 내며, 이어서 개인과 공동체의 삶 속에서 '일련의 결과'를 도출하기 때문이다.

성경과 설교를 윤리적 행위로 이해할 때, 필자는 '관계'라는 관점이 매우 중요하다고 보며, 크게 다음과 같은 세 가지 차원에서 살펴볼 수 있다고 본다.

첫째, 성경 해석과 설교가 윤리적이어야 하는 이유는 '설교자와 하나님의 관계' 때문이다. 설교는 설교자가 하고 싶은 말을 임의로 하는 것이 아니다. 설교는 하나님의 말씀이 대언되는 거룩한 행위이다. 형식적으로 볼 때, 설교를 통하여 성서 본문과 회중 사이의 '이해의 융합'이 일어나기 마련이며, 당연히 설교자는 이 중간에 위치하게 된다. 그러나 설교자는 단지 말씀과 회중 사이의 임시 중재자가 아니라 '하나님의 말씀' 앞에 선 존재이므로, 먼저 하나님 앞에서 성별된 삶을 살아야 한다. '살아있는 하나님의 말씀'이란 설교자의 화술을 통하여 전달되는 언어적 능력이 아니라, 설교자의 삶과 인격을 통하여 전하여지는 '생생한 하나님의 체험'인 것이다. 설교는 먼저 하나님과 설교자의 인격적 관계가 이루어지는 신앙의 장소이다.

둘째, 설교는 '설교자와 회중의 관계'를 통하여 형성되기 때문에 윤리적이어야 한다. 설교자의 삶과 회중의 삶에 대한 이해가 없이 설교는 완성되지 못하기 때문에, 무엇보다도 '해석학적 전략'이 요청되는 대목이다. 구약과 신약성서에 나타나는 다양한 장르가 특정한 시기와 공동체를 통하여 형성된 것처럼, 설교는 특정한 시간과 공간을 통하여 하나님이 당신의 백성들에게 말씀하시는 행위이다. 따라서 설교자는 하나님의 말씀이 전달되는 과정을 통하여 자신에게 주어진 말씀이 회중에게 잘 전달되도록 하는 책임이 있다. 그러므로 설교자는 말씀에 대한 깊은 이해, 그리고 회중의 삶에 대한 진지한 연구가 필요하다.

셋째, 우리는 설교 말씀을 들은 회중들이 하나님과 이웃과 맺는 관계의 이중적 측면에서 일어나는 '변화'를 통하여 윤리적이라고 할 수 있다. 설교는 삶을 변화시키기 때문에 회중의 삶 속에서 일어나는 말씀의 능력은 자연히 모든 회중의 관계와 나아가 가정, 사회, 그리고 국가 공동체에 미치게 된다. 설교는 언어의 집합이 아닌 인격의 집합체인 공동체에 대한 변화의 메시지인 것이다. 설교는 하나님의 백성들이 하나 되어 하나님을 따르는 공동체의 사건이기 때문에 설교를 통해 교회의 사명을 갱신하고 사회에 대한 책임을 기대할 수 있는 것이다.

설교는 하나님의 말씀을 담고 있기 때문에 하나님의 언어적 행동이시며, 인격을 변화시키시는 창조주의 능력이 나타나는 거룩한 도구이다. 설교자는 단지 하나님의 말씀을 대변하는 전달자일 뿐이다. 그러나 설교가 진정한 설교가 되기 위하여서는 하나님은 하나님이 되시고, 설교자는 설교자가 되어야 할 뿐이며, 말씀은 말씀이 되시고,

언어는 단지 언어가 될 뿐이다. 하나님이 인간을 만나시고 그 인간을 통하여 세상과 연결하는 영적 소통을 이루는 것이 설교라면, 우리는 설교를 통하여 모두 말씀 앞에서 하나님의 뜻을 찾는 성숙의 계절을 기대해야 할 것이다.

설교의 최후의 목표는 하나님의 말씀이 설교 중에 살아서 그 말씀이 우리의 심령과 관절과 골수를 찔러 쪼개고 우리의 속마음, 생각과 뜻을 드러내고 하나님의 뜻에 합하도록 하는 것이다. 목사의 나이, 성별, 형편 등과 상관없이 회중들에게 하나님의 말씀이 살아 숨 쉬게 하는 것이다. 하나님의 말씀이 설교자의 대언을 통해서 살아 움직이도록 해야 한다.

이러한 설교는 본문과 결부되어 있다. 그렇기 때문에 설교의 기본은 텍스트(말씀, 본문 자체)이다. 우리는 상황(context)을 통해서 성경(text)을 만나기도 한다. 하나님의 말씀 전파의 특성과 회중의 성격은 본문 선택을 하도록 한다. 특별한 경우가 아닌 보편적인 경우에는 회중들의 상황과 필요를 지혜롭게 분별하여 본문을 선택해야 한다. 교회는 주님의 말씀을 듣는 것을 요구할 권리가 있다. 설교자는 하나님의 말씀을 이해할 수 있는 말로 회중에게 전달하는 것이지, 강의나 연설을 하는 것이 아니다. 만일 설교의 달인이 되기 위해서는 같은 것을 끊임없이 반복하는 노력이 꼭 필요하다. 이렇게 노력한 달인을 감리교적으로 말하면, 메소디스트(methodist), 즉 성경을 규칙적으로 읽고 같은 본문을 읽고 또 읽는 노력이 필요한 것이다. 성경을 규칙적으로 읽고, 설교를 준비해야 한다.[121]

---

121 참고로 『달인: 천 가지 성공에 이르는 단 하나의 길』을 쓴 조지 레너드(George Leonard)의 책을 보면 달

우리의 설교 능력은 오직 그리스도의 말씀을 전파하고 적용시키는 데에 있다. 설교의 능력은 우리의 웅변술의 정도가 아니라, 말할 수 있는 권위를 받은 직분에 자신을 복종시키는 데에 있다. 설교의 주체가 되는 하나님의 말씀에 먼저 복종함으로, 예수 그리스도를 닮고 있는 그 말씀이 설교의 권위가 될 수 있는 것이다. 우리에게 권위가 있는 것이 아니라 하나님의 말씀에 권위가 있다. 설교자로서 받는 유혹은 매우 많다. 성도들의 반응에 민감하고 자신의 설교에 대한 칭찬에 귀 기울일 때, 능력이 자신의 능력이라 오해하는 경우가 있다. 베드로가 새벽 미명에 예수님을 만나 "깊은 곳에 그물을 던지라"는 말씀을 듣고 순종함으로 많은 고기를 잡은 뒤, "주님 나를 떠나소서"라고 부탁했던 것과 같이 설교를 통하여 자신이 죄인임을 고백할 수 있어야 한다. 설교는 본인이 전했지만, 설교 후에는 그 설교를 자신의 욕심에서 떠나 보내야 한다. 또 바울이 다메섹으로 가던 길에서 예수님을 만나 성령을 받은 뒤 많은 사역을 할 줄 알았지만, 제일 처음 하게 된 것은 광주리에 매달려 도망간 것이다. 설교의 권위는 설교에 담겨져 있는 예수 그리스도의 영광이다. 그것을 전한 뒤에는 바울과 같이 칭찬으로부터 도망가야 한다.

기독교 설교의 목표는 하나님의 영광임을 항상 명심하여야 한다. 설교를 통해서 하나님의 뜻이 전달되고, 하나님이 영광 받으시는 것이 목적이다. 설교를 통하여 자기의 마음과 생각이 그 바른 상태를 유

인이 되는 다섯 가지 열쇠에서 핵심은 '연습하고 또 연습하라'는 것이다. 보통 인간은 세 종류의 사람이 있다. 완벽하게 준비하고 중요할 때 기회를 놓치는 사람의 유형이거나 꾸준히 하여서 어디까지는 성장하고 지속되는데 스스로 판단하기를 아무런 변화가 없다는 생각으로 포기하는 사람이 대부분이다. 그러나 달인은 끝까지 연습하는 것이다. 하나의 원칙을 정하면 끝까지 연습하고 또 연습하고, 반복하고 또 반복해서 달인이 될 수 있다는 것이다. George Leonard, 『달인: 천 가지 성공에 이르는 단 하나의 길』(여름언덕, 2009).

지하기 위해서 설교와 함께 성령의 인도하심은 매우 중요하다. 결국 설교는 하나님, 예수 그리스도, 성령이 임재하시는 성육신적 사건이 되어야 한다. 그게 아니고서는 나머지는 모두 부차적인 것이다.

삼위일체의 윤리와 설교[122]

우리가 상상력을 사용하면, 설교자와 청중의 심리적 거리를 좁힐 수 있다. 상상 중에는 실제로 그 모습이나 현상을 보는 시각적 상상도 있고 귀로 들어보는 청각적 상상, 그리고 냄새로 맡아 보는 후각적 상상 등이 있다. 성경을 읽을 때는 오감을 다 사용하여 그 사건에 참여하면서 읽어야 한다. 설교자가 똑같은 내용을 이야기하더라도 설교자는 끊임없이 듣는 회중에게 파노라마를 보듯이 오감을 자극할 때 회중은 상상을 하면서 설교를 들을 수 있다.

　세상의 광고들도 오감을 자극한다. 성경도 오감을 모두 사용하도록 기록되었다. 하나님께서도 자신을 나타내실 때 오감을 모두 사용하셨다. 꿀처럼 단 하나님의 말씀, 마라의 쓴 물, 예수 그리스도가 우리에게 베푸신 떡과 포도주는 미각을 자극하고, 불 기둥과 구름 기둥은 시각을 사용한 것이며, 성경 속에서 부르시는 "모세야", "사무엘아"는 청각을 사용한 것이다. 또 촉각의 사용은 예수님의 옆구리를 만지는 도마를 통해서 이해할 수 있으며, 향기로운 제물은 후각적 사

122　삼위일체의 관점에서 살펴본 설교와 성서 비평은 필자의 관점에서 구성하고 '비평'에 대한 핵심 내용들을 간략하게 소개하였다.

용이다.

　아울러 설교는 근본적으로 신학적 행위임을 잊지 말아야 한다. 신학적 분석을 통하여 하나님의 성육신 사건을 공동체에 적용하는 것이다. 그리고 이 공동체적 사건이 실천과 연관될 때, 설교는 더 큰 힘을 발휘할 수 있다. 하나님의 영광이라는 설교의 목표 안에서 설교는 강해 설교, 본문 설교, 주제 설교 등 여러 형식이 있지만, 우선적으로 설교의 원천인 '성경'을 어떻게 읽어야 하는지에 대해서 생각해 보는 것은 매우 중요하다. 설교를 준비함에 있어서 잊지 말아야 할 것은 설교에 있어서의 중심은 하나님의 말씀이라는 것이다. 즉 설교의 권위는 하나님의 말씀이다. 성경은 곧 하나님의 말씀이며, 이 하나님의 말씀은 기록한 자나 선포하는 자의 이해를 넘어선다. 기록한 자나 선포하는 자의 이해를 넘어서서 구원 사역의 통로이며 말씀의 성례전이 되는 것이 하나님의 말씀이다. 설교에는 설교자의 해석, 역사적인 정황이 들어가는데, 바로 이 설교에서 그 중심이 되는 하나님의 말씀이 성육신화 되는 사건이 일어난다. 더불어 성례전은 하나님의 말씀 사건이다. 하나님의 말씀이 선포되고, 그 말씀이 성례전을 나눌 때, 역시 성육신화 되는 하나님의 말씀 사건으로 바라보아야 한다. 그러므로 하나님의 말씀은 구원 사역의 통로이며 말씀의 성례전이다. 말씀을 통해 육신이 되신 하나님을 만나고, 이 말씀의 선포를 통하여 우리는 하나님과 사귐을 가질 수 있다.

　그렇다면 우리에게 주신 하나님의 말씀이 설교를 통해 다시 선포되도록 돕는 성경의 해석 범위에 대하여 성경이 기록된 시기와 현재와의 시공간의 차이는 어떻게 극복이 될 수 있겠는가? 성경 말씀은 하나님의 언약된 백성인 이스라엘에게 '우리를 위한 말씀'이었다. 이

'우리를 위한 말씀'이라는 것이 현재의 우리에게 다가와서 진정 '우리를 위한 말씀'이 되도록 하려면, 설교를 통한 선포의 과정을 거쳐야 한다. 전통적으로 하나님의 말씀은 세 가지 형식으로 선포되었다. 우선 '성육신'으로 하나님이 우리에게 오신 말씀의 사건과 두 번째로 당신을 스스로 드러내신 '계시'와 마지막으로 말씀 선포를 통하여 성육신하신 '설교'의 형식으로 선포되었다. 하나님의 말씀은 설교를 통해 현재화가 되는 것이다. 여기서 한 가지 더 추가하자면, 말씀의 임재하심으로 해석될 수 있는 성례전의 형식이 있다. 이를 가톨릭은 7성사라고 부르며, 성례전의 의식을 예배를 통해 극대화시키기 원하며 강조하기를 원하는 것이다.[123] 그러나 개신교는 성찬식과 세례 등으로 말씀이 되신 하나님의 계시 사건을 표현하는데, 그 표현을 축소하는 경향이 있다. 말씀이 되신 하나님을 경험하며 설교를 통해 하나님께 영광을 돌려야 하는데, 한 달에 한 번만 하는 성례전으로는 그 만남과 영광이 축소됨을 부인할 수는 없다. 하나님의 임재하심을 우리도 지속적으로 느껴야 한다.

하나님의 임재하심이 현재까지 지속됨을 느끼도록 하기 위해서 설교 준비가 중요한데, 설교 준비에 있어서 빠질 수 없는 성서 비평을 간단하게 살펴보도록 하자. 성서 신학이 발전하면서 비평이 들어왔다. 성서 비평에는 일반적으로 알레고리적 해석을 통하여 주석(exegesis)보다는 풀이(eisegesis)에 관심을 가지는 경향이 많으며 성서 본문 뒤에 있는 상황을 역사적으로 수행하여 성서 본문 뒤

---

[123] 가톨릭의 7성사(聖事)는 다음과 같다. 세례 성사(洗禮聖事), 견진 성사(堅振聖事), 성체 성사(聖體聖事), 고해 성사(告解聖事), 병자 성사(病者聖事), 성품 성사(聖品聖事), 그리고 혼인 성사(婚姻聖事)가 있다.

에 있는 상황(저자, 문헌, 양식, 전승, 편집의 정황)을 '비평적'으로 파악하려는 시도도 많이 이루어지고 있다. 이 밖에 비평에는 정경 비평(Canonical Criticism), 사회 과학 비평(Social-Scientific Criticism), 수사 비평(Rhetorical Criticism), 구조주의 비평(Structural Criticism), 이야기 비평(Narrative Criticism), 독자 반응 비평(Reader-Response Criticism), 이데올로기 비평(Ideological Criticism) 등이 있다.

'정경 비평'은 성서에 대한 역사 비평적 방법론을 교회 신학에 포함하기 위한 성서 비평 방법론이다.[124] 역사 비평이 성서에 언급되는 다양한 사건들 중에서 다른 역사-고고학적 자료를 통해 성서에 기술된 내용 중 원자료(authentic sections)를 구별함으로써 성서의 내용을 역사적 단계로 구분. 정리하는 작업이라면, 정경 비평은 현재 완성된 성서자체가 기독교의 중요한 정경이라면, 굳이 역사적 원자료와 비-원자료(non-authentic sections)를 구분할 필요 없이 성서 전체를 바탕으로 신학을 구성할 것을 요청한다. 즉, 성서는 전체적으로 신앙 공동체에 의해 권위 있는 정경으로서 받아들여지는 만큼, 정경으로서 신학적 학문의 대상으로 이해해야 한다는 입장이 정경 비평이며, 정경 비평은 주로 구약성서에 집중한다.

'사회 과학적 비평'은 성서의 사회-문화적 요소를 분석함으로써 성서의 기록 당시 환경 조건이나 맥락을 사회 과학적 방법으로 이해하는 작업이다.[125] 기본적으로 사회 과학적 비평은 역사 비평의 한 종

---

124 지금까지 '정경 비평'에 대한 관점은 다음의 내용을 참고하였다.
http://www.oxfordbiblicalstudies.com/article/opr/t94/e348; 정경 비평의 예로, 왕대일, "정경과 토라: 오경에 대한 정경 비평적 고찰," (신학과 세계, 23, 1991), 12, 42-84 참고.

125 지금까지 '사회 과학적 비평'은 다음의 내용을 참고하였다. J. H. Elliot et al, *What is Social-Scientific Criticism?* (Minneapolis: Fortress Press, 1993), 7.

류이며, 성서 기록자나 편집자들과 그들의 원 독자 사이의 소통을 가능하게 한 의미 있는 언어 배열로서 성서 본문을 연구한다. 이를 위해서 사회 과학 비평은 성서에 기술된 내용의 사회 문화적 형식, 또는 내용에만 집중하는 것이 아니라, 그러한 형태와 내용의 문서를 형성하는 데에 미친 환경적 요인들을 살핀다. 기본적으로 사회 과학적 비평은 성서 본문이 사회-문화적 소통의 중요한 도구로서 형성되었을 뿐만 아니라, 성서 저자들의 사회-문학-신학적 목적을 이루기 위한 수단으로 이해한다.

'수사학적 비평'은 기존의 역사 비평적 양식 비평에 대한 비판으로서, 현재 문서 자체의 독특한 문학적-수사학적 특징에 집중하는 성서 비평 방식이다. 일반적으로 현대 수사학적 비평은 제임스 뮬렌버그(James Mullenburg)의 연설인 "양식 비평을 넘어(Form Criticism and Beyond, 1968)"과 한스 디터 베츠(Hans Dieter Betz)와 "바울의 갈라디아서의 문학적 구조 및 기능(The Literary Composition and Function of Paul's Letter to the Galatians, 1974)"을 기점으로 활발하게 연구되고 있는 것으로 알려져 있다.[126] 한편, 데이비드 호워드(David Howard)는 수사학적 비평은 단순히 성서의 문학적 스타일에만 집중하는 것이 아니라, 성서에 구술되는 다양한 논의들의 설득력에도 집중한다고 보았다.[127]

'구조주의 비평'은 문학 비평의 일종으로, 문학 비평이 주로 문서

---

126 지금까지 '수사학적 비평'에 관하여 다음의 내용을 참고하였다. Karl Moeller, "Rhetoric," Kevin J. Vanhoozer et al., *Dictionary for Theological Interpretation of the Bible* (Grand Rapids, Michigan: Baker Academic, 2005), 689.

127 David M. Howard, Jr., "Rhetorical Criticism in Old Testament Studies," Bulletins for Biblical Research 4, 1994, 87-104.

의 표면적 구조에 초점을 두는 데에 반해, 구조주의 비평은 성서의 표면적 문학 구조와 그 이면에 있는 다양한 깊은 의미 구조의 관계에 초점을 둔다. 특히 비평하고자 하는 본문을 가능하게 하는 내적 구조를 탐구하는 비평 방식이다. 성서가 하나의 문학 구조로서 다양한 가능한 형식 중에 현재의 문학적 형식과 구조를 가지게 된 이유는 무엇이며, 그것을 가능하게 하는 내적 구조는 무엇인가? 구조주의 비평을 일종의 지시적(referential) 비평으로 보기도 하는데, 사실상 구조주의 비평은 비문학적인 속성들, 즉, 역사성, 사회상, 이데올로기 등과의 관계로부터 본문의 의미를 추론하지 않는다. 오히려 구조주의 비평은 어떻게 본문이 다양한 비문학적 구조들을 현재의 문학적 구조로 언급하고 설명하는지를 설명하고자 한다. 기본적으로 구조주의 비평은 현대 구조주의 방법론에 기초하며, 성서를 해석할 때 문학적 원리와 역사적 원리를 모두 사용할 것을 요청하며, 본문의 역사적 의미와 문학적 의미는 본질적으로 구별되지만, 성서 본문의 내-외적 구조를 모두 이해하기 위해서는 그 두 가지 의미가 함께 분석되고 고려되어야 한다고 본다.[128]

'이야기 비평'은 성서는 근본적으로 이야기이며, 성서의 독자는 기본적으로 성서 저자들이 원하는 대로 성서 이야기를 읽고 반응해야 한다고 전제한다. 특히 이야기 비평학자들은 복음서의 경우, 복음서의 각 이야기들을 Q문서와 각 복음서 저자들의 독립적인 내용으로 구분하고, 역사적으로 가능한 이야기들, 또는 신학적으로 가능한 해

---

[128] 지금까지 '구조주의 비평'에 대하여 다음의 내용을 참고하였다. Daniel Patte, *What is Structural Exegesis?* (Philadelphia: Fortress Press, 1979), iv.

석을 찾고자 하는 시도는 사실상 하나로 통합되기 어렵다고 지적한다. 일반적으로 성서학자들은 복음서들마다 공통적으로, 또는 반복적으로 나타나는 내용이나 표현, 또는 일관적이지 않거나 내용 간 공백이 있는 경우, 이것이 편집자들의 실수나 다양한 자료에 근거해 있기 때문이라고 생각하지만, 이야기 비평학자들은 독자들이 성서 본문의 이야기를 전체로서 접근하여, 처음과 중반, 결말까지 다른 문학 작품과 닮은 문학적 특징들을 살펴볼 것을 요구한다.[129]

'독자 반응 비평'은 성서 독자는 자기 자신의 다양한 경험을 통해 성서에 접근하고, 각자 가지고 있는 전제를 바탕으로 성서의 이야기를 해석한다고 본다. 독자 반응 비평은 미국권 성서학자들이 주로 연구하는데, 그들은 성서를 해석하는 데에 있어서 성서 저작의 신학적 개념과 역사적 정확성, 그리고 저자를 확인하는 작업도 중요하지만, 성서의 독자들 또한 중요하다고 주장한다. 특히 설교의 경우, 설교에 사용되는 단어는 그것을 읽거나 듣는 사람들이 그에 대하여 의문을 갖고 해석하기 이전에는 의미가 없다. 독자 반응 비평에서 주로 탐구하는 독자의 의문이란 다음과 같다: 성서에 언급되는 어떤 사건 이면에 숨겨진 전제는 무엇인가? 왜 성서에는 예수나 베드로에 대한 개인적 정보가 별로 없는가? 독자 반응 비평은 현재의 성서 독자뿐만 아니라, 성서에 포함된 각 책들이 목표로 하는 원 독자들의 반응도 살펴볼 것을 주장한다. 왜냐하면 원 독자들의 상황은 성서의 이야기들을 구성하는 데에 영향을 주기 때문이다. 예를 들어, 마가복음이 복음서

129　지금까지 '이야기 비평'에 대한 해석으로는 다음의 내용을 참고하였다.
http://www.oxfordbiblicalstudies.com/article/opr/t94/e1308; Mark Allan Powell, *What is Narrative Criticism?* (Minneapolis: Augsburg Fortress, 1990).

의 원 자료로서 역할을 한다고 할 때, 마태복음에 첨가된 내용은 마태 공동체만의 특정한 경험이나 삶을 반영한다고 할 수 있다.[130]

'이데올로기 비평'은 성서 본문 기저에 있는 이데올로기적 측면을 살펴보고, 그것이 성서 해석에 어떠한 영향을 미치는지에 대해 살펴보는 성서 비평 방법론이다. 일반적으로 이데올로기는 사회-경제적 구조 분석에서 인간을 억압하는 원리나 신념 구조와 같은 부정적인 의미로 보는 경향이 있다. 그러나 이데올로기 성서 비평에서 이데올로기란 의식적 또는 무의식적 태도와 생각으로서, 사회-정치적 세계에 대한 이해 또는 오해를 형성하거나 반영함과 동시에, 그러한 사회 정치 세계를 보존하거나 변화하기 위한 목적으로 행해지는 집단적 행위를 정당화하는 역할을 한다고 본다. 이데올로기 비평에서는 성서 본문을 해석할 때, 특별히 다음의 세 가지 요소에 대하여 탐구한다. 먼저 본문의 저자가 처해 있는 이데올로기적 상황을 탐구하고, 둘째, 본문 자체 내에서 재생산되는 이데올로기는 무엇인지를 탐구한다. 마지막으로 그 텍스트의 독자나 청자들의 이데올로기를 분석한다. 이러한 측면에서 이데올로기 비평은 역사 비평 및 사회 과학적 비평을 이용함으로써 성서 시대의 사회·경제·정치적 상황을 재구성함과 동시에, 본문에서의 이데올로기의 역할을 파악하기 위해, 다양한 문학 비평적 방법론도 통전적으로 사용한다.[131]

그러나 우리가 조금 더 집중해서 살펴보아야 할 것은 윤리적인 설

---

130 지금까지 '독자 반응 비평'은 다음의 내용을 참고하였다.
http://www.oxfordbiblicalstudies.com/article/opr/t94/e1590.

131 지금까지 '이데올로기 비평'은 다음의 내용을 참고하였다. Richard N. Soulen et al., *Handbook of Biblical Criticism* (Atlanta, Georgia: John Knox Press, 1981), 95-96.

교에서 성경과 설교의 관계다. 설교가 윤리적이라고 하는 의미는 성경과 설교의 관점에서 하나님이 우리와 말씀을 통하여 관계를 형성하신다는 것이다. 이 관계는 인격적으로 맺어진다. 그러므로 본문, 주제, 강해 설교는 그 설교의 형태가 무엇이든지 성경을 통한 하나님과 인간의 관계라는 맥락에서 이해하여야 한다. 우리와 관계를 맺으신 하나님은 성경 말씀을 통해서 우리에게 먼저 다가와서 말씀을 하신다. 창세기 1장을 보아도 '하나님이 이르시되'라는 표현이 9번이나 나오며, 말씀으로 창조하시는 분임을 알 수 있다. 또한 사람을 창조하시고도 창세기 2장 16절과 같이, 먼저 사람에게 말씀하시는 분이시다.

이렇듯 현재에도 우리에게 다가와 말씀하시는 하나님을 만나도록 돕는 설교에 있어서 설교자의 성경 해석은 중요하다. 성경 해석에 있어서 성경의 문화적 배경을 이해하여야 한다. 그러나 주의할 점은 성경에 의도하지 않은 영적인 의미를 부여하지 말아야 한다. 이야기 설교와 내러티브 설교를 살펴보면, 이야기 설교는 문학적 양식으로 성경 전체를 이야기로 구성하며, 성경의 내용을 간결하게 전달하고자 한다. 내러티브 설교는 성경 본문에 숨은 내용을 찾아서 극적으로 재구성하여 이야기로 전달하는 방식이다. 공동체를 형성하여 이야기의 내용이 체화될 수 있도록 도우며, 시대를 초월하여 회중을 사건 속으로 초청한다. 말씀 안에서 상상력을 일으키며 행동과 공동체의 축제를 유도한다. 그러나 이 내러티브는 하나님의 계시 사건을 넘어가지 않도록 주의해야 하며, 현란한 설교 유형에 빠져서는 안 된다. 성경에 있는 내용을 종합적으로 잘 구성해서 숨은 뜻까지 찾아내다 보면, 인간의 즉각적 경험을 유도하려는 유혹으로 인해 한계를 유발할 수 있다. 개인적 영역에 제한되는 문제가 발생할 수 있으며, 은유적으로 구성하는 힘이 설교자에게 있다 보니 그 반응을 즉각적으로 청중에게 요구할 수 있다. 말씀하시는 분도 하나님이고 응답하시는 분도 하나님이신데, 설교자가 하나님의 말씀의 응답마저 좌우하려고 하는 한계가 생길 수 있는 것이다.

하나님의 계시와 설교[132]

올바른 성경 해석과 설교를 통해서 하나님의 계시를 이해할 수 있다. 그러므로 우리가 하나님의 말씀을 계시의 사건으로 다루면서 하나님의 계시에 대해서 다양한 신학적 이론을 제시한 계시론의 대표적인 학자들 일곱 명을 간략하게 살펴보면서, 현대 계시론에 관한 신학의 흐름을 이해하고자 한다.

먼저 살펴볼 칼 바르트(Karl Barth)에게 계시는 하나님의 전적인 주권이다. 하나님이 자기 자신을 계시한다는 것은 우리가 하나님의 말씀을 들을 때 이 말씀은 하나님의 성육신 사건이지만 그 말씀의 윤리를 드러내시는 분은 하나님이시라는 것이다. 하나님의 말씀을 전달하고 선포하면서, 설교는 선포의 형식을 담고 있지만 그 내용은 하나님의 말씀인데 그 말씀이 우리를 통해서 성육신화 되어서 계시되는 것이다. 바로 이 계시는 인간이 결코 좌우할 수 없는 부분이다. 그래

---

132 '하나님의 계시와 설교'는 필자의 관점에서 구성하고 각 핵심 내용을 사상가들을 중심으로 간략하게 소개하였다.

서 응용에 있어서는 설교의 범위와 해석에 대해 신학적으로 연구할 수 있지만 우리 속에서 나타나는 성경의 본문과 말씀을 선포할 때 그 말씀이 실제 성육신화 되느냐 안 되느냐는 하나님의 뜻이다. 이 하나님의 주권은 양도될 수 없는 주권이며, 유일한 주권이다. 우리는 하나님이 자신을 계시하셔야만 알 수 있다. 하나님은 오직 하나님에 의해서만 알려진다. 그러므로 말씀을 통해서 실제 성육신화 되느냐 안 되느냐는 하나님의 전권적인 뜻이기 때문에 설교는 두려운 것이다. 하나님은 하나님에 의해서만 알려질 수 있는 것이다. 계시를 받아들이는 인간의 역할에 대해서도 전적으로 수동적으로 보지는 않지만 하나님의 절대 주권을 강조하고 있다. 바르트(Karl Barth)의 입장에서 인간은 자연적 인식으로 하나님을 절대 알 수 없다. 하나님이 자기 자신을 계시하실 때만 인간의 이성은 그것을 알 수 있다. 하나님의 계시가 있어야지만 인간의 이성으로 이해할 수 있다. 바르트(Karl Barth)에게 계시는 하나님은 하나님이시고 인간은 인간으로 절대 주권이다.[133]

두 번째로 에밀 부르너(Emil Brunner)의 계시론 전제는 바르트(Karl Barth)와 같이 하나님의 주권이다. 그러나 그는 바르트(Karl Barth)가 강조한 것처럼 계시는 '말'이 아니라 '하나님의 인격'이라고 주장한다. 우리는 하나님께서 자신의 인격을 드러내셔야만 하나님을 경험할 수 있는 것이다. 그것은 인간에 의해서 파악이 되지 않는 인격이

---

133 지금까지 칼 바르트(Karl Barth)의 '계시'에 대한 해석은 다음을 참고하였다. Karl Barth, "The Doctrine of God Part 1- The Knowledge of God; Chapter VI, The Reality of God," *Church Dogmatics: Volume 2* (London: A & C Black, 2000). 하나님의 절대 주권에 관하여 칼 바르트는 신의 실재에 대한 인간의 인식의 제한성을 설명한다. 신은 그 자체로 자유로운 행위자로서, 절대적인 사랑을 행위한다. 이러한 관점에서 신의 사랑의 실재가 설명되는데, 인간의 인식과 지식의 범위는 이러한 절대적인 사랑의 완성을 완전히 이해할 수 없다. 하나님은 인간을 완전히 읽을 수 있으나, 인간은 하나님을 완전히 읽지 못하기 때문에, 하나님에 대한 인간의 지식은 언제나 불완전하다.

다. 하나님이 우리를 인도하시는데 말씀 사건만이 아니라 하나님이 자신의 인격을 드러내셔서 말씀하셔야 한다. 그의 인간론을 살펴보면, 인간은 실질적 형상은 상실했지만, 형식적 형상은 그대로 남아 있다고 주장한다. 실질적 형상이란 인간에게 주어진 자유를 하나님의 말씀을 거역하는데 사용하는 것이다. 그러나 형식적 형상이 남아 있어서 하나님과 상면했을 때, 하나님 앞에서 'yes' 혹은 'no' 할 수 있는 의지는 남아 있다고 그는 말한다. 부르너(Emil Brunner)의 인간론은 바르트(Karl Barth)와는 달리 '의지'의 역할이 있는 것이다.[134]

세 번째로 살펴 볼 틸리히(Tillich)는 신정통주의 신학자로서 신학에 있어서 이성의 제한성을 주장하는데, 기술적인 이성(technical reason)은 주로 사고를 환원시킴으로써 초월적 존재에 대한 논의가 불가능하다고 주장한다. 그러나 존재론적 이성(ontological reason)을 통해서 객관적이고 주관적인 사건에 대한 논의가 가능하며, 따라서 초월적 존재에 대한 인간으로부터의 이해가 가능하게 된다. 그러나 인간이 하나님을 믿고 인격적으로 소통하는 것은 전적으로 계시를 통해 가능하다. 틸리히의 황홀경은 신 존재에 대한 기본적인 신학적 질문의 핵심이다. 먼저 하나님의 존재를 이해하기 위해서 존재 자체에 대한 개념을 정립한다. 틸리히는 존재 자체에 대한 질문은 비존재

---

[134] 지금까지 에밀 부르너(Emil Brunner)의 '계시'에 대한 해석은 다음을 참고하였다. Emil Brunner, "The Presuppositions of the Christian Doctrine of Man," *Man in Revolt* (London: James Clarke & Co, 2002), 57-81. 브루너는 하나님의 계시란 하나님이 인간을 위해 하시는 행위로서 정의된 의미라고 본다. 에밀 브루너는 기독교인이 윤리적으로 책임 있어야 하는 이유는 하나님의 의지와 연관된다고 본다. "우리는 오직 하나님의 사랑의 빛 - 우리가 하나님 없는 것처럼 살 때에도 - 안에서 우리 자신을 이해할 때에만 우리 자신을 안다. 그렇게 함으로써만 우리가 하나님 없음과 사랑 없음이 같다는 것을 알기 때문이다. 인간의 존재는 항상 하나님의 존재에, 그리고 하나님의 의지와 행위 안에 뿌리 내리고 있다(74)." 따라서 브루너는 하나님과 인간의 소통의 중요성을 강조하며, 이때의 소통은 언어를 통한 소통이 아니라, 하나님과의 근본적인 인격적 관계를 통해서만 가능하다. 브루너의 책임은 곧 하나님과의 인격적 소통의 핵심이다.

의 충격(shock of nonbeing)으로부터 시작된다고 본다. 비존재는 존재에 대한 위협의 순간, 즉 유한성에 대한 인식으로부터 출발한다. 존재(to be)와 비존재(not to be)에 대한 인식은 무한성에 대한 인식으로 나아간다. 결국 하나님에 대한 질문에 하나님에 대한 인식이 존재함으로써, 하나님에 대한 질문이 가능하다.

폴 틸리히(Paul Tillich)의 계시의 전제는 '무조건'적인 것이 '조건'적인 것으로 침투해 들어오는 신적 사건이다. 그 신적 사건의 최후 완성은 예수 그리스도다. 그의 인간론에서 인간은 유한한 존재이기에 하나님의 계시가 침투해 들어올 때 인간은 '황홀경'(ontological shock) 안에서 그것을 경험할 수 있다. '황홀'이란 계시적 상황 아래 있는 인간의 상태(Ground of Being)이다. 하나님의 계시가 침투해 들어올 때 인간은 '황홀경' 안에서 그것을 경험할 수 있다. 이것은 설교에 있어서 매우 중요하다. 부르너(Emil Brunner)가 하나님의 인격을 이야기하면 틸리히(Paul Tillich)는 인간의 감정까지 이야기한다. 이를 통해 설교의 영역이 확장되는데, '황홀경'은 신적 임재를 말로 표현할 수 없을 정도의 상태이다. 신학적으로는 신화의 영역이다. 인간의 언어와 사고가 멈춘 곳, 여기서 신화가 시작된다. 신비도 마찬가지이다. 똑같이 계시의 사건을 이야기할 때 바르트(Karl Barth)는 말씀의 사건, 존재론적인 사건이다. 부르너(Emil Brunner)는 인격의 사건, 틸리히(Paul Tillich)는 황홀경의 사건이라고 이야기한다.[135]

---

135   지금까지 폴 틸리히(Paul Tillich)의 '계시'에 대한 해석은 다음의 내용을 참고하였다. Paul Tillich, *Systematic Theology*, Vol.1. (Chicago: University of Chicago Press, 1951-1963), 71-75; 208. "하나님에 관한 질문은 비존재의 위협, 즉 인간이 경험하는 불안은 인간으로 하여금 비존재를 정복하는 존재의 질문으로, 그리고 불안을 정복하는 용기에 관한 질문으로 이끈다. 이 질문이 곧 하나님에 대한 우주론적 질문이다." 같은 책, 208.

네 번째로 루돌프 불트만(Rudolf Bultmann)의 계시의 전제는 사건이다. 이 사건의 핵심은 예수 그리스도의 십자가의 죽음과 부활이다. 이 사건의 선포를 케리그마(Kerygma)라고 한다. 이 케리그마(Kerygma)에서 본질적인 것과 비본질적인 것을 구분해야 한다. 그 시대 2,000년 전의 신화론적인 것은 제거하고 본질적인 신학을 찾자는 것이다. 선포된 말씀을 중시하되 2,000년 전의 문화를 담고 있는 비본질적인 신화적 요소는 제거하고 본래적인 예수 그리스도를 만나야 한다는 것이다. 그러나 문제는 케리그마(Kerygma)에서 비본질적인 것을 제거하는 작업을 하다가 예수 그리스도의 신성 자체를 건드릴 수 있다는 한계가 있다. 인간은 이성을 통해 역사 안에 그리스도 예수를 통하여 드러난, 누구에게나 공개된 하나님의 계시를 파악할 수 있다.[136]

다섯 번째는 오스카 쿨만(Oscar Cullmann)의 전제로, 계시는 역사 안에서 일어났다는 주장이다. 하나님은 역사 속에 계신다고 보았으며, 계시란 곧 '구속사'인 것이다. 오스카 쿨만은 역사 속에서의 계시의 중요성을 예수에 대한 기독론을 통해 설명한다. 쿨만은 신약성서에 나타나는 예수에 대한 호칭 또는 기독론적 제목들을 살펴보고 범주화함으로써 기독론 개념들을 정리한다. 쿨만은 복음서는 원저자 공동체의 신앙 고백이었음을 전제함으로써, 복음서에 나타나는 신앙 고백이 역사적 실재를 연구하기 위한 수단이 된다고 본다. 그는 양식 비평적 방법론을 통해, 성서에 나타나는 기독론적 호칭 중에서

---

[136] 지금까지 루돌프 불트만(Rudolf Bultmann)의 '계시'에 대한 해석은 다음의 내용을 참고하였다. Rudolf Bultmann et al., *Kerygma and Myth: A Theological Debate* (New York: Harper & Row, Publishers, 1961). 불트만은 예수님에 대한 복음서의 기록의 실제 내용(Sache, real content)은 고대 유대 즉 헬라 세계의 전-과학적 우주론에 근거한다고 본다. 따라서 이미 과학적 사고를 가진 현대인들이 이러한 전근대적 신화적 세계관을 제대로 이해할 수 없기 때문에, 비신화화가 필요하다고 보았다.

의 불일치성을 찾음으로써, 각 불일치되는 호칭들을 범주화할 객관적 지표를 찾을 수 있고, 이러한 방법을 통해 예수의 자기의식(self-consciousness)에 이를 수 있다고 본다. 그러나 여전히 쿨만의 이론은 예수에 대한 역사성 구축에 있어서 주관주의적 요소를 지울 수 없는 문제가 있다. 따라서 인간은 믿음의 눈으로 역사를 바라보아야 한다. 하나님의 계시는 인간의 역사 안에서 나타난다.[137]

한 걸음 더 나아가서 판넨베르크(Wolfhart Pannenberg)는 오스카 쿨만(Oscar Cullmann)의 주관주의적 관점을 비판하면서, 그는 역사 자체가 계시이며, 이것은 사실이라고 주장한다. 판넨베르크는 인간 존재를 자연의 일부로서 이해하며, 인간의 인격과 사회 세계는 자연이라는 열린 하나님의 계시의 장을 바탕으로 이해해야 한다고 본다. 따라서 판넨베르크는 계시의 역사성(historicity)의 중요성을 강조한다. 예를 들어, 예수의 부활은 공적으로 접근 가능한, 객관적인 역사적 사건이다. 이를 통해, 모든 사람은 하나님에 대한 간접적 지식을 갖게 된다. 따라서 판넨베르크에게 역사 자체는 계시가 된다. 하나님의 계시는 누구든지 알 수 있게 공개(open)된 것이다. 하나님은 역사를 통해서 계시를 드러내시고, 인간은 하나님이 주신 이성을 통해 충분히 파악할 수 있다. 이성은 믿음에 앞서는 것이기에 믿음은 계시의 조건이 아니며, 이성이면 가능하다. 예수 그리스도가 이미 이 땅에 오셔서 죽으시고 부활하셨는데 특별한 계시가 없어도 인간의 이성으로 이해할 수 있다. 신비의 영역으로 계시 사건을 넘기지 말라는 것이다. 그의

---

137 지금까지 오스카 쿨만(Oscar Cullmann)의 '계시'에 대한 해석은 다음의 내용을 참고하였다. Oscar Cullmann, *The Christology of New Testament* (Philadelphia: Westminster Press, 1963), 6-7.

인간론에서 인간은 이성을 통해 역사 안에 나타나 있는, 누구에게나 공개된 하나님의 계시를 파악할 수 있다. 즉 계시의 시작과 끝은 예수 그리스도의 죽음과 부활에서 모두 드러났으며, 인간은 다른 수단이 필요 없이 자신의 이성을 통해 그것을 모두 파악할 수 있다.[138]

마지막으로 위르겐 몰트만(Jürgen Moltman) 같은 경우는 계시의 전제로서 역사 안에서 하나님은 예수 그리스도 안에서 창세와 끝을 모두 보여주셨다고 주장한다. 몰트만의 종말론적 신학은 창조와 새 창조라는 기독교적 역사관으로부터 어떻게 미래의 희망이 현재의 기독교의 신앙 고백을 형성하는지를 설명한다. 몰트만은 이러한 자신의 기독교 신학적 틀을 바탕으로 희망의 윤리를 구성한다. 그는 기독교인의 실존과 사회적 문제는 근본적으로 정치적 영역에 함께 묶여 있다. 종말론적인 관점에서 몰트만의 윤리는 윤리를 세 범주로 분류하는데, 여기에는 생명의 윤리, 땅의 윤리, 그리고 정의의 윤리가 있다. 각 윤리의 범주는 각각 세속적인 절망의 윤리들, 즉 죽음의 윤리, 공리주의적 윤리, 그리고 사회적 부정의와 전지구적 갈등의 윤리의 상대적 개념이다. 따라서 우리는 지금 악과 좌절을 경험하고 있다. 그러므로 역사 안에서 하나님은 미래의 권세로서의 하나님, 미래로부터 다가오시는 하나님이시다. 그의 인간론에서 인간은 역사 안에서 좌절을 경험하고 있으며, 예수 그리스도 안에 나타난 하나님의 미래로 인해 희망을 가질 수 있다.[139]

---

138 지금까지 판넨베르크(Wolfhart Pannenberg)의 '계시'에 대한 해석은 다음의 내용을 참고하였다. Wolfhart Pannenberg, trans. by Matthew J. O'Connell, *Anthropology in Theological perspective* (London: A & C Black, 2004). Wolfhart Pannenberg, trans. by Geoffrey Bromiley, *Systematic Theology*, Vol.1 (Grand Rapids: Eerdmans, 1991).

139 지금까지 위르겐 몰트만(Jürgen Moltman)의 '계시'에 대한 해석은 다음의 내용을 참고하였다. Jürgen

이러한 학자들의 주장을 한 가지만 선택하는 것이 아니라, 총체적으로 바라보는 눈을 가지는 것도 좋다. 왜냐하면 설교를 통해서 하나님의 말씀이 나타날 때, 다양한 계시의 방법들을 통해 살펴볼 수 있기 때문이다. 다양한 계시론처럼 하나님의 계시 사건의 폭은 인간의 이성으로는 파악할 수 없는 매우 깊고 넓은 것이며, 하나님께서 자신을 드러내시는 방법은 매우 넓다는 것을 우리는 기억해야 한다.

　설교가 이성의 유혹에 빠지면 지적인 설교가 되어야 한다는 집착에 빠질 수 있다. 반대로 감성에 너무 호소하면 더 많은 감성적 요소에 호소할 수 있는 오류를 범할 수 있다. 어느 한 쪽에 치우칠 것이 아니라 감성과 이성에 호소하면서도 살아 계신 하나님의 말씀이 각각의 인격에 역사하실 수 있도록 하는 것이 중요하다. 그러므로 설교가 설교자 개인에 따라서 자의적으로 해석되어 모인 회중에 맞춰 말씀이 변해서는 안 된다. 물론 공동체를 배려하고 이해하는 설교도 중요하지만, 지나치게 인간의 이성이나 감성에 호소하다 보면 인간의 즉각적인 경험과 반응을 요구하는 위험을 초래할 수 있기 때문이다.

Moltman, *Theology of Hope: On the Ground and the Implications of a Christian Eschatology* (San Francisco: HarperSanFrancisco, 1991); Jürgen Moltman, trans. by Margaret Kohl, *Ethics of Hope* (Minneapolis: Fortress Press, 2012), 45-188.

09장

책임 윤리

09장 • 책임 윤리

역사 속에서 인간이 경험하는 고통의 문제는 어떻게 하여야 하는가? 필자는 이 글에서 현 국제 사회에서 일어나고 있는 고통의 문제를 예를 통하여 살펴보도록 하겠다.[140]

고통의 문제

현재 세계는 고통에 몸살을 앓고 있다. 핵의 문제와 생태계의 파괴, 수많은 질병들로 처처에 고통의 소리가 끊이지를 않는다. '에볼라'와 같은 바이러스성 질병으로 고통당하는 서아프리카 지역의 환자들과 두려움에 떠는 지구촌의 가족들을 생각하면서 떠오른 이미지는 자연

---

[140] 이하 "'에볼라'와 같은 바이러스성 질병으로"로 시작하는 내용은 필자가 고통의 문제와 연관하여 기독교 사상에 학술 내용이 아니라 일반 독자를 위한 교양 내용의 형태로 기고한 "에볼라 공포와 고통 앞에 하나님은 어디 계신가?"를 별도의 재인용 각주 없이 옮겼음을 밝힌다. 유경동, "에볼라 공포와 고통 앞에 하나님은 어디 계신가?" 『기독교 사상』 (대한기독교서회, 통권 제674호, 2015년 2월호), 20-27.

을 훼손한 결과로 말미암아 그 자연의 보복으로 고통당하는 인간에 대한 것이다. 에볼라 바이러스는 사망률이 60%에 달하는 일종의 아프리카 풍토병인 중증 전염병으로서 이제는 아프리카 중심부를 넘어 세계를 '공포'로 몰아넣는 '피어볼라(Fearbola: Fear+Ebola)'가 되었다. 에볼라가 피어볼라로 불리어지는 이유는 질병이란 단지 인간의 육신만 공격하는 것이 아니라, 정신도 습격한다는 점이다. 즉 인간의 몸을 통한 질병은 전염과 동시에 정신도 집단적으로 쇠약하게 하여 두려움에 떨게 하는 것이다. 따라서 에볼라를 극복할 수 있는 방법은 육체와 정신적 힘이 겸비될 때, 가능하다고 할 수 있다.

역사 속에서 질병이 창궐한 적이 한두 번이 아니다. 천연두가 아테네 문명을 몰락시켰다고 하며, 중세의 유럽에는 페스트가 휩쓸었다. 의학 연구에 따르면, 이러한 전염병(역병)은 대부분 동물들로부터 인간으로 넘어온 질병이 원인이라고 한다. 따라서 '인수(人獸) 공통 전염병'이라고 할 수 있는데, 동물로부터 들어온 바이러스에 대한 면역 체계가 없으면, 인간은 질병의 정도에 따라서 몰살도 되는 것이다. 가금류나 돼지, 말, 소, 개, 쥐 등으로부터 감염되면, 면역력이 없는 인간은 치명적인 타격을 받게 된다. 근래 한국 사회를 공포로 몰아넣었던 신종플루인 돼지 독감도 인수 양자를 넘나들어 인간에게 바이러스가 침입하면 막을 수 없는 공포의 전염병이 되었던 것이다. 에볼라의 경우도 질병의 원인이 과일박쥐로 알려지면서, 결국 인수 공통 전염병의 예가 되는 것이다.

문제는 이러한 전염병의 근본적인 문제는 인간이 인간을 포함한 생태계를 무리하게 변화시킬 때 발생한다는 점이다. 전쟁의 피비린내 나는 싸움, 개발이라는 명목으로 자행되는 자연의 파괴, 대량 인명

살상을 목적으로 하는 생화학전, 그리고 국제 소비를 명목으로 동물의 부산물을 가공하여 동물이 먹게 하는 생태 피라미드의 파괴 이후에 돌아오는 질병의 책임과 결과는 고스란히 인간에게 안겨진다. 인간이 문명의 발전을 앞세워 저지른 어두운 그림자 속에는 특히 이종(異種) 간의 무질서를 초래하며, 이종 간의 바이러스 전염은 결국 공생으로 살아가야 할 자연 생태계가 아니라, 인류를 궤멸할 수 있는 파괴로 치닫는 것이다.

전염병과의 싸움에서 인간은 역사 속에서 의학을 발전시켜 왔다. 병과의 투쟁을 통하여 인류 문명은 과거 치료 의학에서 현대는 점차 예방의학으로 발전할 정도로 눈부신 성과를 이루고 있다. 그러나 문제는 병이 있는 곳에는 언제나 권력과 자본이 결부되어 있었다. 인간의 질병을 치료하는 과정에서 중상주의가 개입하여 '생체 권력'이 형성되는 것이다. '약의 정치(Phamacracy)'를 통하여 인간의 질병은 '가진 자'와 '가지지 못한 자'로 나뉘지면서 돈이 인간의 생명을 좌우한다.

인간에게 치명적인 바이러스에는 DNA 유형과 RNA 유형이 있다고 한다. DNA 유형은 핵심 구조가 잘 변하지 않아서 치료약인 백신 개발이 수월하지만, RNA 유형은 변화를 예측할 수 없어 신약 개발이 어려운 이유로 치료가 쉽지 않다고 한다. 그런데 에볼라는 RNA 유형이지만, 실험실에서 그 유형을 DNA 타입으로 바꾸어서 치료약을 개발할 수 있다고 알려져 있다. 그럼에도 불구하고 백신이 신속하게 개발되지 않는 이유는 무엇인가? 혹시 제3세계의 일부 국가에만 그것도 상대적으로 적은 수의 사람들이 병에 걸려있기 때문인가! 비근한 예로 에이즈도 RNA 유형의 질병이지만, 이제는 많은 대체 의약이 개발되었다. 이는 3천만 명이 넘는 사람이 걸린 무서운 질병이기 때문에 제약 시장이 크게 형성될 수밖에 없으며, 그만큼 자본이 투입되어 이익을 많이 낼 수 있다는 씁쓸한 현실을 반영하는 것이 아닌가?

한 예로 필자가 미국의 한 병원에서 하나님의 은혜로 첫째 아이를 아내가 순산한 후 겪은 일이 있다. 아기가 병실로 돌아와 아내 품에 안기자마자, 간호사는 선물이라고 큰 박스를 침대 옆에 놓았다. 어찌 된 선물이냐고 물으니 우유 회사에서 보낸 선물이란다. 각종 유제품 회사에서 보낸 조제 분유들이 한가득 들어있었다. 간호사가 말을 보태어, 모유와 큰 차이가 없는 좋은 제품이라 아이에게 좋고 산모의 건강 회복에도 좋으니 계속 먹이란다. 산모의 몸매 관리에도 최고라고 부추기면서 말이다!

이렇게 인간은 태어나면서부터 자본의 논리에 휘말린다. 원하지 않는 우유를 무의식 가운데 먹으면서 한 인간의 생명은 회사의 제품에 지배당한다. 끊임없이 인간을 세뇌하는 제약 회사의 광고는 거의 막을 수 없는 바이러스 수준이다. "만일 이 약을 당신이 먹으면 살고 먹지 않으면 죽는다!" 인간의 몸을 둘러싸고 벌이는 질병도 같은 맥락에서 예외는 아니다. 조심스러운 추측이지만, 만일 이러한 질병이 서구에서 발생하였다면, 제약 회사들이 가만히 있었을까? 제약 회사가 치료제 개발에 박차를 가할만한 '수익성 바이러스'가 되기 위하여 고통 받는 사람들은 얼마나 기다려야 하는가! 많은 구매자가 있어야 하며 또한 그들이 신약을 살 만한 충분한 돈이 있어야 한다면, 결국 인간은 질병과 싸우는 것이 아니라 돈과 싸우는 꼴이 되는 것이다. 물론 제약 회사가 '산타클로스'는 아니다. 그러나 필자가 강조하고자 하는 것은 인간의 질병에 대한 정신과 철학, 그리고 나아가 그리스도인의 신앙에 관한 것이다.

병과 약 중에 누가 더 잔인한가?

"병과 약이 누가 더 잔인한가 경쟁하다가 약이 이겼다. 병은 병든 사람만 거꾸러뜨렸지만, 약은 병들지 않은 사람도 죽였다. 병은 환자가 스스로 회복할 기회를 허락하였지만, 약은 살아 남은 사람에게 다시 살 기회조차 주지 않았다." 이 글은 필자가 어거스틴(Augustine)의 『하나님의 도성』에서 "평화와 전쟁이 누가 더 잔인한가 경쟁하다가 평화가 이겼다"고 정의한 내용을 바꾸어 본 것이다. 어거스틴은 전쟁은 무장한 군사들만 거꾸러뜨렸지만, 평화는 비무장한 사람들마저 살해하였고, 전쟁은 공격당한 사람에게 가능한 반격의 기회를 주었지만, 평화는 살아 남은 사람들에게 생명이 아니라 저항할 기회조차 얻을 수 없는 죽음을 수여했다고 보았다.[141] 어거스틴의 통찰력이 우리에게 주는 것은 우리가 경험하는 소위 평화라는 이름으로 자행되는 일들은 대부분 허구라는 것이다. 질병과 연관하여 치료라는 이름으로 그럴싸하게 대중을 기만하는 생체 권력의 이면에는 생명 존중이 아니라 생명의 파괴가 숨어 있기 때문이다.

우리는 에볼라가 아프리카에서 발생하였다고 자본의 논리로 에볼라를 판단해서는 안 된다. 즉 질병은 지역주의와 인종주의를 넘어서

---

141 St. Augustine, *The City of God* (하나님의 도성, 크리스챤 다이제스트), 217. 한국어 번역판의 해석을 풀어서 옮겼다.

는 범인류적인 문명의 가치를 통하여 극복되어야 한다. 왜냐하면 병은 인간의 몸에 고통을 주는 것이며, 인간은 그 누구도 빠짐없이 가지고 있는 육체의 구조에 별 차이가 없기 때문이다. "인간의 몸은 하나이다!" 역설적이지만 병은 인간에게 편견이 없지만 인간은 병에 편견을 가진다. 질병 자체에 인종과 성, 자본과 오만한 편견을 뒤집어씌우면서 인간은 질병보다 더 잔인하게 인간을 방치하고 죽음으로 내몬다. 병은 인간이 면역 체계를 가질 때까지 기다려 준다. 그러나 인간은 그 면역 체계를 가질 수 있는 인간과 그렇지 못한 인간을 돈으로 구별한다.

 에볼라가 과연 아프리카의 책임이라고 할 수 있을까? 공중 보건의 차원에서 혹시 세계의 허울 좋은 경제 구조적인 문제와 결부되어 있는 것은 아닐까? 개발을 명목으로 벌이는 세계화로 벌어진 생태 파괴가 그 원인은 아닐까? 혹은 에볼라의 공포가 세계를 휩쓰는 현실에서 결국 치료제를 개발할 의학 기술이 있음에도 불구하고 생체 권력이 그 치료를 막고 있는 것은 아닐까? 인간이 치료제를 개발하여야 하지만, 결국 치료제가 치료할 인간을 선택하는 모양새가 되어 버린 현실에서 우리가 깨달아야 할 중요한 점은 대부분의 질병이 인간의 생태 파괴로 기인하였으며, 결국 이로 말미암아 인간에게 돌아온 자연의 보복을 이길 대안을 인간은 아직도 돈과 자본의 논리로 해결하려 한다는 점이다. 그렇다면 과연 대안은 무엇인가? 필자의 관점에서 그것은 인간이 자연 친화적인 삶을 살며, 아울러 질병과 같은 고통을 같이 극복할 수 있는 인간 정신에 있다고 본다. 과학 기술은 있지만 생명 존중은 점점 퇴색하며, 세계화를 앞세운 상품의 유통은 앞세우지만, 정작 죽어 가는 인간의 몸을 살릴 정신은 결코 나누려 하지 않는다. 따라서 우리에게는 인간 정신의 각성과 책임이 더욱 요구되는 것이다.

생명이란 유기체가 태어나서 죽을 때까지의 살아 있는 상태나 이 기간 동안 나타나는 모든 현상들을 통칭하는 개념이다. 질병에 연관된 인간 '생명'의 문제는 단지 의학적 관점에서 그 의미가 좌지우지되는 것이 아니라, 근본적으로 윤리의 문제라고 할 수 있다. 그러므로 질병과 같은 생태 위기는 그리스도인에게는 세계 문명의 윤리적 책임뿐만이 아니라, 영적 문제와도 관련이 되어 있다고 할 수 있다. 윤리적 관점은 미래를 설계하고, 세상 사람들에게 결실 있는 행위를 할 동기를 불어넣는 데에 중요하며, 영적 관점은 동기 부여에 있어서 보다 차원 높은 정신적 에너지를 공급하는 것이다. 따라서 우리는 에볼라와 같은 질병에 대한 생태학적 사고의 전환을 필요로 한다. 인간의 몸을 도구로 전락시키지 않으며, 인간에게 있는 생명의 현상을 깊게 이해하여야 한다. 더 나아가 우리의 미래를 위하여 지구의 자연 환경과 조화되는 삶의 방식을 확립할 수 있게 해 주는 결단과 행위를 요청하는 생태학적 각성이 필요한 것이다.

몸의 중심은 어디인가?

인간의 몸에서 중심은 어디인가? 사람에 따라서 머리, 가슴, 배, 다리 등 자신이 중요하다고 생각하는 부위가 몸의 중심이 될 수 있다. 그러나 이렇게 생각하여 보자. 몸의 중심은 '아픈 곳'이 아닐까? 우리는 손톱 끝에 조그만 가시가 하나 박혀도 하루 종일 온몸이 함께 고통당하는 것을 경험한다. 눈에 티끌이 하나 들어가도 쩔쩔매며 더 중한 질병에 걸리면 자신뿐만이 아니라 온 가족이 함께 고통을 당한다. 한 사람의 질병은 때로 한 가족의 운명을 좌우할 정도로 심각하여지며, 심지어 한 지도자의 병은 기업과 나라의 발전에 영향을 미치기도 한다. 따라서 인간의 질병은 사회적이라고 할 수 있다. 그만큼 인간의 건강은 공동체적이기 때문에 우리는 서로의 아픔을 나누며, 이를 통한 연대를 통하여 질병을 정신으로 극복하여야 할 것이다.

그렇다면 몸과 비유적으로 지구의 중심은 어디인가? 만일 앞의 논리가 가능하다면, 그것 또한 '아픈 곳'이다. 이제 전 세계의 국가와 성원들은 마치 몸의 세포처럼 서로 밀접하게 연결되어 하나밖에 없는 지구와 함께 운명을 같이하고 있다. 몸의 중심이 '아픈 곳'이라면, 지구의 중심도 '아픈 곳'이다. 이 아픈 곳의 치유를 위하여 온몸이 함께 고통을 참아야 하는 것처럼 이 지구상에 고통당하는 지역과 가족이 있다면, 우리도 그 상처를 치료하기 위하여 함께 발 벗고 나서야 하는 것이 아닐까? 하나밖에 없는 몸을 살려야 인간이 살 듯이, 하나밖에 없는 지구를 살려야 우리 인류가 살 것이다. 우리가 가지고 있는 지구의 보존을 위하여 우리는 한 마음으로 질병을 퇴치하며, 미래의 후손들을 위하여 건강한 지구를 선물로 주어야 한다. 바로 여기서 우리는 그리스도인으로서 하나님의 뜻을 헤아려 볼 수 있다.

성경에서 밝히는 놀라운 진리는 하나님이 바로 '인간의 아픈 곳'에 늘 함께하셨다는 사실이다. 아담과 하와가 하나님의 말씀을 거역하여 두려움에 떨고 있을 때, 먼저 찾아오신 분이 하나님이시다. 이스라엘 백성들이 애굽에서 노예 생활로 고통당할 때, 하나님은 저들의 소리에 응답하셨다. 그리고 인간이 죄의 고통으로 신음할 때, 하나님은 육신을 입으시고 이 땅에 오셔서 인간의 죄를 용서하시고 십자가에서 친히 고난당하셨다. 아들을 잃어 슬픔에 떠는 여인들 속에, 공동체에 쫓겨나 숨어 지내는 문둥병 환자들에게, 그리고 질병으로 고통당하는 이들을 치료하여 주신 분이 이 땅에 오신 하나님이시다. 하나님은 이렇게 고통당하는 인간을 방치하지 아니하시고, 심지어 그 고통의 원인인 인간의 죄를 묻지 아니하시고, '아픈 곳'에 오셔서 스스로 그 고통과 고난의 짐을 지셨다.

따라서 그리스도인에게 질병은 단지 육체의 고통이 아닌 생명의 현상 중의 한 부분으로 파악이 된다. 우리에게 생명은 하나님으로부터 시작한다. 하나님이 생명을 주셨기 때문에 우리가 호흡하는 동안 이 모든 생명의 주권은 하나님께로 귀속되며, 하나님의 은혜로만 유지가 된다. 우리는 생명의 주권이 하나님께 있음을 고백함으로써 생명의 의미를 지속적으로 깨닫게 된다.

그러나 인간은 죄로 말미암아 죽을 수밖에 없는 유한성을 가지게 되었으며, 오로지 예수 그리스도의 구속과 성령의 능력으로 온전한 생명의 활동을 유지할 수 있다. 그리고 놀랍게도 주님이 당하신 육체의 고난과 죽음을 통하여 우리는 부활의 영생으로 나아가는 축복을 경험한다. 우리가 살아가는 동안 주님이 약속하신 성령의 도움으로 우리는 육체적 삶과 행동 전체를 지속적인 성화로 이끌어 나가게 한다. 그리고 우리의 육체는 육욕의 도구가 아닌 하나님의 나라에 쓰임 받는 영적 도구가 된다. 우리는 이 믿음으로 이 사회 속에서 자신과 공동체를 변화시키는 영적 생명력을 가지게 된다. 따라서 생명은 삼위일체 하나님의 선물이며, 우리의 삶과 공동체를 지속시키는 영적 운동력의 도구가 될 수 있다.

생명은 하나님의 축복이다.

결국 생명은 하나님의 축복이다. 무엇보다도 하나님은 당신의 생명을 나누시기 위하여 이 땅에 오셔서 자신의 육체로 우리와 화해하신 것이다. 주님은 우리를 화평케 하시기 위하여 둘로 하나를 만드사 원수 된 것, 곧 중간에 막힌 담을 자기 육체로 허무셨다(엡 2:14). 따라서 우리는 죄로 말미암아 고통 중에 있는 인간을 사랑으로 주님이 하나 되게 하신 것처럼, 질병도 인간을 둘로 나누는 것이 아니라, 오히려 우리를 영적으로 하나로 묶어 주는 역할을 하게 된다. 고통의 자리에 주님이 계셨던 것처럼, 우리는 질병의 자리에서 우리와 함께하시는 하나님을 발견하게 된다. 치유를 통하여 인간을 구속하신 하나님처럼, 우리는 질병의 극복을 통하여 하나님의 사랑으로 초대받는 은총을 경험하게 되는 것이다.

하나님이 자신의 육체를 철저하게 내어 주심으로써 생명을 주신 이유는 우리에게 영적 몸이 있음을 알려 주신 것이다. 주님은 육의 몸으로 심고 신령한 몸으로 다시 살아나셨으며, 육의 몸을 통하여 영의 몸이 있음을 보여 주셨다(고전 15:44). 이는 이 땅에서 우리가 육체를 가지고 살아가는 데에 있어서 참된 진리의 기준이 된다.

우리가 살아가는 현실에서 에볼라와 같은 육체의 질병으로 고통받는 이웃을 보면서, 우리는 다시 인간이 무엇인가 성찰하여야 할 것이다. 돈과 권력을 탐한 그 대가의 책임에 대하여 깊은 반성이 요구된다. 그러나 우리는 육신을 가지고 질병으로 죽을 수밖에 없는 인간이지만, 우리는 그 아픈 고통에 동참함으로써 '신적 행위'를 따르게 된다. 에볼라로 고통당하는 이웃을 사랑함으로써 영적인 세계로 나아갈 수 있다. 연약한 지체가 새 힘을 얻고, 육체의 고통이 새 생명을 향한 영적 에너지로 충만하게 될 수 있다. 그리고 그 생명이 하나님의 축복이며 하나님의 사랑임을 깨닫게 될 때, 하나님의 나라는 확장되는 것이다. 우리 인간은 약하지만, 결국 더 강한 부활 공동체로서의 영적 열매를 얻게 되는 것이다.

우리는 하나님의 창조 세계에서 '삼위일체의 흔적(vestigia trinitatis)'을 발견한다. 인간이 되신 하나님을 통하여 우리는 하나님의 말씀이 세상 속에 오셔서 생명의 고통을 직접 경험하셨으며, 육신의 죄를 감당하신 인류를 위한 구원 계획에 우리는 제자들로서 초대를 받았다. 주님은 우리에게 모든 차별과 편견을 넘어 당신의 식탁에 세상 사람들을 초대하도록 요청하셨다. 그 자리에 에볼라로 고통당하는 이웃들도 함께 있어야 한다. 예수 그리스도의 성찬의 몸에 참여함으로써 우리가 부활을 향해 나아가는 영적 순례의 길에 함께 있는 인간임을 고백할 때, 부활의 몸이 약속될 것이다.

이제 우리는 에볼라의 공포를 이기고 부활의 몸을 기도하여야 한다. 질병과 같은 육신의 고통을 넘어 상생의 정신으로 문명을 이끌고 생명의 문으로 함께 나아가는 한 몸, 한 공동체를 이루어 나가야 한다. 이것이 이 세상을 창조하신 하나님의 사랑을 통하여 인류의 위기를 극복할 신앙이며, 우리가 후손들에게 지속적으로 넘겨주어야 할 정신문명의 유산이다.[142]

---

142 지금까지 다음의 글을 참고하여 고통의 문제와 연관된 책임에 대하여 살펴보았다. 유경동, "에볼라 공포와 고통 앞에 하나님은 어디 계신가?" 『기독교사상』 (대한기독교서회, 통권 제674호, 2015년 2월호), 20-27.

10장

영성과 삼위일체 윤리

10장 영성과 삼위일체 윤리

왜 우리 시대에 '영적 운동'이나 '영성'이 중시되고 있는가? 오늘날 우리가 이해하는 영성은 모든 종교에 있어서 다 나타나지만, 특별히 기독교에 있어서 영성은 매우 중요하게 간주되는 용어 중 하나이다. '영성'이라는 단어를 분석할 때, 이와 연관하여 다루어야 할 주제는 다양하다고 할 수 있다. 왜냐하면 영성이란 단어는 기독교 역사 속에서 다양하게 이해되어져 왔으며, 단지 개인적 차원이 아니라 삶 전체, 관계, 사회적 성화, 나아가 우주 전체를 아우르는 하나님의 존재를 표현하는 등, 다양하게 해석될 수 있기 때문이다.

영성[143]

영성에서는 신앙생활을 위한 성화로 크게 영성 운동을 네 가지 종류로 분류할 수 있다. 먼저 이집트 사막 교부의 영성을 살펴보면 성 안토니(St. Antonius), 성 마카리오(St. Macarius)가 대표적인 인물이며, 영성의 마지막 단계를 눈물로 승화한다. 무릎 위에 항상 수건을 놓고 예수 그리스도의 고난을 묵상하며 무릎 위에 수건이 얼마나 젖었는가를 그 사람의 영성과 연관해서 생각한다. 영성 운동은 사막과 연관이 된다. 인간 혼자밖에 없는 상황, 인간의 심리적인 상태와도 연결되는 사막이 신앙에 많은 영향을 미칠 수 있었다. 두 번째로 이탈리아 영성이다. 동굴 속에서 기도하는 영성으로 성 베네딕트(St. Benedictus)와 성 프란시스(St. Francis)가 대표적인 인물이다. 세 번째로 독일 라인 강변의 영성으로 에크하르트(Meister Eckhart)는 우주와 하나님과의 연합으로서 인간의 내면 세계를 신비적으로 이해하였다. 그는 하나님, 예수 그리스도, 성령이라고 하는 언어의 개념으로 하나님을 담을 수 없다고 생각하였다. 마지막으로 스페인의 영성은 고통과 고난을 자원하는 피 흘리는 것이 연상될 수 있다. 몸에 날카로운 것을 꽂아서, 고난에 대한 갈망으로서 극단적인 고통의 체험을 영성과 관련시킨다.

영성을 보통 신학적으로 분석할 때 여덟 가지로 나눌 수 있는데, 첫 번째 영성은 하나님의 실재에 대한 존재론적인 표현에 집중한다.

---

[143] 이하 영성과 삼위일체에 관한 내용은 다음을 참고하여 약술하였음을 밝힌다. 엄두섭, "영성의 뿌리와 실천," 『기독교사상』 (대한기독교서회, 2000/12), 168-172. 필자는 '영성과 부흥'에 대하여 설명하였는데 자세한 내용은 다음을 참고하시오. 유경동, 『영성과 기독교 윤리』 (프리칭아카데미, 2009), 18-26. 유경동, 『기독교 영성과 윤리』 (프리칭아카데미, 2009), 3-9.

두 번째 영성은 예수 그리스도의 인격이 중심이 된다. 하나님은 영이 시고 우리에게 호흡을 불러일으키고(창 2:7), 주님도 깊은 호흡을 내쉬며(요 20:22) 우리에게 성령을 약속하신다. 세 번째 영성은 삼위일체적 관계로서 영성이 중심된 개념이다. 신과 인간의 관계, 인간과 인간의 관계를 영성으로 표현한다. 네 번째로 회심과 변화의 과정을 통한 인간 전 존재의 삶과 과정을 중시하는 영성이 있다. 다섯 번째로 변화의 과정 중에 외양적인 경건의 형식이 아닌 신적인 능력에 의하여 변화되는 인간의 주관적 모습에 주목할 수 있다. 여섯 번째로 변화 중에 죄에 대한 고백과 변화의 요청으로서 영적 대각성이 있다. 일곱 번째, 변화의 전 과정 속에 인지-정서적 차원에서 인간의 변화에 대한 교육적인 요소가 포함된다. 마지막으로 우주 전체와 하나님과 맺는 유기체적인 방식으로서 자연과 생태계와 연관이 된다.

삼위일체의 윤리[144]

이러한 폭넓고 깊은 개념의 영성과 함께 우리는 관계성의 윤리로서 삼위일체를 살펴보아야 한다. 그렇다면 삼위일체가 왜 중요한가? 신의 삼위 존재와의 관계성과 신과 인간의 관계성을 말하는 관계성의 윤리가 있기에 삼위일체가 중요하다. 삼위일체론을 통하여 의무론적 윤리와 목적론적 윤리의 한계를 극복할 수 있다. 의무론적 윤리는 나

---

[144] 삼위일체의 윤리는 필자의 관점에서 이해한 내용을 설명하였다. 참고로 필자는 삼위일체의 윤리에 대하여 연구한 바 있는데 관심을 넓히기 위하여서는 다음의 내용을 참고하시오. 유경동, 『영성과 기독교 윤리』 (프리칭아카데미, 2009), 26-45. 유경동, 『기독교 영성과 윤리』 (프리칭아카데미, 2009), 12-43.

와 너의 해야 할 의무가 모든 이들에게 준칙, 즉 원칙이 예외 없이 적용되어야 한다고 강조하는 것이다. 한편 윤리에 있어서 목적론적 윤리는 내적인 목표가 형성되어 있어서 과정을 중시하는 것이다. 목적론적 윤리는 전형적으로 아리스토텔레스(Aristoteles)의 윤리와 같은 경우인데, 인간이라는 공동체가 공공의 선으로, 즉 행복으로 나아가는 과정 속에 내적 목표가 있다고 전제한다. 그래서 아리스토텔레스(Aristoteles)는 이 공공의 선으로 나아가는데, 과하지도 않고 부족하지도 않는 중용이 필요하다고 본 것이다. 이에 반해 의무론적 윤리는 목적으로 나아가는 과정이 과연 공정하고 평등한지에 대해 의심하며 비판한다. 목적을 향한 과정에서 공정하게 분배가 가능한지 의문을 갖는다.

첫째, 삼위일체론은 목적론이나 의무론의 한계를 넘어설 수 있다. 왜냐하면 성부 하나님, 성자 예수님, 성령님이 한 목적을 위해서 서로 동등하게 나아가기 위해 자기를 비워 내시기 때문이다. 의무론적 윤리에서는 모두 똑같은 원칙을 적용하라는 준칙이 지켜져야 하는데 삼위일체론 안에서는 똑같은 원칙이 적용될 수 있다. 하나님, 예수 그리스도, 그리고 성령은 차별이 없으시고 차이가 없으신 한 분 하나님이시기 때문이다. 목적론적 윤리에서 나타나는 과정의 문제를 또한 삼위일체 윤리는 극복할 수 있다. 삼위일체 안에서 세 위격은 한 분 하나님이시면서, 한 분 예수님이 되시고, 한 분 성령님이 되면서 피조 세계를 위한 구원 사역에 있어서 하나가 되신다. 그러므로 삼위일체 윤리는 보편성과 특수성의 문제가 극복이 된다. 보편성과 특수성이란 삼위일체 안에서 한 위격마다 각자 특수성이 있지만, 이 특수성이 모두 배타적이 되지 않고 상호 인정되는 보편성이 되기 때문이다.

둘째, 삼위일체론의 윤리는 주객의 이분법을 극복할 수 있다. 인간에게는 자아의 주체성이 절대적으로 강조되기 때문에 타자는 부정되는 논리를 편다. 인간에게 주체와 또 다른 주체, 또는 주체와 객체가 동시에 인정되는 경우는 거의 없다고 본다. 그러나 삼위일체 안에서는 삼위가 모두 인정되며, 각 삼위의 특수성이 모두 보편성으로 통일된다. 삼위일체 윤리는 세 위격이 서로의 위격에 침투하면서 모든 특수성이 동시에 존재하고, 그 특수성이 구원하시는 신 안에 보편성과 함께 영원히 존재한다는 진리가 형성된다.

셋째, 삼위일체론의 윤리는 일원론이나 이원론의 한계를 극복한다. 신학적 일원론의 문제는 군주인 하나님만이 강조되든지 아니면 구속의 기독론만 강조되는 경우이다. 아니면 성령론만 다른 위격보다 더 중시하는 문제가 발생한다. 삼위의 한 위격만 절대적으로 강조될 수 있다. 이원론은 선과 악을 분리하는 것으로, 하나님은 악에 대하여 개입할 수 있는 여지가 축소되고 신정론의 문제가 대두된다. 즉 악의 현실 속에서 선에 대한 위치가 모호하여지는 것이다.

이러한 일원론과 이원론을 극복하는 것이 삼위일체론이다. 일원론의 차원에서 신학적으로 접근하면 이 세상에 대한 하나님의 주권을 인정하나, 고통에 대해서 운명론에 빠질 위험이 있다. 하나님이 천지를 주재하시는데, 끊임없는 전쟁과 고통에 대하여 현실에서는 극복이 어렵다고 생각하고 주님의 재림만을 기다리는 등의 윤리적인 운명론이 생길 수 있다. 이때 인간은 수동적으로 변하며, 재난과 고통의 문제에 있어서 어쩔 수 없다는 생각을 갖게 된다. 하나님이 역사 속에 개입하시는 것에 대해서 답을 못 찾는 것이다.

이원론의 문제는 하나님의 은총으로 악을 막을 수 있는 현실적인 대안을 준비한다. 그러나 이 대안을 준비하다 보니까 이 대안이 임시적이고 폭력을 막기 위하여 또 다른 폭력을 준비하는 폭력의 순환 문제가 발생한다. 그리고 그 대안은 상황마다 일관적이지 못하고 상이하다. 개신교는 이원론적인 입장인데, 하나님의 선한 세계와 이 시대 현실의 악의 문제에 대한 선한 대응을 고민하는 데에 100명의 목회자가 있다면, 그 목회자의 대안은 모두 다르다. 예를 들어, 지구적 재난에 대하여 하나님의 징벌이라는 해석과 반대로 그 고난에 빠져 있는 형제들을 도와야 한다는 관점이 대치된다. 리처드 니버(Richard Niebuhr)는 바로 이 문제가 신앙이 개인의 양심으로 후퇴하고 있다는 점이라고 지적한다. 자기가 알고 있는 수준에서 신앙의 양심이 상황에 대한 답이 되는 신학적 한계를 가지고 있는 것이다.

이것이 우리가 가지고 있는 신앙과 신학적 구조의 문제이다. 신학적 일원론은 운명론에 빠지거나 신학적 이원론은 현실주의로 제한되어 결국 인간론의 책임으로 귀착된다. 그러나 삼위일체 윤리는 현실만을 고민하는 것이 아니라, 하나님이 원하시는 윤리적 현실, 즉 우리를 향하신 하나님의 뜻을 헤아려 그 목적으로 나아가게 한다. 따라서 하나님의 현실, 이 역사 속에 오신 예수 그리스도가 신학적 주제가 되는 것이다.

마지막으로 삼위일체의 윤리를 통해서 우리는 자신의 나아갈 방향과 공동체의 윤리를 전망하게 된다. 성경 해석과 설교, 그리고 기독교 윤리의 궁극적인 목적은 '인간을 창조하신 하나님', 인간을 위하여 이 땅에 오신 '하나님이신 예수 그리스도', 그리고 지금도 진리의 영으로 임재하시는 '하나님이신 성령'과의 관계를 통하여 인간은 자신에 대하여 올바른 해답을 얻을 수 있게 되는 것이다. 왜냐하면 타자가 부인

되지 아니하고, 타자의 특수성이 그대로 인정되고 주체와 객체가 통전적으로 연합하는 보편성이 공동체의 형성에 필요하기 때문이다. 특수성과 보편성을 통합하는 삼위일체를 통해서 우리는 자신과 공동체에 대하여 올바른 해답을 얻을 수 있게 되는 것이다.

11장

십자가 윤리

11장 • 십자가 윤리

'십자가의 윤리'는 예수 그리스도의 역사적 성육신을 강조하는 윤리이다. 십자가는 죄인의 형틀이지만 의인이 고난당하는 도구가 됨으로서 생명의 나무가 되었다. 십자가는 죄인을 매달아 저주하는 형틀이지만 이제는 죄를 용서하고 사랑하는 화해의 나무가 되었다. 십자가는 더 이상 패배의 상징이 아니라 자발적이고 희생적인 자유의 상징이 되었다.

십자가를 통하여 드러나는 윤리적 의미는 다음과 같다.[145] 첫째, 희생의 윤리이다. 십자가는 인간을 구속하기 위한 하나님의 인간되심이며 여기에는 전적인 하나님의 자유와 연관이 된다. 둘째, 낮아짐의 윤리이다. 하나님이 인간이 되심은 저 높은 신의 자리에서 가장 낮은 자리로 내려오신 하나님의 겸손과 연관이 된다. 셋째, 고난의 윤리이다. 낮은 자리로 오신 주님의 목적은 고난을 받으시기 위함이다. 그

---

145 이하 '십자가 윤리'에 관한 내용은 필자의 관점에서 기독교 윤리적 맥락에서 구성하였음을 밝힌다.

고난의 자리에는 세상에서 고통당하는 사람들과 함께 계심으로서 주님의 사랑을 확증하셨다. 넷째, 생명의 윤리이다. 십자가는 죽음으로 끝나는 형틀이 아니라 십자가 위에서 죽으심으로 부활로 이어지는 생명의 길을 열어 놓으셨다. 다섯째, 제자의 윤리이다. 예수님은 십자가의 죽음에 순종함으로서 하나님의 아들이심을 확증하셨다. 예수님의 순종은 우리에게 제자도의 길을 걸어가도록 인도하신다. 그리고 여섯째, 공동체의 윤리이다. 십자가는 예수 그리스도를 따르는 이들에게 공동체 의식을 강화한다. 십자가는 단순한 종교적 상징이 아니라 우리 앞에 있는 '윤리의 실재'이다. 십자가 없는 교회가 가능하지 않듯이 십자가 없는 신앙은 의미가 없다. 위의 내용을 좀 더 구체적으로 살펴보자.

희생의 윤리

십자가는 하나님의 희생을 전제로 한다. 성서 윤리에서 살펴보았듯이 인간의 죄에 대한 책임은 인간에게 있지 않고 하나님께서 대속하셨다는 유일신론적 윤리가 십자가 윤리의 핵심이다. 여기서 책임은 전적으로 인간의 죄가 무효가 되었다는 의미보다는 우리의 죄를 대신 담당하신 예수 그리스도를 통한 속죄와 제자도로 이어진다. 성경은 인간의 죽음은 죄의 결과임을 선언한다. "죄의 삯은 사망이요 하나님의 은사는 그리스도 예수 우리 주 안에 있는 영생이니라(롬 6:23)." 인간이 죽는 이유는 하나님에 대한 반역이 그 원인이다. 흙으로 지음 받은 인간이지만 하나님의 계획은 영생에 있었다. 물론 여기서 영생은 하나님의 영원한 속성이 아니라 영생하도록 하나님이 인간에게 주신 축복이다. 따라서 하나님의 영생과 인간의 영생은 유비가 될 수 없다. 왜냐하면 인간에게 영생도 하나님의 선물이며 피조 된 세계 안에 주어진 축복이기 때문이다.

인간이 죄로 말미암아 죽을 수밖에 없다면 다른 말로 죽지 않으면 죄가 없는 것이 된다. 모든 인간은 죽기에 만일 누군가 죽지 않으면 그 사람은 죄의 권세인 사망이 무효가 된다. 인간이 죄의 노예가 된 이상 사망을 피할 길이 없다. 그런데 예수 그리스도가 십자가에서 희생당하심으로 우리는 사망 권세를 깨뜨릴 수 있는 기회가 생긴 것이다. "이는 죄가 사망 안에서 왕 노릇 한 것 같이 은혜도 또한 의로 말미암아 왕 노릇 하여 우리 주 예수 그리스도로 말미암아 영생에 이르게 하려 함이라(롬 5:21)." 예수님의 희생은 부활의 신호탄이 되었으며 희생당하심으로 사망 권세를 무효화하셨기에 사망은 우리를 다시 지배할 수 없다.

주님이 지신 십자가는 이와 같이 죄의 결과인 사망의 권세를 깨뜨리기 위한 출발점이 된다. 십자가는 인간의 죄악 중에 가장 큰 죄를 상징하며 이 죄를 짊어지신 하나님은 인간을 사랑하신 하나님의 전적인 자유를 통하여 희생당하셨다. 예수님은 스스로 '자기의 십자가'를 지시고 골고다로 나가셨다(요 19:17).

낮아짐의 윤리

십자가는 하나님이 스스로 낮아지신 사건이다. 그리스도께서 대제사장 되심도 스스로 영광을 취하심이 아니요 오직 말씀하신 하나님께 순종하신 사건이다(히 5:5). 낮아지신 하나님은 이 땅에 인간의 모습으로 육신을 취하여 오셨다. "사람의 모양으로 나타나사 자기를 낮추시고 죽기까지 복종하셨으니 곧 십자가에 죽으심이라(빌 2:8)." 낮아지신 하나님은 창조주로서 피조물의 모습으로 우리에게 오신 것이다. 이 낮아지신 하나님의 속성은 겸손과 사랑으로 드러난다.

주님은 마음이 온유하고 겸손하심을 우리에게 알리셨다(마 11:29). 주님은 모든 겸손하심으로 끝까지 시험을 참으셨고(행 20:19) 하나님의 아들로서 이 땅의 심판을 구하실 수도 있었다. "너는 내가 내 아버지께 구하여 지금 열두 군단 더 되는 천사를 보내시게 할 수 없는 줄로 아느냐(마 26:53)." 그러나 주님은 겸손의 나귀를 타시고 끝까지 멍에를 메는 짐승과 같이 순종하셨다(마 21:5).

'낮아짐의 윤리'는 힘이 없는 사람이 위의 권력과 폭력을 두려워하여 비굴한 자세를 취하는 것이 아니다. '낮아짐'은 높은 곳을 포기하고 자신의 모든 권세를 무효로 돌리는 것이다. 이 땅에 오신 주님이 함께한 사람들은 가난한 이들, 어린이, 과부, 여인들, 세리, 창녀 들과 같은 세상에서 소외된 이들이었다. 낮아짐은 따라서 자신의 것을 포기하고 고고하게 세상과 유리하여 살아가는 것이 아니라 낮은 곳에 있는 사람들과 같이 되는 것이다. 따라서 낮아짐은 마음의 비움에 그치지 않고 몸으로 낮은 곳에 함께 있는 것이다.

고난의 윤리

십자가는 고난을 의미한다. 희생에는 많은 대가가 따르지만 고난을 자초하기는 쉽지 않다. 예수 그리스도의 삶은 고난이 이미 예정이 되어 있었다. 대부분의 희생은 예기치 못한 가운데 일어나지만 예수님의 고난은 이미 예정되어 있었다는 관점에서 더욱더 의미가 있다. 하나님의 아들 인자(人子)는 많은 고난을 받아야 하셨다(막 8:31). 그의 고난은 한 번에 끝나지 않고 반복되는 '많은 고난'이다(눅 17:25). 예수 그리스도의 고난은 우리의 죄악 때문이었다(사 53:4). 그러나 이 고난에 대한 인간의 반응은 전적으로 예외였다. 왜냐하면 하나님의 아들이 당하신 고난을 이해한 사람이 없었기 때문이다.

우리는 그가 권세 있는 사람들에게 멸시를 당한다고 생각하였으며 또는 그를 귀하게도 생각하지 아니하였다. 그에게 어떤 큰 죄가 있으려니 그렇게 여겼다. 그가 우리 대신 십자가를 진다고 생각하지 아니하였으며 그의 죽음을 슬퍼하는 사람들의 모습을 보고도 당연한 죗값을 치르려니 생각하였다. 우리는 그의 죽음을 놓고 다 제각기 나름대로 생각하고 뿔뿔이 흩어졌다. 그러나 이 모든 사건이 하나님에 의하여 하나님이 스스로 계획하신 것을 나중에 깨달았지만 이미 주님은 십자가에 달려 돌아가셨다.

예수님의 고난에는 저항이 없었다. 마치 도살장에 끌려가는 어린 양과 같았다(사 53:7). 그는 입을 열지 아니하셨으며 그 어떤 변명도 하지 아니하셨다. 견딜 수 없는 고초와 심문을 당하셨으나 그 고통을 호소하지도 아니하셨다(사 53:8). 그를 조롱하는 이들을 오히려 용서하셨으며 자신의 옷을 나누는 자들을 그렇게 하도록 내버려 두셨다. 그에게서 많은 피가 흘러내렸지만 우리는 다 눈감고 그의 죽임을 방치하였다.

예수님의 고난에는 오로지 전적인 책임을 자신이 지시겠다는 신적인 행위였다. 이유가 없는 애매한 고난도 있지만 죄가 없으신 분의 고난에는 마땅히 변호가 필요하다. 그러나 주님은 그러한 인간의 변호를 요구하시지 아니하셨다. 왜냐하면 하나님은 인간의 도움을 필요로 하지 아니하시기 때문이다. "믿음의 주요 또 온전하게 하시는 이인 예수를 바라보자 그는 그 앞에 있는 기쁨을 위하여 십자가를 참으사 부끄러움을 개의치 아니하시더니 하나님 보좌 우편에 앉으셨느니라(히 12:2)." 우리 주님은 시험을 참음으로써 우리에게 복이 되셨으며 모든 시련을 견디어내심으로써 자기를 사랑하는 자들에게 약속하신 생명의 면류관을 허락하신 것이다(약 1:12).

생명의 윤리

십자가는 우리를 생명으로 인도하는 길이다. 생명으로 인도하는 문은 좁다(마 7:14). 사망의 문을 지나 생명으로 향하는 길목에 십자가의 이정표가 서 있다. 우리는 예수 그리스도의 부활을 통하여 약속하신 영생으로 나아간다. 십자가를 통한 부활이 없다면 우리 신앙의 목표는 다 헛것이 된다. 만일 죽은 자의 부활이 없으면 그리스도도 다시 살아나지 못하셨을 것이다(고전 15:13). 주 예수 그리스도께서 만일 다시 살아나지 못하셨으면 우리가 전파하는 것도 헛것이요 또 믿음도 다 헛것이다(고전 15:14). 십자가가 있음으로서 우리는 새 생명을 얻고 새 피조물이 되는 것이다. "그런즉 누구든지 그리스도 안에 있으면 새로운 피조물이라 이전 것은 지나갔으니 보라 새 것이 되었도다(고후 5:17)."

십자가는 우리에게 새 창조의 기대를 가지게 하는 하나님의 축복이다. 주님은 이 세상에 오셔서 우리에게 생명의 양식이 되어 주셨다(요 6:53). 우리는 십자가 앞으로 담대히 나아가 세상의 어둠에 거하지 아니하고 세상의 빛이 되는 삶을 살 수 있다(요 8:12). 주님은 우리에게 길과 진리와 생명이 되어 주신다(요 14:6). 십자가를 통한 생명의 성령의 법은 우리를 죄와 사망의 법에서 해방시켜 주신다(롬 8:2). 우리는 육신의 생각으로 말미암아 죽음에 이르게 되지만 십자가를 바라봄으로써 생명과 평안을 얻게 된다(롬 8:6).

예수 그리스도의 십자가 죽음으로 우리는 부활하신 예수님의 생명이 우리 몸에 나타나기를 기대한다(고후 4:10). 하나님은 아들 예수 그리스도를 주심으로서 우리에게 생명을 주셨고 이 하나님의 아들이 없는 자에게는 생명이 없는 것이다(요일 5:12).

제자의 윤리

십자가는 고통과 고난을 직접 당하시고 죽으신 하나님의 실재를 의미한다. 따라서 윤리적인 관점에서 우리가 마땅히 따라야 할 모형이 된다. 성경에는 예수 그리스도의 십자가를 통한 거룩한 제자직이 강조된다. 예수님을 따라가기 위하여서는 무엇보다도 자기를 부인하고 날마다 제 십자가를 져야 할 것이다(눅 9:23). 자기 십자가는 하나님이 우리에게 주신 소명이다. 소명이 없는 자는 하나님과 관계가 없는 것이다. 소명이란 짐이 아니라 하나님의 자녀로서 마땅히 그 본분대로 사는 것이다. 오로지 자기 십자가를 지고 주님을 따라야 예수 그리스도의 제자가 되는 것이다(눅 14:27).

십자가를 지고 주님을 따르는 제자의 길은 복음이 최우선 목표가 된다. "내가 달려갈 길과 주 예수께 받은 사명 곧 하나님의 은혜의 복음을 증언하는 일을 마치려 함에는 나의 생명조차 조금도 귀한 것으로 여기지 아니하노라(행 20:24)." 자신의 생명을 자기 것으로 여기지 아니한 예수님처럼 우리는 우리의 생명을 위하여 필요한 모든 것을 귀하게 여기지 아니한다. 왜냐하면 생명은 하나님이 주신 것이기에 생명을 주신 하나님이 일차적 신앙의 목표이지 생명을 위하여 필요한 세상적인 것이 최우선이 되어서는 안 되기 때문이다. 자신을 사랑하는 모든 것은 십자가에 못 박아야 한다. "우리의 옛 사람이 예수와 함께 십자가에 못 박힌 것은 죄의 몸이 죽어 다시는 우리가 죄에게 종노릇 하지 아니하려 함이다(롬 6:6)."

십자가 앞에 우리의 모든 죄악을 내려놓으면 이제 우리는 자신을 위하여 살지 않고 주님을 위하여 살게 된다. "내가 그리스도와 함께 십자가에 못 박혔나니 그런즉 이제는 내가 사는 것이 아니요 오직 내 안에 그리스도께서 사시는 것이라 이제 내가 육체 가운데 사는 것은 나를 사랑하사 나를 위하여 자기 자신을 버리신 하나님의 아들을 믿는 믿음 안에서 사는 것이라(갈 2:20)." 우리는 더 이상 육체의 정욕과 탐심을 위하여 살지 않고 그리스도의 제자로서 거룩한 삶을 살게 된다(갈 5:24). 그리고 우리 주 예수 그리스도의 십자가 외에 결코 자랑할 것이 없게 되고 예수 그리스도로 말미암아 세상에서 십자가에 못 박힌 자처럼 오로지 주님만을 위하여 살게되는 것이다(갈 6:14). 이제 우리는 "예수 그리스도와 그가 십자가에 못 박히신 것 외에는 아무 것도 알지 아니하기로 작정(고전 2:2)"하는 것이다.

공동체의 윤리

십자가는 하나님과 인간, 그리고 인간과 인간을 화해하는 공동체의 윤리를 형성한다. 하나님과 원수 되었던 인간은 예수 그리스도의 십자가로 다시 화해가 된다. 예수 그리스로 말미암아 하나님께 나아갈 수 없었던 인간들은 이제 담대하게 하나님 앞으로 나아갈 수 있다. "이에 성소 휘장이 위로부터 아래까지 찢어져 둘이 되니라(막 15:38)." 예수님이 십자가에 달려 돌아가심으로 우리는 하나님과 원수된 것으로부터 새 자녀가 되는 소망을 가지고 휘장 안에 들어가는 힘을 얻는다(히 6:19). 주님이 십자가를 지심은 우리를 위하여 휘장 가운데로 길을 열어 놓으셔서 새로운 살 길을 주셨는데 그 휘장은 곧 주님의 육체이기 때문이다(히 10:20).

   십자가는 하나님과 인간을 연결시켜 주는 역할을 할 뿐만 아니라 인간과 인간 나아가 인간과 세상을 연결하여 주는 통로가 된다. 주님이 우리에게 소명을 주심은 복음을 통하여 하나님이 세상과 화해하신 것을 전하게 하심이다. "그리스도께서 나를 보내심은 세례를 베풀게 하려 하심이 아니요 오직 복음을 전하게 하려 하심이로되 말의 지혜로 하지 아니함은 그리스도의 십자가가 헛되지 않게 하려 함이라(고전 1:17)." 이 십자가를 통하여 우리는 하나가 된다. 십자가로 하나님과 화목하게 되며 원수 된 것을 십자가로 소멸하셔서 모든 것을 하나님의 사랑으로 품으신다(엡 2:16). "십자가의 피로 화평을 이루사 만물 곧 땅에 있는 것들이나 하늘에 있는 것들이 그로 말미암아 자기와 화목하게 되기를 기뻐하심이라(골 1:20)."

12장

교회 윤리

12장 교회 윤리

인간은 우리들이 현재 호흡하고 있는 이 순간 외에는 알 수 없다. 과거의 역사도 기억을 통하여 또는 문서의 형태로 주어진 내용과 전달된 내용이 전부이며, 그나마 좀 더 확장된 개념으로 공동체 속에서 문화적 요소들이 전하여지고 있는 것이다. 따라서 과거를 이해하기 위하여서는 현재의 역사적 인식이 매우 중요한 것이다.

현재는 무엇인가? 현재는 지금 우리가 살아가고 있는 현실이다. 그러나 순간순간적인 시간을 보내는 우리에게 현재라는 시간은 사실 매우 불안하다. 비록 과거로부터 현재까지 이어져 오는 시간을 우리는 보유하고 있지만, 이 현실은 확정되거나 구체적이지 못하고 임시적이기 때문에 불안정하다고 할 수 있다. 따라서 우리가 지금 현실 속에서 '현재'를 경험하지만, 이 현재를 통하여 평화를 얻을 수 없는 것이다.

교회 공동체의 미래[146]

'미래'는 무엇인가? 일반적으로 미래는 '현재'와 '과거', 그리고 '미래'라는 시간의 일부분으로 이해되고 있지만, 이 개념은 전적으로 인간적인 기준이다. 왜냐하면 미래는 '아직' 우리에게 온 시간이 아니기 때문에, 우리는 미래에 어떤 일이 일어날지 아무것도 알 수 없다. 따라서 우리가 알 수 있는 것은 단지 과거의 경험을 재구성하고, 현재 속에서 과거로부터 얻은 어떤 소중한 가치들을 지속적으로 유지하고 과거의 실패를 반복하지 않는 지혜 외에는 대안이 없게 된다.

미래학자들의 연구 결과에도 나타나듯이, 미래는 불확정한 시대이다. 정치적 대안을 통하여 이념적 대립과 분쟁을 극복할 평화주의적 공동체에 대한 비전을 제시하지만, 이 땅에서 전쟁과 폭력은 사라지고 있지 않다. 경제적 대안을 통하여 더 나은 사회 복지에 대한 청사진을 내놓지만, 결과는 빈부의 격차와 사회적 갈등으로 이어진다. 문화의 차이를 넘어서 배타적이고 적대적인 요소들을 해소하고 상생과 배려의 인권 문화를 계획하지만, 성과 인종, 계급과 문화적 차이는 '차별'로 이어지고, 사회적 소외는 그 골이 더욱 깊어가고 있다. 과학의 진보를 통하여 무지갯빛 미래 사회를 꿈꾸지만, 오히려 생태 환경과 인간성은 점점 황폐하여지고 있다. 역사가 전진하는 것이 아니라, 오히려 정신 문화는 과거보다 더 못하게 퇴보하고 있다고 할 수 있다.

이와 같은 현실에서 우리가 실제로 경험하는 것은 끊임없는 자살과 폭력, 소외와 좌절의 경험이다. 재화의 크기로 인격을 대치하고, 사

---

146 이하 '교회 윤리'에 관하여서는 필자의 관점에서 기독교윤리학의 맥락을 중심으로 전개하였음을 밝힌다.

회의 지위 계급으로 인간의 존엄성을 대신하게 되었다. 사람의 내면 세계보다는 외모를 더 중시하고, 정신세계보다는 임시적이고 찰나적인 지식으로 만족하게 되었다. 미디어를 통하여 쏟아지는 성적 음란물은 남녀 간의 성숙한 사랑을 통한 가정의 도덕적 규범이 아닌 무책임한 성적 쾌락으로 치닫게 한다. 수많은 캐릭터를 잔인하게 죽이도록 이끄는 게임은 인간을 '전쟁의 용사들'로 키우며 영혼을 파괴한다. 넘쳐 나는 맛집 프로그램은 인간이 소비하여야 할 음식에 대한 감사를 잊게 하고 배가 터지는 것도 잊어버리는 맛의 욕망만 극대화 한다. 현실 속에서 우리가 경험하는 현 세계는 이와 같이 진정한 평화가 없는 불안한 사회인 것이다. 욕망만 극대화하지만 참된 만족을 구할 수 없기에 더욱 불안해지는 것이다.

성경은 이와 같은 인간 세상에 대하여 그 원인이 무엇인지 알려 주고 있다. 태초에 하나님은 천지를 창조하시고 하나님이 보시기에 심히 좋은 '인간'도 지으셨다. 하나님이 우리에게 좋은 모든 것을 주셨음에도 불구하고 인간은 '하나님과 같이' 되려는 유혹에 하나님의 말씀을 지키지 못하고 죄인이 되었다. 인간이 하나님을 배신한 결과는 너무나 참담하다. 인간은 원래 하나님과 교제하면서 살아가는 생령(창 2:7)이었지만, 죄를 지은 이후에는 인간은 '하나님의 영이 사람과 함께 하지 않는 육신(창 6:3)'으로 전락하고 만 것이다.

공간과 시간의 상실

그뿐만이 아니다. 인간은 죄로 말미암아 축복의 땅인 에덴 동산으로부터 추방당하게 된다. 이는 너무나 큰 죄의 결과이다. 하나님은 세상을 창조하시면서 말씀으로 모든 것을 지으셨고, 당신이 만드신 것들을 질서 가운데에 두셨다. 오로지 인간만이 하나님이 정하여 주신 질서를 어긴 것이다. 따라서 인간은 에덴 동산에서 쫓겨나게 되었고, 평생을 방황하며 살아가게 된 것이다. 이는 결과적으로 하나님이 축복으로 주신 '공간'을 잃게 된 것이라고 할 수 있다.

더욱 심각한 것은 다른 데에 있다. 에덴 동산에서 쫓겨난 인간은 하나님의 심판에 의하여 죽는 존재가 된 것이다(창 3:19). 즉 공간의 상실과 더불어 시간도 빼앗기게 된 것이다. 에덴 동산에서 영원하신 하나님과 거하며 하나님의 축복 속에 살아갈 수 있었던 인간은 죄로 말미암아 공간과 시간을 다 잃게 되었다. 공간을 잃음으로 세상 속에서 방황하며 살고, 시간을 잃음으로 흙으로 돌아가게 된 것이다. 이는 우리의 미래가 더 이상 우리의 것이 되지 못하고, 죄 때문에 미래도 빼앗기고 늘 불안 속에 살아갈 수밖에 없는 인간의 현실을 드러내는 것이다. 따라서 미래라는 시간은 인간에게 없으며, 미래로 통하는 유일한 길이 있다면, 다시 하나님께로 돌아가는 것 외에는 길이 없는 것이다.

은혜로우신 하나님은 타락한 인간을 내버려 두지 않으셨다. 인간은 탕자와 같이 끊임없이 방황하며 살아가는 존재임에도 불구하고, 하나님은 우리를 사랑하셨다. 하나님은 인간이 상실한 공간을 회복하여 주시기 위하여 이 땅에 오셨다. 갈릴리 해변을 걸으시면서 우리들에게 복음을 주셨으며, 인간의 죄를 사하시기 위하여 십자가에 달려 돌아가셨다. 하나님께서 죄악 된 세상에 오셔서 인간이 상실한 공간을 회복하시고, 역사의 중심이 되신 것이다.

역사의 중심이 되신 주님은 우리에게 교회라는 공간의 공동체를 허락하셨다. 교회는 이 땅에 오신 예수 그리스도가 주신 거룩한 공동체이다. 교회의 사명은 바로 우리에게 오신 예수 그리스도가 세상을 이기시고(요 16:33), 우리를 위한 구세주 되심을 세상에 선포하는 것이다. 교회 공동체의 사명은 바로 이 교회가 세상의 한 가운데 주님의 십자가와 함께 서 있으며, 신도 한 사람 한 사람이 작은 십자가를 지고 교회를 한 몸으로 이루어 나가는 것이다.

하나님은 이 땅에 오셔서 세상의 중심이 되셨으며, 우리에게 세상을 맡겨 주셨다. 교회의 사명은 세상 속으로 들어가서 이 복음의 사명을 감당하여야 한다. 복음의 핵심은 하나님의 말씀이 육신이 되시고 우리에게 영생을 약속하신 것을 알리는 것이다. "내 아버지의 뜻은 아들을 보고 믿는 자마다 영생을 얻는 이것이니 마지막 날에 내가 이를 다시 살리리라 하시니라(요 6:40)." 인간이 타락해서 공간을 잃어버림으로써 방황할 때 주님은 우리에게 교회를 다시 허락하셨다. 공간의 회복이 이루어진 것이다. 그러나 은혜의 하나님은 공간뿐만이 아니라 인간이 타락하여 죽음에 이름으로써 '시간'을 잃어버렸을 때 영생의 축복도 허락하여 주셨다. 이는 잃어버린 시간을 다시 회복하여 주심으로 사망에서 생명으로 나아가는 생명의 축복을 하나님이 허락하신 것이다.

공간과 시간의 회복

따라서 교회의 미래는 우리가 살아가고 있는 현재의 연장이 아니다. 교회는 십자가를 통한 하나님의 승리를 선포하는 것이며, 죽음을 넘어서는 영생을 세상에 알림으로써 미래에 참여할 수 있게 된다. 교회의 사명은 세상의 현실을 분석하여 대안을 내놓는 데에 그치는 것이 아니라, 죄악 된 세상을 이기시고 우리에게 오신 하나님을 세상의 주권자로 선포하는 것이다. 역사의 주인이시며 세상의 주권자가 되시는 하나님만이 교회의 미래를 책임지시는 것이다.

하나님은 예수 그리스도로 이 땅에 오시고, 또한 보혜사 성령으로 현재 우리와 함께 하신다. 따라서 현재는 하나님의 시간이며, 성령이 임재하시는 축복의 시간이 된다. 개신교 전통 속에서 우리는 예수님이 부탁하신 명령을 가지고 세상의 공간과 시간을 돌파하며 나아가야 한다. 그 두 가지 핵심적인 요소는 성령 세례와 성만찬이다. 세례는 주님의 지상명령으로서 복음이 전파되는 결과이며, 성만찬은 예수 그리스도의 몸을 이루는 교회와 세상의 연합이다.

'성령의 이름으로 세례를 베풀며' 나아가야 한다(마 28:19). 예수님은 약속하신 성령을 선물로 주셨다. 성령의 세례를 통하여 온 세계의 증인이 될 수 있다. 회개하며 예수 그리스도의 이름으로 세례를 받고 죄 사함을 받을 때에 성령을 선물로 받을 수 있다(행 2:38). 성령을 받은 교회 공동체만이 죄악 된 세상과 인간의 죽음을 돌파하며 나아간다. 만일 성령의 능력이 없다면, 교회의 미래는 없다. 하나님이 우리의 시간과 공간을 회복하여 주실 때, 우리는 미래의 시간 속에서도 하나님의 뜻을 실현할 수 있다. 성령이 충만할 때, 하나님의 말씀을 담대하게 전하게 되는 것이다(행 4:31). 성령에 매임을 당할 때, 우리는 하나님의 시간으로 인도받게 되고, 성령으로 하나님은 교회를 보살피시며, 당신의 백성을 생명으로 인도하여 내신다.

또한 하나님의 미래 교회는 예수 그리스도의 몸 된 코이노니아

(koinonia) 공동체를 통하여 그 사명을 세상에서 수행하여 나아가게 된다. 예수님은 우리에게 성만찬을 베풀어 주셨다. 우리는 성만찬을 통하여 떡으로 주신 예수 그리스도의 몸과 포도주를 통하여 우리를 위하여 흘리신 언약의 피를 기억한다. 이 성만찬을 통하여 우리는 예수님의 말씀을 기억하며 한 몸의 '언약 공동체'로서 세상을 이기며 나아가는 것이다.

떡은 하나이면서 많은 우리가 한 몸인 것처럼, 우리는 생명의 떡에 참여한 선택받은 하나님의 자녀들이다. 그리스도의 잔에 참여함으로써 우리는 축복의 백성이 되는 것이다. 우리는 성만찬을 통하여 현재에 주님이 우리를 위하여 죽으시고 부활하신 것을 주님이 오실 때까지 전하는 사명을 가진 것이다(고전 11:23). 이와 같이 교회의 미래는 성령 세례 공동체와 성만찬의 공동체를 통하여 지속될 수 있다.

세상을 이기신 하나님만이 미래의 주인이 되신다. 현대의 인간은 있지도 않은 미래를 위하여 늘 걱정하고 살아가며, 재물 때문에 근심하고 생명 때문에 늘 걱정한다. 그리고 앞으로 일어날 장래의 일에 늘 두려워한다. 평화가 없어 허망한 것에 영혼을 팔아넘긴다. 이러한 세상을 가리켜 어거스틴은 '불안'과 '불안정'이라고 정의 내린 바 있다.[147] 그에 따르면 인간에게 유일한 가능성이란 하나님을 의지하여야 하는 것이다. 이 세상에 그 어떠한 것도 인간에게 평화를 줄 수 없기에 우리는 방패와 구원이 되시는 하나님만을 바라보아야 하는 것이다.

하나님의 뜻은 우리가 불안 속에 살아가도록 내버려 두시는 것이

---

147 Augustine, *Confession*, Book Six, Chapter IV. 5. Christian Classics Ethereal Library. http://www.ccel.org/ccel/augustine/confessions

아니다. 히브리서 기자는 "진동하지 아니하는 것을 영존하게 하기 위하여 진동할 것들 곧 만드신 것들이 변동될 것을 나타내심이라(히 12:27)"고 증거하고 있다. 세상의 모든 가치는 흔들린다. 그러나 말씀은 영원하다. 세상의 모든 것들은 영원하지 않지만, 하나님이 약속하신 영생은 우리에게 주신 참된 약속이며 영원하다. 따라서 교회의 미래는 시간에 있지 않고, 하나님의 약속에 있다. 교회의 미래는 제도에 있지 않고 하나님의 말씀에 있다. 교회의 미래는 사람에 있지 않고 성령을 받아 거듭난 믿음의 백성에 있다. 교회의 미래는 인류의 청사진에 있지 않고 하나님의 인간되심을 기억하고 사랑으로 한 몸을 이루는 성도의 교제에 있다.

성경은 인간의 운명이 순례자임을 지적하고 있다. 정처 없이 방황하며 살아가야 할 인간의 참 모습이다. 인간은 세상에서 자신의 근원인 흙을 갈며 평생 고생하며 살아가야 한다. 이러한 죄 된 인간의 모습에서 벗어나기 위하여 사람들은 미래에 투자하기 시작하였다. 교육과 재물, 그리고 생명을 미래에 담보한다. 그것이 자신들을 지켜줄 것으로 믿기 때문이다. 그리고 미래를 우상으로 만들어 버린다. 그러나 엄연한 현실은 우리가 기대한 것 그 어느 것도 미래를 보장하여 주지 못한다는 사실이다. 시간도 하나님이 창조하신 피조물에 불과하다.

따라서 이 세상에서 미래를 향하여 나아가며 하나님의 뜻을 이루는 교회 공동체의 참된 윤리적 과제는 무엇보다도 하나님의 말씀으로 돌아가는 것이다. 오로지 하나님의 말씀이 발에 등이 되며 길에 빛이 되시기 때문이다(시 119:105). 하나님의 말씀으로 우리는 지음을 받았기에 말씀을 붙들어야 한다.

세상의 중심에 서신 예수 그리스도처럼, 교회도 세상 한 가운데 서 있음을 명심하여야 한다. 당신의 교회에 우리 주님은 성령 세례를 약속하셨으며, 한 몸의 공동체를 세워주셨다. 복음이 전파되는 곳마다 죽음의 시간이 정지되고 영생의 시간이 시작이 될 것이다. 성만찬이 이루어지는 곳마다 죄로 깨어진 인간 공동체가 예수 그리스도의 사랑으로 하나가 될 것이다.

교회가 미래다. 교회의 미래는 세상의 시간에 있지 않다. 복음과 전도가 이 세상을 침투하며 나아갈 때, 죽었던 과거와 불안한 현재, 그리고 아직 오지 않은 미래가 하나님의 뜻 가운데 새롭게 우리에게 드러날 것이다. 따라서 교회는 영원한 현재이면서 영원한 미래다. 왜냐하면 주님이 지금 이 자리에서 우리에게 성령으로 영생을 말씀하시기 때문이다.

삼위일체의 성령 안에서 공간과 시간을 회복한 교회 공동체는 비로소 장래의 일을 알게 된다. 하나님의 영은 우리에게 장래를 드러내시며(욜 2:28), 장래를 우리에게 맡기시기 때문이다(롬 8:38). 장래의 모든 심판으로부터 우리를 구원하시기 때문이다(살전 1:10). 우리가 이와 같이 교회의 미래를 위하여 노력하는 영적인 열매는 좋은 신앙의 터(윤리적 터)를 쌓아서 참된 생명을 취하게 된다(딤전 6:19).

이 땅에서 시간과 공간을 회복하신 하나님께 영광을 돌려야 한다. 세상의 헛된 것을 좇으며 살 수밖에 없었던 우리들을 구원하사 귀한 교회와 말씀을 늘 주시는 하나님께 감사드려야 한다. 이제 이 새로운 일을 시작하신 하나님이 우리가 아는 신앙의 지식까지 새롭게 함으로 하나님의 선하신 뜻으로 나아가는 '거룩한 빛의 공동체'가 되어야 한다.

성찬과 세례 공동체

성찬과 세례 공동체가 기독교적으로 왜 중요할까? 가톨릭의 성례전, 즉 예전은 일곱 가지인데, 개신교는 여기서 두 가지를 기독교 역사 속에서 중요하게 생각한다. 그것이 세례와 성만찬이다. 예를 들어, 침례교의 경우 세례를 줄 때, 십자가 제단에 십자가가 걸려 있고 욕조를 덮는 휘장을 걷어 내고, 욕조 안에 물을 가득 받아서 코에 수건을 대고 완전히 물에 잠겼다가 일어나게 한다. 이것이 침례(浸禮), 즉 완전히 물에 잠기는 세례이다. 이 세례는 죽어야 할 사람이 죽었다가 살아나는 것으로 물에 완전히 잠겨 있다가 일어나는 의미를 가지고 있다. 또 다른 예로 감리교는 성수를 손에 묻혀서 머리에 얹힌다. 이 세례는 머리와 이마에 물을 묻힘으로써 저 사람은 물에 빠졌었다는 것을 상징한다. 이렇듯 행하는 모습은 다르지만 세례의 상징은 중요하기에, 이스라엘로 성지 순례를 가면 실제로 요단강에 흰 옷을 입고 완전히 들어갔다가 나오는 사람들의 모습을 발견할 수 있다.

이러한 세례와 구속사는 성경에 보면, 하나님의 창조와 구속 사건과 연관된다. 창세기 7장에 노아의 홍수 사건이 나오는데, 이는 결국 하나님과 노아의 영원한 언약을 통해서 물에서 건짐을 받는 구속 사건이다.[148] 다시는 물로 심판을 하지 않겠다는 무지개 언약이 이어지기 때문이다.[149] 그러므로 세례의 의미는 창세기로부터 시작되는 노아의 홍수 사건과 같은 구속사적 사건과 연결되는 것이다. 또한 출애굽

---

148 "내가 너희와 언약을 세우리니 다시는 모든 생물을 홍수로 멸하지 아니할 것이라 땅을 멸할 홍수가 다시 있지 아니하리라(창 9:11)."
149 "내가 내 무지개를 구름 속에 두었나니 이것이 나와 세상 사이의 언약의 증거니라(창 9:13)."

기 2장에서는 모세를 물에서 건지는 사건이 있다.[150] 이 역시 세례의 사건이 물에서 일어나는 것을 뜻한다. 결국 세례의 가장 중요한 의미는 죄에서 건짐을 받는, 곧 구원을 받는다는 것이다.

마지막으로 출애굽기 14장에 나오는 이스라엘 백성을 홍해에서 구원하여 주신 사건 역시 물에서 살려 내신 구속 사건이다.[151] 특별히 이것은 개인의 죄뿐만이 아니라 정치적 해방까지 의미하는 것이다. 애굽에서 멸망당할 수밖에 없는데도 하나님이 바다 가운데서 마른 땅으로 인도하시는 해방의 복합적인 의미가 있다. 신약에서 이 사건을 다시 말하는데, 고린도전서 10장 1절을 보면, "구름 아래에 있고 바다 가운데로 지나며, 하나님께 구원받았다"는 것이다.[152] 이어서 고린도전서 10장 2절을 보면, 바울은 모세의 사건을 세례의 사건으로 해석하여 구름과 바다에서 건짐을 받았다고 고백한다.[153]

이렇게 세례에 대한 성서적 해석을 보면 창세기에서 바울 서신까지 연관되는 전체에서 하나님의 구속사적 사건이 일관적으로 나타났다는 것을 확인할 수 있다. 그러므로 단순히 교인이 세례를 통하여 한 공동체의 일원이 된다는 의미를 넘어서서 세례는 하나님의 강한 구속사적 사건이다. 그렇기에 히브리서 12장은 구름과 같은 증인이라고 이야기한다.[154] 구름이라는 것은 물이 되는 것을 상징하여, 그 위에

---

150 "그 아기가 자라매 바로의 딸에게로 데려가니 그가 그의 아들이 되니라 그가 그의 이름을 모세라 하여 이르되 이는 내가 그를 물에서 건져내었음이라 하였더라(출 2:10)."
151 "지팡이를 들고 손을 바다 위로 내밀어 그것이 갈라지게 하라 이스라엘 자손이 바다 가운데서 마른 땅으로 행하리라(출 14:16)."
152 "형제들아 나는 너희가 알지 못하기를 원하지 아니하노니 우리 조상들이 다 구름 아래에 있고 바다 가운데로 지나며(고전 10:1)."
153 "모세에게 속하여 다 구름과 바다에서 침례를 받고(고전 10:2)."
154 "이러므로 우리에게 구름 같이 둘러싼 허다한 증인들이 있으니 모든 무거운 것과 얽매이기 쉬운 죄를 벗어

있다는 것은 영원히 상함이나 해함이 없다는 의미를 가지고 있다. 이 구름에 창세기부터 요한계시록에 이어서까지 지속적인 하나님의 전능과 구속해주시는 은총이 담겨 있는 것이다.[155]

하나님의 공동체는 결국 주님이 마태복음과 누가복음에 약속하신 것처럼, 세상으로 나아가서 백성으로 제자를 삼아 세례를 주는 복음의 사역까지 나아가야 한다.[156] 가장 중요한 세례의 목적도 하나님의 영광이지만 선교와 연관해 볼 때, 세례 공동체가 이루어지고 성만찬 공동체가 이루어져야 한다.

설교에서도 나아가야 하는 세례를 보면, 여러 가지 의미가 있다. 신약성경을 중심으로 보면, 여덟 가지 정도 생각할 수 있다. 여기서 각 주제와, 그리고 연결되는 성경의 말씀을 찾아보도록 하겠다.

(1) 첫 번째는 회개와 죄 사함이 있다.

"나는 너희로 회개하게 하기 위하여 물로 침례를 베풀거니와 내 뒤에 오시는 이는 나보다 능력이 많으시니 나는 그의 신을 들기도 감당하지 못하겠노라 그는 성령과 불로 너희에게 침례를 베푸실 것이요(마 3:11)." "바울이 이르되 요한이 회개의 침례를 베풀며 백성에게 말하되 내 뒤에 오시는 이를 믿으라 하였으니 이는 곧 예수라 하거늘(행

버리고 인내로써 우리 앞에 당한 경주를 하며(히 12:1)."

155 "내가 또 보니 힘 센 다른 천사가 구름을 입고 하늘에서 내려오는데 그 머리 위에 무지개가 있고 그 얼굴은 해 같고 그 발은 불 기둥 같으며(계 10:1)"; "하늘로부터 큰 음성이 있어 이리로 올라오라 함을 그들이 듣고 구름을 타고 하늘로 올라가니 그들의 원수들도 구경하더라(계 11:12)"; "또 내가 보니 흰 구름이 있고 구름 위에 인자와 같은 이가 앉으셨는데 그 머리에는 금 면류관이 있고 그 손에는 예리한 낫을 가졌더라(계 14:14)."

156 "그러므로 너희는 가서 모든 민족을 제자로 삼아 아버지와 아들과 성령의 이름으로 침례를 베풀고(마 28:19)"; "또 그의 이름으로 죄 사함을 받게 하는 회개가 예루살렘에서 시작하여 모든 족속에게 전파될 것이 기록되었으니 너희는 이 모든 일의 증인이라(눅 24:47-48)."

19:4)."

(2) 두 번째 세례의 의미는 선교가 있다.

"그러므로 너희는 가서 모든 민족을 제자로 삼아 아버지와 아들과 성령의 이름으로 침례를 베풀고(마 28:19)." "그 말을 받은 사람들은 침례를 받으매 이 날에 신도의 수가 삼천이나 더하더라(행 2:41)."

(3) 세 번째는 물과 성령으로 구원을 받는 것이다.

"나는 너희에게 물로 침례를 베풀었거니와 그는 너희에게 성령으로 침례를 베푸시리라(막 1:8)." "요한은 물로 침례를 베풀었으나 너희는 몇 날이 못 되어 성령으로 침례를 받으리라 하셨느니라(행 1:5)."

(4) 네 번째 신약성경에서 세례는 죽음과 부활을 뜻하기도 한다.

"무릇 그리스도 예수와 합하여 침례를 받은 우리는 그의 죽으심과 합하여 침례를 받은 줄을 알지 못하느냐 그러므로 우리가 그의 죽으심과 합하여 침례를 받음으로 그와 함께 장사되었나니 이는 아버지의 영광으로 말미암아 그리스도를 죽은 자 가운데서 살리심과 같이 우리로 또한 새 생명 가운데서 행하게 하려 함이라(롬 6:3-4)." "너희가 침례로 그리스도와 함께 장사되고 또 죽은 자들 가운데서 그를 일으키신 하나님의 역사를 믿음으로 말미암아 그 안에서 함께 일으키심을 받았느니라(골 2:12)."

(5) 다섯 번째는 세례와 연관된 복음 전파이다.

"그리스도께서 나를 보내심은 침례를 베풀게 하려 하심이 아니요 오직 복음을 전하게 하려 하심이로되 말의 지혜로 하지 아니함은 그리스도의 십자가가 헛되지 않게 하려 함이라(고전 1:17)."

(6) 여섯 번째로 세례는 한 몸을 이루는 한 공동체를 의미한다.

"우리가 유대인이나 헬라인이나 종이나 자유인이나 다 한 성령으로 침례를 받아 한 몸이 되었고 또 다 한 성령을 마시게 하셨느니라(고전 12:13)."

(7) 일곱 번째 신약성경은 완전한 영생인 믿음으로 향하는 중간 단계로서 세례를 말하기도 한다.

"침례들과 안수와 죽은 자의 부활과 영원한 심판에 관한 교훈의 터를 다시 닦지 말고 완전한 데로 나아갈지니라(히 6:2)."

(8) 마지막으로 세례는 하나님을 향한 선한 양심을 나타내는 의미를 가진다.

"물은 예수 그리스도께서 부활하심으로 말미암아 이제 너희를 구원하는 표니 곧 침례라 이는 육체의 더러운 것을 제하여 버림이 아니요 하나님을 향한 선한 양심의 간구니라(벧전 3:21)."

성인들이 세례식을 거할 때, 하나님으로부터 세례를 받았다는 표징과 내용의 의미가 무엇인지를 구약과 신약에 연관해서 이렇게 깊고 다양한 뜻이 있다는 것이 드러나야 한다. 베드로전서 3장 21절을 보면, 세례는 단순히 육체의 더러움을 깨끗하게 하는 정도가 아니라 하나님을 향한 선한 양심의 간구이다. 세례의 의미는 선한 양심을 향해서 나아감으로 형식보다 마음의 중심을 강조한 것이다.

어거스틴(St. Augustine)은 세례나 성찬도 같은 의미로 사용했는데, 세례를 신앙으로 거듭나는 것으로 보았다.[157] 아퀴나스(Thomas Aquinas)는 세례는 예수님의 수난을 통하여 죄를 씻어 주시는 것이라 강조하였다. 특별히 그의 『신학 대전』을 살펴보면 굉장히 종교개혁적인 내용인데, 성직자가 세례를 거절할 때, 성직자를 대신해서 세례가 필요한 경우, 다른 평신도에 의하여 세례가 가능하다고 보았다. 예를 들어, 성직자가 세례를 줄 때 돈을 요청하거나 혹은 성직자가 없는 지역이어서 갑자기 임종을 앞두고 세례를 요청받았을 때, 자격을 갖춘 평신도가 대신 줄 수 있다고 주장한 것이다.[158]

세례의 신학적 의미에서 루터(Martin Luther)를 살펴보면 그의 종교개혁 3대 논문 중의 하나인 『교회의 바벨론 유수』에서 루터는 일곱 가지 성례전을 이야기한다. 세례, 성찬, 참회, 안수례, 견신례, 결혼례, 임종시의 도유식이 일곱 가지 성례전인데, 여기서 개신교는 우상 숭배의 여지가 있는 것과 꼭 필요하지 않다고 여겨지는 것을 제외하고 세례와 성찬을 중요한 성례전으로 지키고 있다.[159] 교회가 바벨론과 같은 것에 포로가 되었다고 비판한 루터는 이 일곱 가지에서 세례와 성찬이 성례전임을 강조하였다.

중요한 성례전에서 하나인 예수님을 기념하는 성찬은 가톨릭에서

157　Augustine, "CHAPTER XIII. Baptism and Original Sin," *Handbook on Faith, Hope, and Love*, trans. by Albert Outler, http://www.ccel.org/wwsb/
　　　참고로 인용출처는 페이지를 특정할 수 없는 plain text이기 때문에 소제목으로 출처를 대신한다.

158　Thomas Aquinas, "Whether simony is an intentional will to buy or sell something spiritual or connected with a spiritual thing?" *Summa Theologica*, http://www.ccel.org/wwsb/
　　　참고로 인용출처는 페이지를 특정할 수 없는 plain text이기 때문에 소제목으로 출처를 대신한다.

159　Martin Luther, "The First Wall," *First Principles of the Reformation or the Ninety-five Theses and the Three Primary Works*, http://www.ccel.org/wwsb/
　　　참고로 인용출처는 페이지를 특정할 수 없는 plain text이기 때문에 소제목으로 출처를 대신한다.

도 매우 중요하다. 화체설을 가지고 있기에, 집례를 통해서 빵과 포도주가 실제 예수 그리스도의 살과 피로 변하는 성만찬은 매우 중요한 것이다. 그렇기에 가톨릭은 아직도 성찬의 떡만 분급하고 포도주를 분급하지 않고 남은 포도주는 주임 신부가 모두 마셔야 한다. 그러나 루터는 이 화체설을 '화체설의 속박'이라고 비판하며, 성찬을 희생제로 해석하는 것을 반대하였다. 이에 대해서 루터는 토마스 아퀴나스가 해석한 아리스토텔레스의 주장까지 비판하는데, 원형과 복사본 사이에는 어떤 본질적 성격이 이어졌다는 것이 아리스토텔레스의 철학이었다. 이것을 연관해서 토마스 아퀴나스는 예수님이 흘리신 피와 살이 떡과 포도주에도 그 본질이 연결되어 있다고 보았다. 루터는 아리스토텔레스가 이야기한 것은 본질이 그대로 연결된다는 것이 아니며 신학적 관점에서 볼 때는 성부와 성자와 성령의 세 위격이 통일된다는 의미일 뿐이라고 지적한다. 즉 원형과 복사본 사이의 본질이 이어지는 것이 아니라, 성부와 성자와 성령의 세 위격이 하나로 그 성만찬에 나타났다는 하나님의 통일성을 이야기하는 것이라고 해석하였다.[160]

성찬의 의미는 다섯 가지 정도 되는데, 첫 번째는 떡을 떼는 것이다.[161] 예수님이 부활하신 후 신자들과 함께하시는 임재의 표시이다.[162] 또 두 번째로 주님이 십자가 죽음과 최후의 만찬을 기념하기 위한 주

---

160 Martin Luther, "CONCERNING THE LORD'S SUPPER," *First Principles of the Reformation or the Ninety-five Theses and the Three Primary Works*, http://www.ccel.org/wwsb/
참고로 인용출처는 페이지를 특정할 수 없는 plain text이기 때문에 소제목으로 출처를 대신한다.
161 "그들이 사도의 가르침을 받아 서로 교제하고 떡을 떼며 오로지 기도하기를 힘쓰니라(행 2:42)."
162 참고) 눅 24:13-35.

의 만찬(the Lord's Supper)이다.[163] 세 번째로 성찬(Communion)은 떡과 포도주를 마심으로써 그리스도의 몸에 참여하는 신비로서 주님과 함께 제자도의 삶을 추구하는 것이다.[164] 그리고 네 번째로 이 성찬(Eucharist, 유카리스트)은 감사의 뜻도 있다.[165] 식탁에서 주신 음식을 하나님께 감사함으로 드리면서, 예수님이 이 식탁에 같이 임하기를 바라는 것이다. 이 음식을 통해서 예수님의 축복과 감사가 나타나는 것이다. 마지막으로 주님을 기억하는 성찬의 의미가 있다.[166] 이는 신앙생활 속에서 항상 주님을 기억하는 것이다.

고린도전서 11장에 나오는 성만찬의 제정의 의미는 공동체의 성격임을 기억하여야 한다. 바울이 이 성만찬을 이야기할 때, 약한 자를 돌보기 위한 목적이 있음을 강조하였다. 원래 고린도 교회에는 유복한 집안과 가난한 집안의 성도들이 있었는데, 어떤 집안은 예배 후에 넉넉한 음식을 나눠 먹고 어떤 집안은 음식을 준비하지 못함으로써 생기는 교회의 분쟁을 통하여 바울은 성찬의 의미를 강조하였다. 바울은 이 상황에서 사람이 공동체의 이웃을 먼저 살피고 그 후에 떡을 먹고 잔을 마시라는 것이다. 성만찬이 예수님의 피와 살을 기념하며 특히 약한 자들을 돌보기 위해서 공동체성을 강조한 것이다.

이와 같이 세례도 성찬과 같이 계속해서 기억되고 기념해야 할 중

163　참고) 고전 11:17-34, 마 26:17-29.

164　"우리가 축복하는 바 축복의 잔은 그리스도의 피에 참여함이 아니며 우리가 떼는 떡은 그리스도의 몸에 참여함이 아니냐(고전 10:16)."

165　"그런즉 형제들아 내가 너희에게 나아가서 방언으로 말하고 계시나 지식이나 예언이나 가르치는 것으로 말하지 아니하면 너희에게 무엇이 유익하리요(고전 14:6)."

166　"또 떡을 가져 감사 기도 하시고 떼어 그들에게 주시며 이르시되 이것은 너희를 위하여 주는 내 몸이라 너희는 이를 행하여 나를 기념하라 하시고(눅 22:19)," "축사하시고 떼어 이르시되 이것은 너희를 위하는 내 몸이니 이것을 행하여 나를 기념하라 하시고(고전 11:24)."

요한 목적이 있다. 세례가 한 번으로 끝나는 것이 아니라, 물을 가지고 발을 씻기는 세족식처럼 그 세례의 의미를 기념할 수 있는 실천적인 행위가 필요하다. 이렇게 세례와 성찬의 의미를 가지고 복음 전파를 위해 하나님의 말씀과 세례, 그리고 성만찬을 통하여 복음의 지경을 넓히는 것은 매우 중요하다.

13장
공동체 윤리

13장 · 공동체 윤리

이 세계는 하나님이 주신 선물이다. 이 세계 안에서 우리는 하나님의 사랑을 통하여 세상을 변화시켜 나아간다. 그렇게 하기 위하여 우리는 자아의 영적 각성을 통하여 맡겨 주신 소명을 새롭게 하고, 늘 하나님의 창조 세계를 아름답게 보존하고 돌보며, 그리고 다스려 나아가야 할 것이다. 현대 기독교윤리학의 과제로서 그 핵심 내용을 살펴보도록 하자.[167]

생태 신학의 사명

제임 새퍼(Jame Schaefer)에 따르면, 창세기 1장의 창조 기사는 피조

---

167 이하 '공동체 윤리'에 관한 내용들은 현대 신학의 책임적 관점에서 감당하여야 할 내용들을 서구신학의 방법론을 소개하면서 기술하였음을 밝힌다.

세계의 좋음(goodness)을 강조한다. 창세기 1장의 하나님은 빛, 하늘, 땅, 새와 수중 생물, 동물, 인간 등을 만드시면서 각각의 피조물에 대하여 "보시기에 좋았더라"고 선언하시고, 모든 것을 다 만드신 후에 전체 피조 세계에 대하여 "보시기에 심히 좋았더라(1:31)"라고 선언한다. 창세기 1장의 창조 기사를 토대로 많은 신학자들은 창조된 모든 것들은 하나님의 선언을 근거로 하여 최상의 가치를 가짐을 주장했다. 물론 이러한 신학자들의 이해는 그들이 살았던 시대나 상황에 대한 이해에 근거하여 다양한 성찰과 뉘앙스를 가지기도 하지만, 모든 신학자들은 근본적으로 유일신론적 신앙의 관점을 공유한다. 하나님은 온 우주를 구성하는 모든 자연 존재의 창조자이며, 각 생물이나 무생물 모두 하나님에 의한 목적을 가지고, 온 우주는 완전히 하나님의 영원한 실존에 의존한다.[168] 창조 세계의 좋음에 대한 기독교의 이해는 기독교의 근본적 신앙의 내용, 즉 이 세계란 하나님이 그 실존을 원하지 않거나, 그 실존을 유지하지 않거나, 그 실존에 어떤 목적을 갖지 않았다면, 절대 존재할 수 없었을 것이라는 신앙을 전제한다.[169]

새퍼에 의하면, 자연에 대한 신학적 이해와 과학적 이해의 통합적 인식의 중요성은 매우 중요하다. 기독교인들은 전통적인 기독교 신앙에 근거한 창조관 및 세계관을 가짐과 동시에 현재 축적되고 있는 과학적 이해를 동시에 가진다. 따라서 창세기 1장의 내용처럼, 창조된 세계에 대한 하나님의 '좋음' 선언은 138억 년의 시간 동안 진행

168　Jame Schaefer, "Valuing the Goodness of the Earth," Robert B. Kruschwitz ed., *Caring for Creation* (Waco, TX: Center for Christian Ethics at Baylor University, 2012), 11.

169　위의 책, 16.

된 지구와 모든 자연 개체들의 우주적-생물학적 과정뿐만 아니라(통시적 관점), 현재 존재하는 다양한 자연 생명 개체, 그리고 각각의 관계 및 그 자연 개체들과 공동체, 생태계 지구의 생물권, 나아가 우주 전체와의 관계(공시적 관점)로 확장되어야 한다. 역동적 세계 전체는 하나님의 소중한 소유물이며, 하나님의 특별한 선함이 현실에서 드러난 것이자 이미 과학적 발견의 가능한 주제로 이해할 수 있다. 이러한 신앙에 근거하여 신실한 기독교인은 세계의 가치를 지키는 존재이자, 하나님의 가치를 공유하고자 하는 열망으로부터의 가치에 응답하는 자이어야 한다.[170]

새퍼에 따르면, 자연을 구성하는 모든 생물이나 무생물 모두 지구의 근본 구성 요소로서 본질적 가치를 지니며, 존재의 체계 내에서 다른 요소들이 스스로를 보존할 수 있도록 하는 도구적 가치를 가진다. 생태계는 본질적, 도구적으로 가치 있는 생물, 무생물 합성체로서 본질적으로 가치 있는 존재이며, 생태계 내의 각 요소들은 각각이 공유하는 실존을 유지하기 위해 상호 의존적으로 기능하며, 이를 바탕으로 전 생물권의 보존력을 지탱해 준다. 이러한 생태적 관점을 넘어, 창조 신앙과 결부하여 모든 자연 요소들은 하나님에게도 가치 있는 존재인데, 그 가치는 각 자연 요소를 창조한 하나님의 목적과 의지에 연관된다.[171]

트리스 글레이즈부룩(Trish Glazebrook)에 따르면, 생태학적 복구(ecological restoration)란 생태계 관리 계획의 일환으로, 특정 생태계,

---

170 위의 책, 16.
171 위의 책, 17-18. 지금까지 새퍼의 관점을 요약하여 옮겼다.

생태 지역들을 이전 상태로 복구하기 위해 해당 지역을 고치는 작업을 의미한다. 이때 복구의 목표는 자원 채굴과 같은 인간의 인위적 개입 이전의 상태를 재건하는 것으로서, 자연 생태계의 자가 복구 능력을 회복할 정도로 다양성이나 생태 구조, 그리고 기능들을 확장시키는 과정이다.[172]

사바스 아구리디스(Savas Agouridis)에 의하면, 일반적으로 생태 운동에 있어서 기독교는 주로 비판의 대상이 된다. 생태 운동의 주요 비판 대상은 자연 자원의 무분별한 채취와 무제한적인 경제 개발인데, 생태주의자 또는 환경론자들에게 기독교 신학은 자연에 대한 비합리적 견해를 방지하지 못했을 뿐만 아니라, 오히려 그러한 관점을 지지했기 때문이다. 기독교 신학에 대한 생태학적 비판은 기독교 창조 신학에 내재된 인간 중심 주의에 집중된다. 인간 이외의 다른 피조 세계는 모두 인간의 생존을 위한 조건으로서 창조되었고, 인간은 그러한 자연 세계를 통치할 주체로 설정되었다는 점이 기독교 신학의 인간 중심 주의의 요점이라고 할 수 있다. 창조자로서 신과 인간, 자연의 관계에 있어서 주로 인간과 신의 신비적 경험에 집중함으로써, 자연과 사회 환경에 대한 관심도가 상대적으로 줄어들 수 있기 때문이다. 그러나 이러한 기독교 신학의 인간 중심 주의가 오늘날 생태 문제를 야기한 근본 원인이라고는 볼 수 없다.[173]

힐러리 말로우(Hilary Marlow)는 구약 예언자들의 정의와 공의 선

172　Trish Glazebrook, "Ecological Restoration", Hugh LaFollette, ed., *International Encyclopedia of Ethics* (Malden, MA: Wiley-Blackwell, 2013).

173　Savas Agouridis, "Ecology, Theology, and the World", Bruce B. Foltz and John Chryssavgis, ed., *Toward an Ecology of Transfiguration: Orthodox Christian Perpectives on Environment, Nature, and Creation* (NY: Fordham University Press, 2013), 76.

언을 토대로 전 지구에 대한 성서적 정의의 문제를 다루어야 한다고 강조한다. 구약 예언자들은 사회적 영역과 자연적 영역 사이의 관계성에 대한 충분한 이해를 가지고 있었으며, 이 지구의 운명은 인간의 죄에 대한 심판에 불가피하게 연결되어 있음을 알고 있었다. 따라서 정의와 공의의 도래는 단순히 인간의 사회적 행위를 넘어서는 것이다. 예언자들이 설명하는 사회 정의와 자연 세계의 안정성 및 결실성(fruitfulness)은 이 자연 세계가 신적인 질서에 의해 구성되어 있다는 근본적 믿음에 근거한다. 자연에 내재한 신적 질서는 자연에 대한 인간의 책임을 사면해주는 것은 아니며, 오히려 사회적, 환경적 파괴의 책임을 인간에게 부과한다. 예언자들이 비판하는 대상인 권력자들의 경우, 이들은 가난한 자들의 정의의 문제뿐만 아니라 자연 세계의 안녕에 대한 책임까지 져야 한다.[174]

말로우에 의하면, 예언서에 나타나는 정의와 공의의 문제는 오늘날 환경 문제와는 다른 관점을 보여 준다. 예를 들어, 예언자들이 말하는 자연 재해의 원인은 가난한 사람들에 대한 정의와 공의를 무시했기 때문이지만, 오늘날은 자연 세계의 안녕을 무시함으로써 전 세계의 가난한 사람들의 정의에 부정적 영향이 미친다. 그럼에도 불구하고, 예언자들의 언어가 의미 있는 것은, 자연 세계와 인간 세계의 정의문제가 상호 연계되어 있음을 지적한 점이다. 예언자들이 선포하는 사회 정의는 오늘날 기독교인들로 하여금 자기 자신의 행위가 자신뿐 아니라, 다른 자연 세계에도 영향을 미친다는 점을 상기시킨

---

174   Hilary Marlow, "Justice for All the Earth: Society, Ecology and the Biblical Prophets," Robert S. White, ed., *Creation in Crisis: Christian Perspectives on Sustainability* (London, UK: Society for Promoting Christian Knowledge, 2009), 207.

다.[175]

루카스 존스턴(Lucas F. Johnston)은 지속 가능성(sustainability)의 맥락에서 종교가 어떤 역할을 할 수 있는지에 대하여 논의가 필요하다고 주장한다. 지속 가능성이란 인간을 포함한 모든 생태 환경의 생존 전략을 의미 있게(meaningful) 하도록 생태계와 사회계 사이의 역동적인 상호 작용을 어떻게 문화적으로 형성하고 적용할지를 전략적으로 계획하고 실행하는 것을 의미한다. 유의미성(meaningfulness)을 생태 문제에 적용함으로써 존스턴(Johnston)은 지속 가능성의 사회-정치적 속성을 종교의 영성과 연관한다. 역사적으로 자연 생태계에 대한 인식은 대부분 종교성 또는 영성과 연관하여 작용했음을 근거로, 존스턴은 영성이 생태계의 지속가능성 논의에서 종교가 배제되어서는 안 된다고 본다. 오히려, 지속 가능성에 대한 정책 결정 과정에 종교적 논의를 포함함으로써 보다 통전적인 생태 환경 보전 계획을 세우고 실행할 수 있다고 본다.[176]

지속 가능성을 중심으로 종교 개념이나 종교의 역할에 대한 재정의의 필요성이 대두된다. 이런 맥락에서 종교의 역할이나 기능이 두 가지 유형으로 구분될 수 있다. 먼저 종교는 생태 환경의 지속 가능성을 지지하는 사람들을 규합하여 하나의 공식적이고 조직적인 종교 조직체를 형성할 수 있다. 두 번째로 종교는 자연 세계에서의 인간의 지위, 또는 사회 모델에 대한 대안적 개념이나 새로운 규범(ethic)을 다양하게 환기하는 역할을 할 수 있다. 이러한 맥락에서 종교가 제시

---

175 위의 책, 208.

176 Lucas F. Johnston, *Religion and Sustainability: Social Movements an the Politics of the Environment* (Bristol, CT: Equinox, 2013), 17.

하는 지속 가능성이란 전통적인 개발 중심의 지속가능성이 아니라, 그에 대한 대안적 개념으로서, 생태 환경 자체의 보전을 목표로 한다. 전통적 종교나 종교적 이야기(narratives)는 자연의 본질과 가치에 대하여 사람들의 신뢰 또는 신앙을 불러일으키는 동시에, 자연에 대한 감정적 응답을 이끌어 낼 수 있다.[177] 지속 가능성에 대한 종교적 논의는 일방적이거나 일원적인 것이 아니라, 다양한 문화적 배경을 바탕으로 다양한 형태를 지니되, 자연 생태에 대한 인간의 치유적 접근에 대한 핵심을 공유한다고 본다. 생태의 지속 가능성에 대한 종교적 논의를 통해, 다른 공동체들 각각에게 동기를 부여하는 다양한 내재적 가치들(underlying values)을 인정하고 이해할 수 있는 틀이 생긴다.[178]

존 캅(John B. Cobb Jr.)은 생태 문제에 대하여 기독교 신학적, 윤리학적 논의를 어렵게 한 요인으로서 인간 중심 주의(anthropocentrism)가 지적될 수 있다고 보았다. 인간 중심의 세계관은 인간 이외의 자연 환경에 대한 인간의 책임을 배제하고, 자연에 대한 무분별한 착취를 야기할 뿐만 아니라, 자연 생태 위험성에 대한 인식을 어렵게 한다. 따라서 신학적으로 생태 문제를 온전히 다루기 위해서는 신학의 인간 중심 주의를 배제하고, 보다 통전적인 관점으로 인간과 자연, 환경에 대한 인식을 전환해야 한다. 따라서 자연에 관한 신학적 논의는 철저히 인간을 포함하는 보다 큰 범위에 대한 논의가 되어야 한다. 하나님은 모든 피조물을 보호하시며, 인간에 대한 신의 보호는 오로지 전 우주에 대한 신의 섭리에 포함되어야 한다. 모든 피조물의 가치는 인

---

177 위의 책, 18.
178 위의 책, 23-24. 지금까지 존스턴의 관점을 요약하였다.

간을 중심으로 정의되지 않으며, 이를 창조한 하나님과 다른 피조물, 그리고 각 피조물 자체에 대한 관계로서 정의된다. 모든 피조물의 실존의 그 자체로 정의되는 것이며, 인간에 의해 어떻게 경험되는지(인간의 자의적 판단)에 제한될 수 없다. 인간은 물리적 정신적으로 다른 모든 피조물을 포함하는 거대한 체계 안에 존재한다. 따라서 다른 자연 피조물에 대한 파괴나 오염 행위는 곧 자기 자신의 파괴와 오염으로 돌아온다.[179]

앤 마리 달톤(Anne Marie Dalton) 등은 생태 위기에 있어서 창조 질서 파괴에 대하여 기독교가 어느 정도까지 영향을 미쳤는지, 그리고 현재의 생태 위기가 과거와 현재의 문제인 동시에, 미래에도 여전히 문제임을 고려할 때, 어떻게 기독교인이 생태 환경을 보전하고 치유할 수 있는지에 대한 질문에 대답할 수 있어야 한다고 주장한다. 생태 위기에 대한 논의는 간학문적 노력을 전제하며, 생태 문제의 해결의 복잡성에 대하여 이해하고 있어야 한다. 달튼(Dalton)과 시몬스(Simmons)는 신학이 단순히 현재의 생태 위기를 진단하고 그 문제점을 지적하는 데에만 그치는 것이 아니라, 생태 위기를 초래한 기독교인들의 책임에 대한 논의 또한 포함해야 한다고 주장한다. 예를 들어, 생태 신학처럼, 생태 위기에 대한 새로운 혁신적인 사상과 결정적 행위, 나아가 그에 대한 새로운 신학적 의미와 행위를 구성하고 실행할 수 있어야 한다.[180]

---

179 John B. Cobb Jr., "Protestant Theology and Deep Ecology," David Landis Barnhill and Roger S. Gottlieb, ed., *Deep Ecology and World Religions: New Essays on Sacred Ground* (Albany, NY: State University of New York, 2001), 227-228.

180 Anne Marie Dalton and Henry C. Simmons, *Ecotheology and the Practice of Hope* (Albany, NY: State of University of New York Press, 2010), 54.

생태 신학과 과학

앤 마리 달톤(Anne Marie Dalton) 등은 생태 신학의 신학적 근거나 자료는 생태 위기에 관련하여, 신학이 어떻게 이 문제에 대하여 가능한 의미 있는 기독교적 대응을 모색할 수 있는지를 다룬다. 생태 신학이 자연 세계에 관심을 가진다는 점에서, 자연 과학은 생태 신학의 매우 중요한 대화 파트너 중 하나이다. 우선 생태 신학에 있어서 자연 과학 이론보다는 과학 연구 과정이나 결과가 자연 세계에 미친 영향에 대한 비판자로서 작용하는 동시에, 자연 과학이 생태 위기를 해결하는 데에 어떤 공헌을 할 수 있는지에 대한 지침을 제공한다.[181]

앤 마리 달톤(Anne Marie Dalton) 등은 예를 들어, 생물 과학은 진화의 결과물로서 인간의 행위에 대한 통찰을 제공한다. 인간을 자연 세계의 일부로 상정하는 것은 자연 세계를 대표하여 인간의 윤리적 실천 사항을 이해하고 고양하는 데에 중요한 역할을 한다. 생태 문제에 있어서 과학과 신학의 간학문적 연구는 생태 신학이 과학을 어떠한 목적과 의도로 연구에 포함하는지에 따라 다양한 형태를 가진다. 신학은 과학을 생태 위기를 해결하는 데에 필요한 급진적 의식의 변화(radical change of consciousness)를 가능하게 하는 우주론(cosmology)의 제공자로 간주하거나, 실용주의적 입장에서, 과학을 생태 위기를 해결하는 데에 실증적인 기능을 하는 관점이 존재한다. 자연 공동체의 생태 환경 문제에 대한 신학과 과학의 대화는 자연 공동체에 속한 다양한 종들의 유기적 일체성으로서의 생태계를 강조하고, 인간

---

181 위의 책, 71.

은 신의 피조물이자 창조 세계를 지키고 보호할 청지기로서 보다 정교한 윤리적 원칙에 입각하여 자연 세계 및 인간 행동을 이해할 수 있다.[182]

뢰노우(Tarjei Rønnow)는 일반적으로 생태 문제에 대한 환경, 생태론적 접근은 지구 생태계에 임박한 생태학적 위기의 다양한 과학적 증거를 제시하고, 그 대책을 마련하는 데에 집중한다는 점에서 과학적 논의로 보일 수 있지만, 이는 윤리적 문제라고 보고 있다. 환경론적 논의가 주로 공적, 정치적 적합성을 갖기 위해 과학의 언어를 대부분 차용하지만, 그 본질은 윤리적 문제이며 환경 문제에 대한 종교적 해석 또한 대중성을 갖춘다면, 공적으로 정당성을 가질 수 있다.

뢰노우는 생태 문제의 태동에 대한 대다수의 사회학적 분석이 기존의 근대적 물질주의의 반동으로 설명되는 것을 근거로, 서구 사회의 물질적 부의 성장에 대한 반대 급부로서 생태 문제의 대두는 비물질적 가치에 대한 인식을 요구하고 있다고 보며, 따라서 자연에 대한 영적 경험의 문제가 생태적 논의에 추가되어야 한다고 본다. 종교가 환경론적 문제에 대하여 적합한 논의를 이끌어 내기 위해서는 생태적 문제에 대한 문제 인식이 선행되어야 한다고 본다.

따라서 뢰노우는 신정론(theodicy)의 관점에서, 환경 문제는 물질적 부가 공공선이 아닌 악을 생산한 것으로 이해한다. 환경 생태 문제의 위기에 대한 인식이 환경 오염의 개념으로부터 출발하는데, 이 개념은 순수(pureness)와 불결(impureness)의 도덕 범주와 강하게 연관된다고 본다. 이러한 관점에서 오염 문제는 혼돈과 무질서에 대한 두

---

182 위의 책, 72.

려움의 표현이며, 보다 깨끗한 환경을 위한 노력은 질서와 의미를 추구한다. 따라서 환경적 관점은 환경적 위기 상황을 도덕적 타락의 결과로 평가함으로 종교적 의미 체계에 대한 표현이 될 수 있다고 본다. 자연의 법칙을 위반함으로써, 순수와 불결의 범주를 혼합함으로써, 그리고 인간은 스스로 자연의 분노에 노출하고 있는 것이다.[183]

뢰노우는 자연과 환경에 대한 신학적, 종교적 논의의 필요성을 강조하면서 자연 개념을 거룩성(sacred)과 결부하여 정의하며, 자연은 거룩한 장소(place)이자 시간(time)이며 문화적 신화(cultural myth)로 이해되었다고 본다. 자연은 단순히 도구적 의미로서 환경 개념을 넘어 인간 문화 밖에 존재하는 체계이며, 인간의 개입으로 인해 끊임없이 위협당하는 존재이다. 시간으로서 자연은 고정적인 배경이 아니라, 끊임없이 작용하는 역동적 실재로서 정의된다. 예를 들어, 유대-기독교적 관점에서 영원 개념은 문화적 사고방식의 일부가 아니라, 초월적이고 이세계적(otherworldy)이다. 이 땅에서의 삶은 초월적인 영원의 삶을 위한 준비 단계로 이해된다. 따라서 자연은 구원의 과정에 있어서 아무런 실질적인 기능을 가지지 않으며, 구원이란 자연으로부터 얻는 것이지, 자연을 통해 얻는 것이 아니다. 문화적 신화로서 자연은 자연에 대한 해석이나 관점이 특정한 지역 문화의 관점에 따라 결정됨을 나타낸다.

그러나 뢰노우에 따르면, 이러한 세 가지 정의는 자연에 대한 종교적 논의의 틈을 제공하지 않으며, 그러므로 이 세 가지 범주를 넘

---

183 Tarjei Rønnow, *Saving Nature: Religion as Environmentalism, Environmentalism as Religion* (Berlin, Germany: LIT, 2011), 217-218.

어서는 다른 개념이 필요하다고 본다. 그것은 초월로서의 자연 개념이 필요하다는 관점이다. 거룩성에 근거한 자연 개념이 자연과 인간, 사회 개념과 구별된 것으로서 이해되는 반면, 초월로서의 자연 개념은 인간적 속성을 포함하며, 인간, 사회적 속성과는 구별된 특징을 가진다.[184] 사실 자연적이라는 표현은 인간의 사회적 문화적 가치를 설명하는 데에 주로 사용되는 용어라는 점에서, 자연이 인간 사회와 구별된 어떤 공간 이상의 의미를 가짐을 알 수 있다. 따라서 자연 개념은 인간 사회의 속성과 본질을 설명하는 동시에, 완전한 질서, 또는 영원한 법과 같은 초월적 개념을 설명한다. 초월성으로서의 자연은 문화적, 사회적 개념으로서의 시간 개념과 연관된다고 본다. 자연적인 것은 순전하며 본질적이고 변하지 않는 것인 반면, 비자연적인 것은 문화적 혼돈과 혼란으로 표현된다. 이러한 이원적 관계로서 자연과 비자연의 관계를 통해 볼 때, 초월로서의 자연은 영속성과 영원성에 대한 문화적 상징으로서 기능하며, 이러한 점에서 자연은 거룩성, 즉 일반적 시간 개념을 넘어서 변하지 않는 일시성(unchangeable temporality)를 의미하며, 이러한 이론적 근거에서 자연 환경 문제에 대한 종교적, 신학적 논의가 공적으로 정당성을 가질 수 있다.[185]

---

184 위의 책, 219-233.
185 위의 책, 232-233. 지금까지 뢰노우(Tarjei Rønnow)의 관점을 요약하였다.

환경 윤리

앤드류 브랜넌(Andrew Brennan) 등은 환경 윤리(Environmental ethics) 란 자연 환경과 인간 사이의 상호 작용을 제어하고 관리할 수 있는 윤리적 규범에 관한 문제들을 다루는 분야로서, 인류의 가치와 도덕적 상태와 환경 및 환경 내의 비인류적 실재와의 도덕적 관계를 연구한다고 보았다. 일반적으로 환경 윤리는 인간중심주의에 대한 비판과 더불어 환경의 지속 가능성 및 통전적이며 포괄적인 생태주의를 주장한다.[186]

캐티 맥쉐인(Katie McShane)은 최근 환경 윤리의 주요 쟁점은 기후 변화에 대한 윤리적 논쟁이라고 주장한다. 기후 변화의 문제는 통시적, 공시적 논의 모두를 포함해야 한다고 보는데, 기후 변화 자체는 한 세대의 문제만이 아니라 이전 세대와 이후 세대에까지 광범위하게 영향을 미치는 사안이기 때문이다. 따라서 기후 변화에 대한 윤리적으로 허용 가능한 해결책은 전 지구적, 세대 간 공정한 비용 분담을 포함해야 한다고 본다. 전 지구적 비용 분담의 경우, 개발 도상국 및 선진국이 모두 기후 변화 문제에 대해 책임지는 것을 포함하며, 세대 간 비용 부담과 관련하여서는 온실가스 배출을 줄이는 것이 이후 세대에 미치게 될 피해에 대한 문제를 공정하게 다룰 수 있어야 한다고 본다. 이론적으로 환경 윤리는 정의 문제에 기초하며, 환경의 다른 부

---

186 Andrew Brennan and Yeuk-Sze Lo, "Environmental Ethics," *The Stanford Encyclopedia of Philosophy* (Fall 2011 Edition), Edward N. Zalta (ed.),
URL = 〈http://plato.stanford.edu/archives/fall2011/entries/ethics-environmental/〉 Katie McShane, "Environmental Ethics," Hugh LaFollette, ed., *International Encyclopedia of Ethics* (Malden, MA: Wiley-Blackwell, 2013) 참조.

분의 가치에 대한 이해의 문제 또한 다루어야 한다. 사회 윤리적 차원에서 환경 윤리는 환경 생태의 지속 가능성의 중요성에 대한 포괄적 논의를 포함하는데, 지속 가능성에 있어서 첫 번째 논의 사항은 지속 가능한 개발에 대한 것이다. 즉 환경에 대한 재앙적 파괴나 오염을 초래하지 않으면서 인류의 편의를 증가할 수 있는 가능한 방법에 대한 탐구를 의미한다. 이는 도시 계획 문제, 농업 윤리, 에너지 생산 및 소비 등에 대한 다각적 논의를 필요로 한다.[187]

미셸 노스코트(Michael Northcott)는 환경 윤리는 현재 일어나고 있는 다양한 환경 문제들에 대한 해결책이 절실해짐에 따라 간학문적 연구의 필요성이 계속 대두되고 있다고 주장한다. 기존의 철학적, 사상적 환경 윤리 논의가 인간중심주의에 대한 비판과 자연 환경의 모든 요소의 내재적 가치에 대한 정당화에 있었다면, 이제는 어떻게 분배 정의와 절차 정의 논의를 고려하는 환경 정책이 수립되고 실행될 수 있는지, 다양한 환경 정책 및 실행이 다양한 사회 집단 간의 정치 권력에 어떠한 영향을 미칠 수 있는지, 환경 정책에 있어서 과학의 역할이 무엇이며, 환경적 가치를 결정하고 증진하는 데에 과학이 어떠한 공헌을 해야 하는지, 윤리적 논의가 어떻게 현재 경제 행위를 제어할 수 있는지에 대한 논의를 포함해야 한다. 궁극적으로 환경 윤리는 각 질문에 대한 대답들이 서로 충돌하지 않으면서, 인간이 살아가고 살아갈 자연 생태를 지킬 수 있는 데에 공헌할 수 있어야 한다.

노스코트는 엘니뇨 현상, 지구 온난화 및 기후 변화, 쓰나미 등 20

---

187 Katie McShane, "Environmental Ethics," Hugh LaFollette, ed., *International Encyclopedia of Ethics* (Malden, MA: Wiley-Blackwell, 2013).

세기 후반 이후 일어난 대규모 자연 재해들은 점차 증가하는 생태학적 위기를 보여주는 일련의 예들이라고 설명한다. 자연 환경은 독립된 개체의 집합이 아니라, 생태계 내에 존재하는 다양한 유기체·무기체들의 상호 작용의 현장이기 때문에, 생태 위기는 어느 하나의 요인으로 환원하기 어렵다.

노스코트는 생태 위기를 진단하는 개괄적인 기준을 다양한 생명체의 멸종 현상, 급진적인 기후 변화, 산업 화학물로 인한 오염 현상, 토양 유실 및 사막화 현상 등으로 정리한다. 생명체 멸종 현상으로 인한 종의 다양성 감소는 열대 지역의 삼림 파괴 현상, 농경제적 측면에서 상품성이 좋은 작물을 집중적으로 재배하는 것, 가축 사육 등에 기인하며, 급진적 기후 변화는 온실 효과, 지구 기온 증가 등으로 나타난다. 오염 문제는 자연적 순환 체계에 따른 오염 지역 확산 및 특정 지역의 오염 현상으로 인한 생태적 재생 능력 소실 등으로 정의된다.[188]

노스코트에 따르면, 생태 위기의 원인에 대한 설명은 대부분 지난 4세기 동안의 비약적인 세계 인구 증가와 연관된다. 이 기간 동안의 산업 경제 발전, 새로운 기술 발달을 통해 인간의 목적에 따라 물리적 자연 환경을 변화시킬 수 있는 인간의 능력이 증가했으며, 이는 곧 자연 세계의 위기로 귀결된다.[189] 농업 경제 구조에서 산업 경제 구조로의 전환은 인간 능력에 따른 기술 증가를 통해, 자연 세계보다는 인간의 산업 발전을 위해 자연 세계를 인간에 필요한 대로 바꿀 수 있는

---

188   Michael S. Northcott, "Ecological and Christian Ethics," Robin Gill ed., *The Cambridge Companion to Christian Ethics* (Cambridge, UK; NY: Cambridge University Press, 2012), 219-220.

189   위의 책, 220.

가능성을 증가시켰다. 산업 체제의 세계화는 인간이 자연 세계에 더 적극적으로 침입하고 파괴할 수 있게 한다.[190] 따라서 인구 증가의 문제는 단순히 인구의 수적 증가를 의미하는 것이 아니라, 기술적, 경제적, 정치적 전 영역에서 인간의 활동 및 영향력이 증가함으로써, 증가된 인구의 수요를 충족할 수 있을 만큼 자연 자원 및 자연 세계를 유용(utilize)할 필요성이 증대되는 것이다.[191]

가정 공동체

20세기 말에서 21세기 초에 이르기까지 이혼, 혼외 출생, 한부모 가족 등의 다양한 형태의 가족개념이 형성되고 정의되고 있다. 제시 버나드(Jessie Bernard) 같은 여성 사회학자는 이러한 가족 개념의 다양화는 자녀 양육에 있어서 위험성보다는 여성의 자유 증가에 공헌한다고 보았다.[192] 그러나 댄 부라우닝(Don Browning)과 같은 학자에 의하면, 1980년대 이후 가족 개념이 분화되고 다양화되는 현상에 대한 사회 과학적 관점에 변화가 생긴다. 특히 사회학, 심리학, 경제학 등의 간학문적 연구는 이혼, 혼외 출생, 한부모 가족 등의 가족 형태는 가족 구성원에게 부정적 영향을 미칠 가능성이 많다고 본다. 예를 들어, 이혼으로 인해 남편 또는 아버지가 없는 한부모 자녀들의 경우, 전통적 가족에 비해 행복감을 덜 느낄 수 있고, 경제적 어려움에 처하기

---

190 위의 책, 221.
191 지금까지 노스코트의 관점을 정리하여 요약하였다.
192 참고) Jessie Bernard, *The Future of Marriage* (New Haven, CT: Yale University Press, 1982).

쉽다. 20세기 중반까지는 가족의 행복에 있어서 가족 구조는 중립적 요소라고 간주되었지만, 20세기 후반 이후, 가족 구조 또한 가족의 심리적, 경제적 안정에 대한 결정적 요소로 작용한다고 지적한다.[193]

가족 구성원에게 가장 부정적인 영향을 미치는 가족 형태는 생물학적 양부모 가정이 아닌 한부모 가정, 그 중에서도 아버지 없는 한부모 가정이라고 본다. 아론 색스(Aaron Sachs)의 보고에 따르면, 미국 이외 칠레, 가나, 인도네시아, 세네갈 등 국가들에서 이혼율이 증가하는 데에 반해, 이혼 후 자녀 양육에 대하여 경제적으로 아무런 지원을 하지 않는 경우가 40%에 육박한다. 아버지 없는 한부모 가족의 증가는 이혼 및 미혼모의 증가에 기인한다.[194] 아버지 없는 가족의 자녀들은 경제적 어려움뿐만 아니라 인지적, 심리적으로 어려움을 겪을 가능성이 크며, 아버지의 경제적, 심리적 효과를 대체할 수단이나 대상을 찾기 어렵다.[195] 생물학적 연관성이 좋은 부모-자녀 관계를 보장하지는 않지만, 전(前) 도덕적 조건(pre-moral condition)으로 작용할 수 있다. 전 도덕적 조건으로서 생물학적 양부모의 존재는 그 자녀들로 하여금 책임감, 꾸준함, 긍정적 관점 등에 직접적으로 영향을 미친다.[196]

리처드 히어스(Richard H. Hiers)에 따르면, 일반적으로 여성과 남

---

193 Don Browning, "World family trends," Robin Gill ed., *The Cambridge Companion to Christian Ethics* (Cambridge, UK; NY: Cambridge University Press, 2012), 257.

194 Aaron Sachs, "Men, Sex, and Parenthood," *World Watch* 7/2 (March-April, 1994), 12-19.

195 아버지의 돌봄이 자녀의 심리적, 도덕적 발달에 미치는 영향에 대하여는 다음의 내용을 참고하였다. 참고) John Snarey, *How Fathers Care for the Next Generation: A Four Decade Study* (Cambridge, MA: Harvard University Press, 1993).

196 Don Browning, "World family trends," Robin Gill ed., *The Cambridge Companion to Christian Ethics* (Cambridge, UK; NY: Cambridge University Press, 2012), 259-260.

성의 평등, 또는 여성의 권리에 대하여 성서가 분명한 근거를 제공하지는 못한다고 본다. 왜냐하면 성서 시대의 사회적 맥락이나 상황이 현재와 다르기 때문이다. 그러나 고전적, 또는 자연주의적 인간주의(humanism)에서 남성 우월성을 주장한 것과 달리, 성서의 인간주의는 여성과 남성 모두를 가치 있는 존재로 이해한다. 따라서 여성의 권리와 사회적 지위에 대한 성서적 이상이 성서 시대에는 불완전하게 적용되고 실행되었지만, 여러 사회적, 시대적 정황에 따라 유연하게 여성의 가치와 민주적 정의 및 평등을 위한 타당한 근거로 작용할 수 있다.[197]

로빈 질(Robin Gill)은 성서 자체가 오늘날 성 문제에 대한 윤리적 논쟁의 분명한 근거가 되기 어렵다고 보는데, 그것은 성서 내의 세계의 도덕적 덕목과 상황(context)이 현재의 도덕적 이해 및 상황과 다르기 때문이다. 예를 들어, 구약에서 여러 명의 아내를 거느린 야곱(창 29:21-30)이나 엘가나(삼상 1:2)가 오늘날 그대로 적용될 수는 없다. 마찬가지로 골로새서 3장 18절부터 4장 1절에서 표현된 남편과 아내 사이의 계층 구조는 당시 만연한 가부장적 전통에 따른 것으로서, 현재에도 그대로 적용될 수는 없다. 또한 이혼 문제는 성서에서 용인되기도 하고 금지되기도 한다.[198]

로빈 질에 따르면, 성 문제에 대한 입장이 기독교 내에서도 다양하다는 점은 성서나 전통적인 기독교 교부 문헌들이 아무리 기독교의

---

197 Richard H. Hiers, *Women's Rights and the Bible: Implication for Chirstian Ethics and Social Policy* (Eugene, Oregon: Pickwick Publications, 2012), 93.

198 Robin Gill, "Sexuality and Religious ethics," Robin Gill ed., *The Cambridge Companion to Christian Ethics* (Cambridge, UK: NY: Cambridge University Press, 2012), 279.

규범적인 지위를 가진다 하더라도 그 문서들 내에는 서로 상이한 덕목들 간의 긴장 관계도 존재한다는 점을 간과해서는 안 된다고 한다. 아울러 성서 및 기독교 전통의 문서들이 해석과 재해석의 과정을 통해, 각 덕목들 사이의 긴장 관계가 해소되거나 유지되는 것을 주목할 필요가 있다.[199]

로빈 질의 설명에 의하면, 성 또는 생명 문제에 대한 기독교 윤리적 논의는 각 문제들에 대한 공통된 합의를 이끌어내기보다는 다양한 상황이나 맥락에서 왜 서로 동의하기 어려운 논리가 형성되는지를 보여 준다. 예를 들어, 낙태에 대한 종교적, 윤리적 논쟁의 다양한 관점들을 제시한다. 먼저 산모의 권리에 근거한 낙태의 도덕적 당위성 주장이 있는데, 이때 낙태는 산모의 자유나 권리에 따른 행동이기 때문에 낙태나 낙태방지를 강제할 수 없다. 두 번째, 태아의 권리를 고려하더라도 태아가 아직 스스로 판단이 불가능한 경우, 태아의 생명권 문제는 태아 자체가 선택할 수 없기 때문에 태아의 생명권이 법적으로 낙태를 금지할 근거가 될 수 없다. 세 번째 입장은 낙태를 살인으로 이해하여, 태아 자체를 하나의 생명 개체로 본다면, 낙태도 생명을 죽이는 행위이기 때문에 어떠한 경우에도 용인할 수 없다고 본다. 이러한 다양한 윤리적 관점은 서로 완전히 다른 비교 불가능한 것(incommensurable)으로 본다.[200]

필자는 동성애에 대한 윤리적 입장은 신학적 근거에 따라 다양하다고 보는데 진보적인 신학적 입장이 동성애를 옹호할 만한 성서-해

---

199 위의 책, 281.
200 위의 책, 271-272. 지금까지 로빈 질의 관점을 요약하여 옮겼다.

석적, 이론적 근거를 제시하고 있지만, 필자는 동성애의 문제는 기독교 공동체 내에서 용인할 수 없다고 생각한다. 왜냐하면 하나님의 창조 질서에 반(反)하기 때문이다. 가톨릭의 경우, 동성애를 윤리적, 교회적으로 받아들일 수 있는지에 대하여 논의하였는데, 신학적으로는 하나님의 창조 질서에 위반되지만 인권적으로는 소수자의 권리를 옹호하는 입장이다.

현재 국제 사회는 동성애자나 양성애자, 그리고 트랜스젠더를 포함한 성소수자의 권리에 대하여 다양한 입장을 가지고 있다. 예를 들어, 동성 결혼이 합법적으로 인정받기도 하지만 사형에 처하기도 한다. 그러나 세계적인 추세는 동성애와 같은 성소수자의 권리를 기본적인 인권으로 인정하는 방향으로 흐르고 있으며, 2011년에 국제 연합 인권 이사회에서는 성소수자에 대한 차별과 처벌을 중지하고 권리를 신장하는 결의안을 채택한 바 있다. 이와 같은 상황에서 기독교는 전통적인 가정관과 성의 역할이 도전을 받고 있다는 사실을 직시하고 성경의 관점에서 본질로 돌아가 신앙과 신학적 입장을 공고하게 하여야 할 것이다.

현재 한국에서는 2013년 동성애에 대한 차별 금지를 담은 '차별금지법 제정안'이 당시 민주통합당과 진보정의당의 위원들에 의하여 입법 예고되었다가 철회된 바 있으며, 이후 찬반에 대한 논란이 계속되고 있다.[201] 차별금지법에 담긴 내용은 크게 성별, 장애, 병력, 나이, 출신 국가, 출신 민족, 인종, 피부색, 언어, 출신 지역, 용모 등 신체 조

---

201 이하 법령에 대한 판례와 해석은 필자가 다음의 내용을 참고하여 핵심 쟁점을 정리한다. 내용 중에 법령에 관한 사항은 일반적인 인용이기에 직접인용 부호는 생략한다.
국가법령정보센터, http://www.law.go.kr/main.html

건, 혼인 여부, 임신 또는 출산, 가족 형태 및 가족 상황, 종교, 사상 또는 정치적 의견, 범죄 및 보호 처분 전력, 성적 지향, 학력(學歷), 사회적 신분에 따른 차별이 있어서는 안 됨을 법으로 규정하는 것이다.

'차별금지법'은 인간으로서의 존엄과 가치 및 평등을 중시하는 대한민국 헌법과 국제 인권 규범에 따라서 소수자의 인권 향상과 인권 보호를 도모하여 국민 생활의 모든 영역에서 차별이 없는 사회를 구현하려는 것을 그 목적으로 하고 있다.

당시 발의되었던 입법안을 살펴보면, '차별'의 영역은 생활 영역으로 확대하고 있으며, 인간의 존엄과 가치, 그리고 법 앞의 평등을 가장 중시하고 있다. 특히 '성적 지향'은 이성애, 동성애, 양성애를 말하며, '성별 정체성'이란 자신의 성별에 관한 인식과 표현을 의미한다. 이 성적 지향에 관한 차별은 성적 평등과 성적 지향, 그리고 성적 정체성과 연관하여 합리적인 이유 없이 성별과 연령의 제한을 두지 않으며, 이로 인한 신체적 고통을 가하거나 수치심, 모욕감, 두려움 등 정신적 고통을 주는 행위를 금지한다.

아울러 이와 같은 이유로 특정 개인이나 집단에 대한 분리·구별·제한·배제·거부 등 불리한 대우를 표시하거나 조장하는 행위도 금지되며, 인터넷, 소셜 미디어 등 온라인에서 특정 개인이나 집단을 분리·구별·제한·배제·거부하거나 불리하게 대우하는 행위도 불법이 된다.

한편 동성애와 연관하여 대법원과 서울 행정 법원에서 각각 '청소년 유해 매체물 결정 및 고시 처분 무효 확인[대법원 2007.6.14., 선고, 2004두619, 판결]'과 '청소년 관람 불가 등급 분류 결정 처분 취소[서울행법 2010.9.9., 선고, 2010구합5974, 판결 : 항소]'를 판결한 바 있다.

'청소년 관람 불가 등급 분류 결정 처분 취소'의 판결 내용을 살펴보면, 당시 영상물 등급위원회가 20대 초반 남성들의 동성애를 다룬 〈친구사이〉란 제목의 영화를 청소년에게 유해하다고 판단하고, 영화 및 비디오물의 진흥에 관한 법률 제29조 제2항 제4호 등에 따라 '청소년 관람 불가'의 등급 분류 결정을 한 사안에 대하여 법원은 "영화에 동성애를 직접 미화·조장하거나 성행위 장면을 구체적으로 표현한 장면은 없고, 제작사는 본 영화와 메이킹 필름을 함께 제작·상영함으로써 20대 초반 남성 동성애자들이 겪는 현실 문제를 공유하고자 하는 감독의 제작 의도를 분명히 밝히고 있으며, 영화의 내용과 표현 정도를 보아 동성애에 관한 정보 제공이 많은 청소년들에게 성적 상상이나 호기심을 불필요하게 부추기고 조장하는 부작용을 야기하여 인격 형성에 지장을 가져온다고 보기는 어렵다는 점 등을 종합하여 보면, 위 처분이 재량권을 일탈·남용하여 위법하다"고 판결하였다.

당시 원고는 '영진법(영화 및 비디오물의 진흥에 관한 법률)' 제29조 제2항 제4호 및 영진법 시행령 제10조의2 제1항 [별표 2의2] 제4호의 '청소년 관람 불가' 등급 규정은 명확성의 원칙, 과잉 금지의 원칙 및 피해 최소성의 원칙을 위반하여 표현의 자유 및 청소년의 알 권리를 침해할 위헌의 소지가 있다고 주장하였으며, 피고는 성적 정체성이 미숙한 청소년의 일반적인 지식과 경험으로 이를 수용하거나 소화하기 어려워 청소년이 건전한 인격체로 성장하는 것을 저해할 뿐만 아니라, 건전한 사회 윤리, 선량한 풍속 및 사회 통념 등에 비추어 보아도 청소년이 이 사건 영화를 관람하는 것은 부적절하다고 주장하였다.

원고는 위에서 예시한 등급 규정들은 헌법에 부합하게 제한적으로 해석·적용되어야 하는 점과 영화에서 선정적 장면이 성적인 욕구를 자극할 정도로 지속적이고 구체적으로 나오지 않음에도 불구하고 이 사건 처분에 이른 것은 동성애에 대한 차별적 관점과 편견에서 비롯된 것으로 보이는 점 등에 비추어 보면, 이 사건 처분은 재량권의 범위를 일탈하였거나 이를 남용하여 위법하다고 강조하였다.

아울러 당시 비슷한 시기에 상영 등급 심의를 받은 영화인 〈불꽃처럼 나비처럼〉이나 2006년의 〈브로크백 마운틴(Brokeback Mountain)〉, 그리고 공중파 TV에서 방송된 〈인생은 아름다워〉가 '15세 이상 시청가'였다는 것을 강조하였다. 그리고 영화 주간지 〈씨네21〉〈무비위크〉의 호평을 근거로 예시하였다.

법원은 영화의 자유를 포함하는 표현의 자유는 민주 체제에 있어 불가결한 본질적 요소이고, 인간이 자신의 생각을 타인과 소통함으로써 스스로 공동 사회의 일원으로 포섭되는 동시에 자신의 인격을 발현하는 가장 유효하고도 직접적인 수단이 된다는 점에서 다른 기본권에 비해 우월적 지위를 차지한다고 볼 수 있음을 강조하고, 20대 초반 남성 동성애자들이 겪는 현실 문제를 공유하고자 하는 감독의 제작 의도는 영화를 관람하는 청소년들에게 성적 소수자에 대한 이해와 성적 자기 정체성에 대한 성찰의 계기를 제공하는 교육적인 효과도 제공하고 있음이 분명하다고 강조하였다. 또한 동성애를 내용으로 한 영화라는 이유만으로 청소년의 일반적인 지식과 경험으로는 이를 수용하기 어렵다고 단정할 수 없고, 영화의 내용과 표현 정도에 비추어 동성애에 관한 정보의 제공이 다수의 청소년들에 있어서 성적 상상이나 호기심을 불필요하게 부추기고 조장하는 부작용을 야기하여 인격 형성에 지장을 초래한다고 보기는 어렵다고 판시하였다. 또한 동성애를 유해한 것으로 취급하여 그에 관한 정보의 생산과 유포를 규제하는 경우, 성적 소수자인 동성애자들의 인격권·행복추구권에 속하는 성적 자기 결정권 및 알 권리, 표현의 자유, 평등권 등 헌법상 기본권을 지나치게 제한할 우려가 있음을 법원은 분명히 하였다.

비록 현재까지의 판례는 동성애를 인권의 각도에서 소수자의 성적 자기 결정권과 평등권을 강조하는 입장이지만, 또 다른 법의 관점에서는 여전히 논란의 여지가 많다. 예를 들어, '민법'과 '저출산 고령 사회 기본법', 그리고 '건강 가정 기본법[시행 2015.1.1.] [법률 제12529호, 2014.3.24., 일부개정]'을 살펴보면, 그 논지가 분명하여진다.

'민법[시행 2013.7.1.] [법률 제11728호, 2013.4.5., 일부개정]'의 2장에서는 가족의 범위로서 배우자, 직계 혈족 및 형제자매, 그리고 직계 혈족의 배우자, 배우자의 직계 혈족 및 배우자의 형제자매를 정하고 있다. 제809조(근친혼 등의 금지) ① 8촌 이내의 혈족(친양자의 입양 전의 혈족을 포함한다) 사이에서는 혼인하지 못하며, ② 6촌 이내의 혈족의 배우자, 배우자의 6촌 이내의 혈족, 배우자의 4촌 이내의 혈족의 배우자인 인척이거나 이러한 인척이었던 자 사이에서는 혼인하지 못하고, 그리고 ③ 6촌 이내의 양부모계(養父母系)의 혈족이었던 자와 4촌 이내의 양부모계의 인척이었던 자 사이에서는 혼인하지 못한다. 이는 가족이란 남성과 여성을 전제로 한 가족 제도의 중요성을 말하는 것이다. 한편 제826조(부부간의 의무)에서 ① 부부는 동거하며 서로 부양하고 협조하여야 함을 강조함으로서 남녀의 가족 제도와 자녀의 부양을 암시하고 있다.

 '저출산 고령 사회 기본법[시행 2014.3.18.] [법률 제12449호, 2014.3.18., 일부 개정]'에서는 현재 한국 사회의 저출산과 고령 사회 정책의 기본 방향을 강조하고 있으며, 저출산 대책으로서 제7조(인구정책)는 "국가 및 지방자치 단체는 적정 인구의 구조와 규모를 분석하고 인구 변동을 예측하여 국가 및 지방자치 단체의 지속적인 성장과 발전을 위한 인구 정책을 수립·시행하여야 한다"고 정하고 있다. 또한 제7조의2(인구 교육)에서 국가 및 지방자치 단체는 "국민이 저출산 및 인구의 고령화 문제의 중요성을 이해하고, 결혼·출산 및 가족생활에 대한 합리적인 가치관을 형성할 수 있도록 하는 인구 교육을 활성화하여야 하며, 이에 필요한 시책을 강구하여야 한다.[본조 신설 2012.5.23.]"과 강조하고 있다.

 아울러 제9조(모자 보건의 증진 등)에서 이 기본법은 ① 국가 및 지방자치 단체는 임산부·태아 및 영유아에 대한 건강 진단 등 모자 보건의 증진과 태아의 생명 존중을 위하여 필요한 시책을 수립·시행하여야 하고, ② 국가 및 지방자치 단체는 임신·출산·양육의 사회적 의미와 생명의 존엄성 및 가족구성원의 협력의 중요성 등에 관한 교육을 실시하며, ③ 국가 및 지방자치 단체는 임신·출산 및 양육에 관한 정보의 제공, 교육 및 홍보를 실시하기 위하여 필요한 기관을 설치하거나 그 업무를 관련 기관에 위탁할 수 있음을 명시하고 있다. 따라서 민법에서 가족의 권리가 보호되려면, '저출산 고령 사회 기본법'에서 밝히는 바와 같이, 바람직한 인구정책을 통한 결혼과 가정에 관한 합리적인 가치관의 형성이 매우 중요함을 알 수 있다.

 한편 '건강 가정 기본법(일부개정 2011.09.15 [법률 제11045호, 시행

2012.03.16.] 보건 복지 가족부)'은 건강한 가정생활의 영위와 가족의 유지 및 발전을 위한 국민의 권리·의무와 국가 및 지방자치 단체 등의 책임을 명백히 하고, 가정 문제의 적절한 해결 방안을 강구하며, 가족 구성원의 복지 증진에 이바지할 수 있는 지원 정책을 강화함으로써 건강 가정 구현에 기여하는 것을 목적으로 하고 있는데, 제3조(정의)에서 밝히는 내용을 보면 다음과 같다.

1) '가족'이라 함은 혼인·혈연·입양으로 이루어진 사회의 기본 단위를 말한다.
2) '가정'이라 함은 가족 구성원이 생계 또는 주거를 함께 하는 생활 공동체로서 구성원의 일상적인 부양·양육·보호·교육 등이 이루어지는 생활 단위를 말한다.
3) '건강 가정'이라 함은 가족 구성원의 욕구가 충족되고 인간다운 삶이 보장되는 가정을 말한다.

아울러 제8조(혼인과 출산)에서 ① 모든 국민은 혼인과 출산의 사회적 중요성을 인식하여야 하며, ② 국가 및 지방자치 단체는 출산과 육아에 대한 사회적 책임을 인식하고 모성 보호와 태아의 건강보장 등 적절한 출산 환경을 조성하기 위하여 적극적으로 지원하여야 하고, 제15조(건강 가정 기본 계획의 수립)에서는 민주적인 가족 관계와 양성 평등적인 역할 분담에 대하여 강조하고 있다.

지금까지 살펴보았듯이, 현재 한국 사회의 법은 크게 볼 때 여전히 남녀의 주체를 기본으로 한 가족과 가정의 역할을 중시하고 있으며, 최근에는 저출산 고령화에 대한 대책으로 출산과 육아에 대한 가치관의 확립을 통하여 건강한 가정에 대하여 강조하고 있음을 알 수 있다.

사회 공동체

던칸 포레스터(Duncan B. Forrester)에 따르면, 사회 정의에 대한 기독교 신학과 그 지적, 사회적, 교회적, 정치적 맥락 사이의 상호 연관성에 대한 논의는 각 종파마다 차이가 난다. 로마 가톨릭의 경우, 아퀴나스가 아리스토텔레스의 사상을 수용, 신학적 틀을 구성함으로써 철학적인 정의 개념이 형성된 반면, 개신교는 세속적 이성 개념에 대하여 부정적이며, 정의를 성서에 나타나는 계시에 근거한 개념으로 본다. 루터가 급진적 측면에서 세속적 속성을 계시된 내용으로부터 제거하고 거부하며, 신학과 세속의 독립성을 주장한데 반해, 칼빈 전통은 신학이 세속적 영역에 긍정적인 역할을 할 수 있다고 본다. 일반적으로 개신교 전통은 사회 정의에 대한 논의에 있어서 이성의 역할에 대해 양가적(ambivalent)이다. 예를 들어, 개신교 신학에서 영적 영역과 일시적인 세속적 영역 사이의 경계선이 모호하며, 사회 정의 문제와 같은 세속적 문제에 대하여 성서에 근거한 신학이 어떠한 역할을 할 수 있는지에 대하여 교단별로 일치한 대답을 내놓기 어렵다. 그럼에도 불구하고, 개신교 신학도 사회 정의의 문제를 다룰 때에, 성서적 근거 및 하나님의 정의에 대한 경험을 바탕으로 한다.[202]

---

202   Duncan B. Forrester, "Social justice and welfare," Robin Gill ed., *The Cambridge Companion to Christian Ethics* (Cambridge, UK; NY: Cambridge University Press, 2012), 206.

던칸 포레스터에 따르면, 개신교의 신학적인 사회 정의 논의는 조직적(systematic)이기보다는 다양하고 이슈에 따른 단편적(episodic) 특징을 가진다고 본다. 이러한 개신교적 사회 정의 논의는 상황이나 맥락에 유연하게 대처할 수 있는 장점을 가진다고 본다. 가톨릭 신학이 신학의 틀 안에 모든 세속적 논의를 포함하여 결의론적으로(casuistry) 접근하는 반면, 개신교 신학은 성서적 권위에 입각하여 세속적 문제에 대하여 상황에 따라 적용할 수 있는 세부적 원리를 구성할 수 있다. 던칸 포레스터에 따르면, 정의에 대한 성서적 논의는 주로 명령(injunction), 비난과 다가올 심판에 대한 선포, 하나님 나라의 도래 및 하나님의 정의로운 질서 회복과 같은 주제로 설명된다. 따라서 성서의 정의론은 정의 철학이 아니며, 하나님 나라 백성의 신앙 고백으로 정의된다. 즉 성서에 나타나는 정의는 억압당하는 하나님의 백성들의 정의에 대한 호소, 하나님을 향한 온전한 믿음으로부터 기인하는 신적 정의에 대한 기대, 하나님 나라의 도래를 통한 하나님의 정의로운 질서의 회복으로 정리할 수 있다.[203]

스탠리 하우어워즈(Stanley Hauerwas)에 따르면, 사회 공동체 안에서 교회는 사회 정의를 실행할 기준적 역할을 담당하는 사회 윤리적 규범(social ethic) 자체여야 한다고 주장한다. 즉, 교회는 하나의 패러다임적 공동체로서, 세속적 세계가 신적 질서에 적합한 공동체가 될 수 있다는 믿음을 가지고, 그러한 질서가 이루어질 수 있도록 주도적으로 노력하는 공동체여야 한다.[204] 하우어워즈에 따르면, 교회는 하

---

[203] 위의 책, 207.
[204] Stanley Hauerwas, *Truthfulness and Tragedy* (Notre Dame, IN: Notre Dame University Press, 1977), 142-143.

나님의 통치와 그 정의에 대한 기대로서, 하나님의 정의를 부분적으로나마 보여줄 수 있는 공동체이다. 교회의 첫 번째 역할은 세계 속에서 평화로운 하나님의 나라를 신실하게 보여주는 것이다.[205] 한편, 던컨 포레스터는 성서에서 하나님의 정의는 사랑과 은혜를 바탕으로 하나님 나라 백성들과 맺은 언약으로 나타난다. 이 언약 안에서 하나님의 은혜는 그 백성들에게 응답을 요구하는 조건이 아니라, 하나님 스스로 그 백성들에 대한 끊임없는 신실함의 표현이다.[206]

제임스 차일드레스(James Childress)는 사회 공동체 안에서 치유와 돌봄은 매우 중요하다고 강조한다. 복음서의 선한 사마리아인 이야기는 기독교가 처음부터 의료 보호(health care)에 얼마나 관심을 가졌는지를 보여 준다. 서구 역사에서 기독교는 의사, 의료 보호 제공자 등을 위한 안내를 제공하기도 했다. 물론 오늘날 특별히 인간을 포함하는 생명 공학 및 의료 과학의 발달로 인해 기독교 윤리적 원리가 현실에 그대로 적용되기 어려운 점이 많아졌으며, 이는 기독교 문화가 더 이상 인간의 사회적 측면에 절대적인 기준이 되지 못함을 반영한다. 일반적으로 생명 의료에 관한 생명 의료 윤리는 특정한 의료 기술이 예측된 장점을 가짐과 동시에 예상치 못한 부작용을 초래할 수 있다는 점에서 중요한 윤리적 이슈로 자리잡고 있다. 생명 의료 윤리적 문제에 대한 기독교 윤리의 간학문적 대화는 성서와 전통에 얼마나 근거하여 접근하느냐에 따라 다양한 관점이 존재한다. 일반적으

---

205 Stanley Hauerwas, *The Peaceable Kingdom: A Primer in Christian Ethics* (London: SCM Press, 1984), 99.

206 Duncan B. Forrester, "Social justice and welfare," Robin Gill ed., *The Cambridge Companion to Christian Ethics* (Cambridge, UK; NY: Cambridge University Press, 2012), 216.

로 기독교 신학은 하나님이 인간을 하나님의 형상으로 만들고 생명을 제공했다고 하는 창조 신앙을 전제한다.[207]

경제 공동체

스택하우스(Max Stackhouse) 등에 따르면, 인간의 경제적 활동, 즉, 개인적 측면과 기업, 국가적 측면 모두를 통틀어 기독교 윤리의 논의에 있어서 가장 큰 문제는 경제적 활동을 세속적 영역으로 환원하여 이해하려고 하는 점에 있다. 현대인의 경제적 삶을 가능하게 했던 여러 요인들에 대한 이해 없이, 현재 경제 활동의 현상만을 논의하면, 현재의 경제 활동의 역동성에 대한 이해가 어렵다. 이러한 관점에서 보면, 인간의 경제 활동에 대한 신학, 윤리적 평가는 과거의 세속적, 물질주의적, 정치적 관점을 벗어나기 어렵다. 근대 산업화 이후 20세기 중반까지 경제 논의는 주로 정치 경제적 이슈에 집중되었으며, 국가 내적으로는 가진 자와 못 가진 자 사이의 정치적 긴장 관계를 어떻게 다룰지에 초점을 맞췄다. 내외국 간의 경제적 문제는 주로 산업 개발을 주도하고 그 결과를 통제하는 데에 대한 정부의 역할로 정의되었으며, 전통적인 현대 경제학은 이러한 관점으로부터 구성되었다.[208] 21세기 경제 활동에 대한 윤리적 문제는 2008년 전세계적 경제 위기 이후 세

207　James F. Childress, "Christian ethics, medicine and genetics," Robin Gill ed., *The Cambridge Companion to Christian Ethics* (Cambridge, UK: NY: Cambridge University Press, 2012), 287.

208　Max L. Stackhouse and David W. Miller, "Business, economics and Christian ethics," Robin Gill ed., *The Cambridge Companion to Christian Ethics* (Cambridge, UK: NY: Cambridge University Press, 2012), 239.

계 경제(global economy) 문제에 집중한다. 오늘날 한 국가 또는 통치 기구, 또는 무역 조약만으로는 복잡한 국가 상호 간의 경제 활동을 통제하기 어렵다.[209] 이와 같이 통제하기 어려운 경제 구조는 단순히 인간의 경제 활동의 문제만을 반영하는 것이 아니다. 전 세계적으로 자유 민주주의가 확산되고, 경제 활동의 자유가 보장될수록, 경제 주체 간 경제 개발에 대한 필요성이 증가되기 때문이다.

스택하우스 외에 따르면, 기독교 윤리가 많은 측면에서 영향력을 발휘하고 있으면서도 세계 경제적 이슈에 대해서는 큰 창조적인 합의를 이끌어 내지는 못하고 있다고 지적한다. 기독교 신학이 경제 활동 자체를 근본적으로 신앙과 구별되는 활동으로, 경제적 개발이라는 개념 자체를 인간의 무제한적 탐욕(greed)의 형태로 간주하기 때문이라고 본다. 따라서 이러한 신학적 근거에 근거하는 경우, 세속적 경제 윤리와 신학 사이의 발전적 대화는 불가능하다. 이러한 관점에서 만약 하나님이 경제적 문제에 개입한다면, 자유 경제보다는 사회주의적, 정부 통제적 경제구조가 더 적합하다고 본다. 스택하우스(Stackhouse)는 자유 경제가 확대됨에 따라 자유 경제 자체를 거부하는 신학적 조류보다는 현재의 경제적 활동 자체를 윤리적으로 더 바람직한 형태로 유도할 수 있는 인식의 전환이 필요하다고 본다.[210]

성서적 근거를 통해 볼 때, 생산과 소비 활동은 처음부터 인간 활동의 일부였다(창 1-3장). 또한 역사적으로 보면, 인간의 사회적 활동에는 언제나 다양한 기술, 경쟁, 교환, 재산과 같은 개념이 존재했다.

---

209 위의 책, 240.
210 위의 책, 241.

이런 측면에서, 경제 활동은 근대나 현대에 만들어진 것이 아니며, 인간은 사회적 집단을 구성하면서부터 자연스럽게 경제적 활동을 체득하고 실행하는 경제적 존재이다.[211]

안토니 산텔리(Anthony J Santelli) 등의 관점에 따르면, 기독교 신앙에 입각한 자유 시장 경제 체제의 가능성을 논의한다. 그들은 자유 시장 경제 구조는 인권을 보장하는 사회 조건을 형성한다고 본다. 이들은 인간 인격(human person) 개념이 경제와 도덕 사이의 교차점이 된다고 보는데, 인격 개념에 인간의 자유, 책임, 창조성, 소유권(capacity of ownership), 물질적 수요(material need) 등이 포함되며, 이러한 개념들은 경제와 도덕 영역 모두에서 다루어진다. 원리적으로, 자유 시장은 인간의 본성을 존중함으로써 공정한 사회 구조를 형성하도록 하는 많은 가치와 행위들을 고양한다. 역사적으로 기독교 인류학은 사유 재산을 인간의 합법적 권리로 인정했으며, 인간의 청지기적 사명과 사랑의 개념은 그러한 구조를 통해, 미덕을 형성할 수 있는 틀을 제공한다. 자유 시장 경제는 각 개인들이 자신의 필요에 따라 자신이 가진 소유를 어떻게 사용할지 정할 수 있는 자유를 전제한다. 이러한 점에서, 자유 시장은 인간의 자율성과 자기 결정을 존중하며, 자유 시장 경제 체제하에서 각 인격적 존재는 자신이 선택한 목적을 추구하며, 이 체제하에서 자신이 선택한 소명을 인식할 수 있다.[212] 따라서 자유 시장 경제가 도덕적 미덕과 사랑, 법 또는 규칙에 따라 실행된다면, 가장 인도적인(humane) 경제 체제라고 할 수 있다. 자유 시장 경제

---

211 위의 책, 243. 지금까지 스택하우스 등의 관점을 요약하였음을 밝힌다.
212 Anthony J Santelli Jr. et al., *The Free person and the Free economy: A Personalist View of Market Economics* (Lanham, MD: Lexington Books, 2002), 123.

는 기독교인들이 정의, 인간 삶의 향상, 인간 자유에 대한 옹호와 같은 다양한 주제에 대해 논의할 수 있는 틀을 마련해 준다.[213]

산텔리는 인류가 가진 가장 중요한 자산으로서 인간의 창조성, 지적 능력, 노동력, 덕(virtue)을 제시한다. 자유 시장 경제 체제는 인간 주체로 하여금 자신의 선택에 따라 자신의 경제적 기회, 사회적 삶, 사회 정의를 강화하거나 줄일 수 있는 가능성을 가지며, 그 가능성에 근거하여 사회적 책임을 지도록 한다고 본다. 따라서 경제 주체로서 인간은 시장 경제 내에서 인적 자본(human capital)으로 간주되지만, 그것은 자유 시장 경제의 근본적인 경제원(economic source)으로서 인간을 의미하는 것이지, 인간을 도구화하는 개념이 아니다. 존재하는 모든 경제적 가치를 지닌 자연 자원들은 모두 인간의 지적 능력과 노동력에 의해 경제적 가치를 지니지만, 인적 자본은 그 자체로 중요한 존재이다. 이러한 의미에서 노동은 필연적으로 고된 일이 아니라, 인간의 보편적 소명의 일부로 이해되어야 한다.[214]

산텔리는 모든 경제 체제가 직면한 가장 근본적인 도덕적 문제는 사회 내의 빈곤층의 삶에 대한 것이라고 지적한다. 모든 개인은 경제적 삶에 있어서 정의를 추구하고, 인간의 기본적 필요 조건을 충족할 수 있는 기회를 보장해야 한다는 도덕적 의무를 가지며 이러한 의무는 정부보다는 교회 공동체에 더 적합하다고 본다. 즉, 정부는 사회나 국가 내의 빈곤층을 포함한 모든 경제적 주체를 전부 다루어야하기 때문에, 빈곤층의 문제에 대한 근본적 대책을 마련하기 어렵지만, 교

---

213 위의 책, 124.
214 위의 책, 125.

회는, 그리고 기독교인들은 가난한 사람들을 도와야 하는 도덕적 의무를 지닌 공동체이기 때문에, 경제적 빈곤층의 구체적 삶의 맥락을 이해하고, 그들에 대한 연대적 태도를 지향하고, 사회적 정의를 추구하는 일이 모든 기독교인들에게 요구된다.[215]

다니엘 핀(Daniel K. Finn)에 따르면, 경제 구조는 교환 및 기부의 형태를 통한 상호 호혜(reciprocity) 구조이다. 기본적인 경제적 수단은 교환에 근거하는데, 이때 교환 대상자는 각자 가진 상품 또는 서비스를 교환함으로써 각각의 수요를 충족한다. 반면 기부(gift)는 외면적으로는 답례를 바라지 않으면서 필요한 무언가를 제공하는 행위이다. 원칙적으로 경제 구조는 이 두 가지 형태의 상호 작용을 포함하지만, 일반적으로 기부는 경제 행위에서 간과되는 경향이 있다. 상호 호혜 체계는 기부 또한 교환 구조에 포함되는데, 기부 당사자는 내면적으로는 기부 수여자로부터의 미래의 보답을 기대하기 때문이다.[216]

세계 공동체

대니얼 구루디(Daniel G. Groody)는 세계화를 전 지구에 존재하는 사람들의 정치적, 경제적, 사회적 삶의 연결성이 계속 증가하는 현상으로 이해한다. 따라서 정치적으로 세계화는 새로운 형태의 국제주의(internationalism), 경제적으로는 지역적, 국가적 재정-경제 네트워

---

215 위의 책, 128. 지금까지 안토니 산텔리의 관점을 중심으로 요약하였다.

216 Daniel K. Finn, ed., *The Moral Dynamics of Economic Life: An Extension and Critique of Caritas in veritate* (Oxford, UK: Oxford University Press, 2012), 72-73.

크를 의미한다. 사회학적으로 세계화는 다양한 사회와 세계관의 상호 연결성을 의미하고, 인류학적으로는 전 세계의 다양한 문화가 만나고 혼재된 상황에서 특정 민족의 독특한 문화적, 민족적 정체성을 전제한다. 따라서 세계화 개념은 이러한 연결성으로부터 통합성(integration)으로 나아간다고 본다.[217]

구루디는 경제·정치적 세계화에 있어서 기독교 신학은 식민지 정책이나 노예 정책을 합법화하고 정당화함으로써 세계적 불균형을 야기하기도 했지만, 하나님 나라의 정의를 선포함으로써, 이러한 경제적, 정치적 남용을 비판하는 예언자적 목소리를 냈다고 강조한다. 따라서 기독교 신학에 있어서 세계화는 탐욕, 이기주의, 죄성(sinfulness)의 발현인 동시에, 인간의 연대성 및 상호 연계성에 대한 새로운 희망을 제공하기도 한다. 또한 세계화는 평화로운 세계를 구축하기 위해 근본적으로 요구되는 생명을 주는 관계를 형성하기 위한 방법을 제공하는 유도 시스템을 가능하게 하는 지적 원칙을 필요로 하는데, 신학은 이러한 과정에 있어서 핵심적 역할을 할 수 있다.[218]

구루디는 자유 시장 경제의 세계화를 통해 국가 간, 또는 개인 간 빈곤 문제가 증가하는 것에 대하여, 해방 신학적 접근을 인용하면서 빈곤 문제가 인간의 상호 작용을 저하시키는 경제적 독점, 지배, 남용 및 예속(subjugation)에 의해 발생한다고 본다. 이러한 부정의가 특권 계층에 집중되는 사회 경제 구조에 의해 계속될 경우, 평화로운 인간 사회의 발전은 어렵게 된다. 이러한 의미에서, 빈곤은 인간 간의 관계

---

217 Daniel G. Groody, *Globalization, Spirituality, and Justice: Navigating the Path to Peace* (Maryknoll, NY: Orbis Books, 2007), 13.

218 위의 책, 21.

성에 부정적으로 영향을 미치는 비인도적 조건으로 정의된다. 빈곤한 구조 및 상황에서 빈곤층의 개인들은 자신의 삶의 비참한 비인간적 조건들로부터 스스로의 삶의 상실을 경험한다.[219]

매튜 슬러터(Matthew Slaughter)는 최근 미국의 많은 경영 대학들이 윤리와 사회적 책임을 필수 과목에 추가하고 있다고 강조한다. 슬러터는 경영 대학의 학생들이 경영자로서 앞으로 만나게 되는 윤리적 문제에 어떻게 대처할지에 대한 틀을 제공하도록 돕는 것은 오늘날 경제 구조가 세계화됨으로써 사회, 문화적 환경이 다양하게 변화되기 때문이라고 본다.[220]

정치 공동체

케네스 하임즈(Kenneth R. Himes)는 국가를 법, 공적 질서의 영역, 공적 삶의 관리에 관한 조직체로서 정의한다. 국가는 정치에 관한 한 가장 중요한 조직체이지만, 모든 공적 삶을 담당하지는 않는데, 그것은 한 개인의 공적 삶을 정의하는 영역이 다양하기 때문이다. 예를 들어, 가정 공동체, 회사, 학교, 교회, 노동조합 등의 다양한 공적 영역이 한 개인의 공적 삶에 겹쳐(overlap) 있기 때문에, 국가 개념이 한 개인의 공적 삶 전체를 의미할 수는 없다. 국가 개념은 정부와는 구별되는데,

---

219 위의 책, 185. 지금까지 그루디의 관점을 요약하였다.

220 Matthew J. Slaughter, "Improving Business Education," Daniel K. Finn, ed., *The Moral Dynamics of Economic Life: An Extension and Critique of Caritas in veritate* (Oxford, UK: Oxford University Press, 2012), 137.

국가가 한 개인의 공적 영역을 구성하는 반면, 정부는 그 국가 구조를 경영하고, 정치적 권위를 행사함으로써 국가 조직을 유지하는 기관으로 정의할 수 있다.[221]

하임즈는 기독교 신학의 국가관은 다양하지만 그 중에서 보편적인 특징들은 다음과 같다고 주장한다. 먼저, 신 존재를 모든 권위의 근원으로 상정할 때, 정치적 권위는 신적 권위로부터 기인한다. 두 번째, 국가는 인간 조건에 부여된 필수적이며 유용한 조직체이다. 국가 존재를 인간의 사회적 본성의 발달 결과로 보든, 죄로부터 기인한 것으로 보든, 국가는 인간 삶의 조건에 깊숙하게 개입하고 있다. 이를 종합해보면, 어거스틴이 주장하듯이, 국가는 권력을 행사하며 그 방식이 주로 강압적이라는 점에서 인간의 죄의 현실을 반영하는 동시에, 국가는 공동체 내 또는 사회 간 정의라는 목적을 증진할 의무를 가진다. 세 번째, 사회 질서에 있어서 국가의 가치는 그것이 기독교인들에게 도덕적 의무를 제공한다는 점이다.[222] 하임즈는 전쟁을 가장 명백한 분열의 표현으로 정의하며, 이는 인류의 통합성을 위협함으로써 기본적 인권을 부정하거나 억압하는 기제이기에 기독교인들은 전쟁을 억제하고 방지할 수 있는 윤리적 책임을 지닌다.[223]

그러나 네나드 미세빅(Nenad Miscevic)은 이러한 정치적 정의가 국가를 온전히 설명하기는 어렵다고 본다. 예를 들어, 특정 국가는 공통 언어, 공통의 민족적 근거, 또는 공통의 역사를 공유한 조직체 또는

221　Kenneth R. Himes, *Christianity and the Political Order: Conflicts, Cooptation, and Cooperation* (Maryknoll, NY: Orbis Books, 2013), 3.
222　위의 책, 78-79.
223　위의 책, 291.

연합체로 정의하는데, 국가는 단순히 조직체 개념은 아니다. 국가를 정의하는 데에 있어서 국가가 성립하기 위해 필요한 필요충분조건을 정의하기 어렵고, 특정 국가에 대한 정체성 또한 역사나 상황에 따라 변할 수 있다고 지적한다. 또한 국가를 정의하는 개별 정치 공동체 간 인식의 차이는 이러한 국가의 정의를 더욱 어렵게 만든다고 본다.

미세빅은 국가에 대한 정의는 민족-문화적 영역(설명적 정의)과 정치적 영역(규범적 정의)으로 구분하여 정의해야 한다고 주장한다. 전자가 국가란 무엇이며, 국가 정체성이란 무엇인지, 무엇이 국가에 속하는지 등을 다룬다면, 후자는 동일한 국가 정체성을 공유하는 시민의 그 국가에 대한 태도(충성도)에 집중한다.[224]

존 켈세이(John Kelsay)에 의하면, 정치 공동체를 구성하면서 종교의 역할은 매우 중요하다. 종교는 사회 정치적 질서를 합법화하는 과정에서 중요한 역할을 담당한다고 본다. 정치는 권력의 분배와 실행의 문제이며, 전쟁은 이러한 권력의 실행에 있어서 인간의 생명을 위협하는 치명적 방식을 합법적으로나 비합법적으로 사용하는 문제로 정의할 수 있다. 전쟁 문제에 대하여 기독교 신학은 정당 전쟁 이론(just war theory)과 평화주의(pacifism) 이론이라는 두 가지 상반된 이론을 정의하고 있다고 본다.[225] 한편, 브라이언 오랜드(Brian Orend)는 정당 전쟁론은 전쟁의 권한을 부여한 주체, 전쟁의 목적 등을 고려하여, 전쟁을 일으킬 수 있는 정당한 근거뿐만 아니라, 전쟁 시 윤리적

---

224 Nenad Miscevic, "Nationalism," *The Stanford Encyclopedia of Philosophy* (Summer 2010 Edition), Edward N. Zalta (ed.),
URL = ⟨http://plato.stanford.edu/archives/sum2010/entries/nationalism/⟩

225 참고) John Kelsay, "War and Religion," Hugh LaFollette, ed., *International Encyclopedia of Ethics* (Malden, MA: Wiley-Blackwell, 2013)

행위 지침에 대한 논의를 제공하는 반면, 평화주의는 전쟁이라는 행위 자체를 비윤리적인 범주로 상정하여, 전쟁 상황에서 비윤리적 폭력 행위에 대한 윤리, 신학적 거부를 주장한다. 반면, 브라이언 오렌드(Brian Orend)는 이 두 이론 이외에 현실주의를 포함한다.[226]

이고르 프리모라쯔(Igor Primoratz)는 현 세계에서 일어나는 테러 및 이에 대한 윤리적 문제의 제기와 테러 중지도 종교의 사명이라고 주장한다. 언론을 통해 보도 되는 다양한 테러(terrorism) 행위는 그 행위자의 자기 정당화나 합리화에 반해, 윤리적 문제로 인식된다. 테러에 대한 윤리적 논의는 기본적으로 테러 행위가 윤리적으로 정당화될 수 있는가에 대한 질문에 연관된다. 이는 테러에 대한 정의로부터 시작해야 한다. 테러 행위에 대한 정의는 협의적 정의, 광의적 정의로 구분되다. 협의적으로 볼 때, 테러 행위는 윤리적 문제로서, 특정한 정치적 목적을 이루기 위해 위협(intimidation)이나 강제(coercion)의 의미에서 일반 시민을 포함한 비전투원(noncombatant)을 대상으로 한 공격(aggression)이나 폭력(violence)이다. 테러에 대한 광의적 정의는 테러 행위의 목적이나 대상, 그 방식을 제한하지 않고, 모든 종류의 공격적 행위를 전부 포괄하는데, 이러한 의미에서 광의적 정의의 테러행위는 윤리적 논의의 대상으로 삼기 어렵다. 이러한 좁은 의미의 테러 행위의 윤리적 문제는 특히 테러 행위의 직접적 희생자들의 무고함을 강조하며, 이러한 측면에서 일반적으로 협의적 의미의 테러를 다루는 학자들은 테러의 비정당성을 정당 전쟁 이론을 바탕으로

---

226 Brian Orend, "War," *The Stanford Encyclopedia of Philosophy* (Fall 2008 Edition), Edward N. Zalta (ed.), URL = 〈http://plato.stanford.edu/archives/fall2008/entries/war/〉

설명한다. 따라서 무고한 시민에 대한 공격의 의미에서 테러 행위는 윤리적으로 정당화될 수 없다.[227]

존 엘포드(R. John Elford)는 전쟁은 인간의 사회적 영역의 기본적 상태 중 하나이며, 가장 참혹하며, 생물학적, 화학적, 핵 기술 등 현대의 새로운 전쟁 기술의 출현으로 인해 그 빈도가 증가하고 있다고 설명한다. 오늘날 전쟁의 참혹성은 이러한 새로운 기술의 발달과 더불어, 무기의 국제 간 거래로 인해 전쟁으로 인한 살상 인구가 비약적으로 증가했기 때문이다.[228]

엘포드는 역사적으로 기독교는 전쟁 또는 전쟁의 도덕성에 대한 구체적 논의를 계속해 오고 있음을 중시하였다. 평화주의나 정당 전쟁 이론을 통틀어 일반적으로 기독교 교회는 생화학 무기 사용을 금지하는 제네바 의정서(1925)를 지지하는 등 평화 유지 활동을 지원하는 평화 지향적 입장을 가진다. 기독교 교회가 국제 무기 거래를 비판하는 이유는 무기에 대한 접근의 용이성이 전쟁이나 분쟁으로 인해 인간이 희생될 가능성을 증가시키기 때문이다. 기독교적 양심은 이러한 행위를 윤리적으로 용인하지 않는다. 역사적으로 기독교가 전쟁 문제에 참여한 방식은 두 가지로 정리할 수 있다. 첫째, 기독교는 세속적 자료 또는 입장에 대하여 적절한 대화를 추구해 왔으며, 둘째, 새로운 환경과 기술에 대하여 적절한 대응의 필요성을 인지했다. 이러한 두 가지 방식을 통해, 기독교는 세계 평화를 추구하는 데에 이바

---

227 참고) Igor Primoratz, "Terrorism," Hugh LaFollette, ed., *International Encyclopedia of Ethics* (Malden, MA: Wiley-Blackwell, 2013)

228 R. John Elford, "Christianity and War," Robin Gill ed., *The Cambridge Companion to Christian Ethics* (Cambridge, UK; NY: Cambridge University Press, 2012), 180.

지했다. 기독교인들은 평화를 위한 기도를 영적 의무의 핵심으로 이해한다. 기독교 신학은 이 세상에 내재한 창조적 질서에 대한 신학적 논의와 더불어 이 세계 내의 악의 자리에 대하여 성찰한다.[229]

에너지 공동체

존 호톤(John Houghton)에 따르면, 오늘날 에너지 문제는 특정 에너지원에 대한 의존도가 너무 높다는 점이고, 에너지 생산 및 소비에 따른 부수 현상으로서 기후 온난화 및 방사능 오염 등의 위험성을 가지고 있다는 점이다. 온실가스 배출을 유발하는 화석 연료의 경우, 산업화 과정에 따라 반드시 필요한 연료인 동시에 지구적 환경 문제를 계속적으로 야기한다. 화석 연료 사용에 따라 배출되는 이산화탄소 양은 연간 250억 톤에 육박하며 이 배출량은 매년 빠르게 증가하고 있다. 따라서 이산화탄소 배출량에 강력한 제재 없이 현재의 증가 추세가 유지될 경우, 21세기 내에 탄소배출량은 현재의 2~3배에 이르게 될 것으로 본다.[230]

호톤은 온실가스 배출에 따른 기후 변화 문제를 해결하기 위해서는 현재의 화석 연료에 대한 에너지 의존도를 줄여야 한다고 주장한다. 먼저 에너지 효율 증가를 위한 과학기술적 발전의 필요성이 대두

---

[229] 위의 책, 189-190.

[230] John Houghton, "Sustainable Climate and the Future of Energy," Robert S. White, ed., *Creation in Crisis: Christian Perspectives on Sustainability* (London, UK: Society for Promoting Christian Knowledge, 2009), 20.

된다. 일반적으로 각국의 에너지 사용 용도를 분석하면, 1/3은 건설, 1/3은 교통 및 운송, 나머지 1/3은 산업에 이용되는 경향이 있다. 따라서 에너지 효율 증가를 위해 각 사용 분야마다 에너지 소비를 줄일 수 있도록 정책적, 기술적 노력이 필요하다. 두 번째는 온실가스 배출량을 줄일 수 없다면, 배출된 온실가스를 지하에 축적하는 기술을 개발할 수 있으며, 현재 유럽 연합은 중국과 협력하여 탄소 포집 저장 (Carbon Capture and Storage, 이하 CCS) 프로젝트를 기획 실행하고 있다. 세 번째, 비화석 연료 대체 에너지원 개발이 필요하다. 대체 에너지 자원에는 생화학 폐기물, 태양력, 수소 연료, 풍력, 핵 연료 등이 있다.[231]

호톤은 에너지 효율 증가 및 탄소 배출 에너지 사용 절감을 위하여 반드시 장기적 관점에서 접근하여야 한다고 강조한다. 현재 화석 연료 의존도는 한 번에 줄일 수 있는 문제가 아니며, 선진국과 개발 도상국 간의 형평성도 고려해야 한다. 따라서 장기적 관점에서의 에너지 대책은 먼저 환경과 경제 모두를 고려할 수 있어야 한다. 경제 개발 과정에서의 환경파괴는 불가피한 것도 아니지만, 그러한 환경 파괴 자체가 경제 문제에 의해 일어나는 것만은 아니다. 오히려 현재의 에너지원 감소 및 환경에 대한 문제는 미래의 경제 활동을 위축시킴으로써 인류 사회에 악영향을 미칠 수 있다는 관점에서 접근한다면, 환경과 경제 문제를 서로 독립적인 것이 아니라, 상호 의존적인 문제로 포괄적으로 접근할 수 있다. 둘째, 대체 에너지 개발 및 에너지 효율 증가 기술 개발 간 편차를 고려해야 한다. 일단 현재 수준에서 가

---

231 위의 책, 22-27.

장 잠재적인 기술 개발에 먼저 초점을 두면서, 다른 기술들을 함께 발전시킬 수 있어야 한다. 셋째, 에너지 공급과 사회적 삶의 질과의 관계를 고려할 필요가 있다. 일반적으로 에너지 효율을 높이기 위해서는 에너지 사용 지역을 통일하면 좋은데, 선진국의 경우, 집합적 거주 구역을 설정하는 것이 효과적이지만, 개발 도상국의 경우, 거주지의 집적화는 삶의 질을 떨어뜨릴 수 있다. 따라서 각 지역별 상황을 고려한 정책 수립이 필요하다. 넷째, 에너지 확보 문제가 여전히 새로운 에너지 정책에 일부여야 한다. 이때, 에너지원의 다각화가 중요하다.[232]

식량 공동체

노만 위즈바(Norman Wirzba)에 따르면, 에너지 공동체를 지향하려면 우리에게 필요한 식량을 효율적으로 관리하고 생산하는 사명이 중요하다고 강조한다. 식량을 섭취하는 인간의 행위는 단순히 생리학적 행위가 아니라, 생태학적, 농학적(agricultural), 윤리적, 영적 행위라고 정의할 수 있다. 기독교인들은 식량을 섭취하는 행위가 창조 세계에 대한 보호 행위의 연장이어야 한다고 본다. 식량 섭취 문제를 생태학, 농학, 윤리, 영성의 통합적 행위로 봐야 하는 이유는, 어떠한 식품이 인간에게 섭취되는 과정에는 생태적 과정과 농경제학, 민족적, 문화적 식 문화 등의 여러 요소들이 결부되어 있기 때문이다. 식량 섭취

---

232 위의 책, 28-31. 지금까지 호톤의 관점을 요약하였다.

행위를 통해, 인간은 이 땅과 물, 자연 생물들, 다른 인간들, 그리고 신앙적 측면에서, 인간의 일용할 영양분을 제공하는 제공자로서의 신과 소통한다. 따라서 기독교인들은 스스로 식량 섭취자로서 매일 자신이 이용할 수 있는 식품을 보호하며, 감사함으로 그 식품을 받는 기회를 가진 존재로서의 정체성을 가져야 한다.[233]

위즈바는 식량 문제에 있어서 이러한 통합적 인식이 어렵게 된 것은 도시 거주 문화 및 경제 논리에 의해 식량에 관한 인간의 지위가 단순히 식량 소비자나 구매자로 제한되는 데 있다고 보았다. 예를 들어, 일반적으로 도시 또는 도시 근교 거주자들은 식량 생산에 참여하지 않고, 간단히 마트에 진열된 상품을 구매하는데, 이때, 그들의 구매에 영향을 미치는 요인은 얼마나 매력적으로 진열 또는 포장되어 있는가에 제한되며, 구매자들은 자신들이 경험하는 식품 구매 환경에 근거하여 인간에게 모든 식량은 언제나 풍부하고 안전하게 공급되며, 인간의 경제력에 따라 언제든 제공받을 수 있다는 인식을 갖게 한다. 결국 얼마나 쉽게 구할 수 있는지, 그 진열 상태나 포장 상태, 그리고 상대적으로 저렴한 가격은 우리가 오늘날 식량 생산이 완전히 성공적이라는 믿음을 갖게 만든다. 식량에 관하여, 식량 문제는 분배 불균형 이외에 다른 문제는 없는 것처럼 보이게 한다.[234]

위즈바는 하나님을 경외하는 식사 행위란 땅과 물을 포함한 모든 생태 환경에 대한 보호와 돌봄을 최우선으로 하며, 하나님의 창조 세계에 대한 온전한 이해와 노력을 전제한다. 또한 기독교인이 체득해

---

233 Norman Wirzba, "Faithful Eating," Robert B. Kruschwitz ed., *Caring for Creation* (Waco, TX: Center for Christian Ethics at Baylor University, 2012), 36.

234 위의 책, 36-37.

야 할 식사 행위는 모든 인간의 섭취 가능한 식품을 제공하는 모든 근원들, 삶, 죽음의 문제에 대한 통전적 지식을 전제한다.[235] 따라서 신앙적 식사 행위(faithful eating)는 식품 자체가 절대 값싼 것이 아니라는 인식으로부터 시작한다. 식량의 가치는 경제적으로만 결정되는 것이 아니다. 오히려 모든 식량은 매일 하나님께로부터 공급받는 귀중한 은혜이다. 식량이 값비싼 귀중한 은혜인 이유는 인간이 식량을 섭취하기 위해서 인간에게 소비되는 모든 자연물이 식품으로 죽어야 하기 때문이다. 즉, 모든 생명의 움직임과 활력은 언제나 다른 생물의 삶과 죽음을 통해 가능하게 된다. 오늘날 식품의 상품화가 식품의 가치 저하를 야기한 것을 기억하여야 한다. 식품에 경제적 논리가 작용함으로써, 모든 자연 식품이 하나님의 선물이 아니라, 인간이 계획하고 생산하며 통제할 수 있는 것으로 전락하게 되었다.[236]

식사(eating)는 모든 문화적 활동에 있어서 가장 기본적이고 필수적 행위로 정의될 수 있다. 오늘날 식량 위기의 문제-식량 생산 및 분배의 불균형-의 근본 원인을 자본주의에 따른 식량 생산, 공급, 분배 체계의 지구화(globalization)에 있다고 할 수 있다. 식량 문제가 자본주의에 고착됨으로써, 그리고 식량 공급 및 생산에 내재한 종교적 의미가 간과됨으로써, 창조 질서 자체가 무너지는 식량 체계가 이루어지고 있는 것이다.[237] 따라서 창조 질서를 붕괴하는 식량 체계의 문제는 식량 공급 및 소비의 제한성을 간과하는 데에서 시작된다고 본다.

---

235 위의 책, 37.

236 위의 책, 41. 지금까지 위즈바의 관점을 요약하여 옮겼다.

237 Ellen F. Davis, "Just Food: a Biblical Perspective on Culture and Agriculture," Robert S. White, ed., *Creation in Crisis: Christian Perspectives on Sustainability* (London, UK: Society for Promoting Christian Knowledge, 2009), 123.

성경에 나오는 에덴 동산 설화의 선악과는 인간이 소비할 수 있는 식량의 제한성을 상징한다고 보는 관점도 있다. 모든 생태 환경의 생존에 필수적인 제한성은 자연 세계의 유한한 실재성으로 결정된다. 현대 산업 문화의 맹점은 이러한 실존적 유한성에 대한 인식을 망각한 데에 있다. 기독교적으로 적합한 식량 문화는 지속 가능한 제한성 내에서의 삶의 생존에 필요한 것이 무엇인지 통찰할 필요성이 제기된다.[238]

---

238 위의 책, 127.

참고
도서

고재식, "교회와 사회," 『기독교윤리학 개론』(대한기독교출판사, 1992).

구미정, 『생태 여성 주의와 기독교 윤리』(한들출판사, 2005).

김형태, 『보이스 오디세이』(북로드, 2007).

노영상, "교회와 사회의 관계성에 대한 유형 연구," 『교회와 사회』(성광문화사, 2002).

노영상, 『영성과 윤리』(한국장로교출판사, 2001).

노정선, "문화와 윤리," 『기독교윤리학 개론』(대한기독교출판사, 1992).

맹용길, "신학과 윤리," 『기독교윤리학 개론』(대한기독교출판사, 1992).

맹용길, 『기독교 윤리 실천 방법론』(장로회신학대학교 출판부, 1998).

맹용길, 『기독교윤리학 개론』(한국장로교출판사, 1994).

박득훈, "기독교 사회 윤리 방법론," 『교회와 사회』(성광문화사, 2002).

박봉배, "그리스도인과 윤리," 『기독교윤리학 개론』(대한기독교출판사, 1992).

박충구, 『기독교 윤리사』(대한기독교서회, 1999).

손규태, 『개신교 윤리 사상사』(서울: 대한기독교서회, 1998).

신국원, "대중 매체(Mass Media)의 수용에 관한 기독교인의 책임," 『교회와 사회』(성광문화사, 2002).

신기형, "기업 윤리와 기업 목적," 『교회와 사회』(성광문화사, 2002).

유경동, 『남북한 통일과 기독교의 평화』(2012, 남북한평화신학연구소).

이상원, "기독교와 의료 행위," 『교회와 사회』(성광문화사, 2002).

이혁배, "현대의 재산 문제와 기독교 윤리," 『교회와 사회』(성광문화사, 2002).

정원범, "기독교와 자연 환경," 『교회와 사회』(성광문화사, 2002).

한기채, 『기독교 이야기 윤리』(예영커뮤니케이션, 2006).

Agouridis, Savas, "Ecology, Theology, and the World", Bruce B. Foltz and John Chryssavgis, ed., *Toward an Ecology of Transfiguration:*

Orthodox Christian Perpectives on Environment, Nature, and Creation (NY: Fordham University Press, 2013).

Alexander, Larry and Moore, Michael, "Deontological Ethics," *The Stanford Encyclopedia of Philosophy* (Winter 2012 Edition), Edward N. Zalta (ed.).

Aquinas, Thomas, "Whether simony is an intentional will to buy or sell something spiritual or connected with a spiritual thing?" *Summa Theologica*.

Archard, David, "Nationalism and Patriotism," Hugh LaFollette, ed., *International Encyclopedia of Ethics* (Malden, MA: Wiley-Blackwell, 2013).

Augustine, "CHAPTER XIII. Baptism and Original Sin," *Handbook on Faith, Hope, and Love*, trans. by Albert Outler.

Barth, Karl, "The Doctrine of God Part 1- The Knowledge of God; Chapter VI, The Reality of God," *Church Dogmatics: Volume 2* (London: A & C Black, 2000).

Bartha, Paul, "Analogy and Analogical Reasoning," The Stanford *Encyclopedia of Philosophy* (Fall 2013 Edition), Edward N. Zalta (ed.).

Bernard, Jessie, *The Future of Marriage* (New Haven, CT: Yale University Press, 1982).

Browning, Don, "World family trends," Robin Gill ed., *The Cambridge Companion to Christian Ethics* (Cambridge, UK; NY: Cambridge University Press, 2012).

Brunner, Emil, "The Presuppositions of the Christian Doctrine of Man," *Man in Revolt* (London: James Clarke & Co, 2002).

Bultmann, Rudolf et al., *Kerygma and Myth: A Theological Debate* (New York: Harper & Row, Publishers, 1961).

Childress, James F., "Christian ethics, medicine and genetics," Robin Gill ed., *The Cambridge Companion to Christian Ethics*

(Cambridge, UK; NY: Cambridge University Press, 2012).

Cobb Jr., John B., "Protestant Theology and Deep Ecology," David Landis Barnhill and Roger S. Gottlieb, ed., *Deep Ecology and World Religions: New Essays on Sacred Ground* (Albany, NY: State University of New York, 2001).

Cullmann, Oscar, *The Christology of New Testament* (Philadelphia: Westminster Press, 1963).

Dalton, Anne Marie and Simmons, Henry C., *Ecotheology and the Practice of Hope* (Albany, NY: State of University of New York Press, 2010).

Davis, Ellen F., "Just Food: a Biblical Perspective on Culture and Agriculture," Robert S. White, ed., *Creation in Crisis: Christian Perspectives on Sustainability* (London, UK: Society for Promoting Christian Knowledge, 2009).

Dawkins, Richard, 『이기적 유전자』 (홍명남 역, 을유문화사, 2010).

Driver, Julia, "The History of Utilitarianism," *The Stanford Encyclopedia of Philosophy* (Winter 2014 Edition), Edward N. Zalta (ed.).

Duncan B. Forrester, "Social justice and welfare," Robin Gill ed., *The Cambridge Companion to Christian Ethics* (Cambridge, UK; NY: Cambridge University Press, 2012).

Duquette, David, "Hegel: Social and Political Thought," *Internet Encyclopedia of Philosophy*.

Elford, R. John, "Christianity and War," Robin Gill ed., *The Cambridge Companion to Christian Ethics* (Cambridge, UK; NY: Cambridge University Press, 2012).

Elliot J. H. et al., *What is Social-Scientific Criticism?* (Minneapolis: Fortress Press, 1993).

Ellul, Jacques, *L'homme et l'argent*, 『하나님이냐 돈이냐』 (양명수 역, 대장간, 1991).

Finn, Daniel K., ed., *The Moral Dynamics of Economic Life: An Extension and Critique of Caritas in veritate* (Oxford, UK: Oxford University Press, 2012).

Floyd, Shawn, "Thomas Aquinas: Moral Philosophy," *Internet Encyclopedia of Philosophy*.

Forrester, Duncan B., "Social justice and welfare," Robin Gill ed., *The Cambridge Companion to Christian Ethics* (Cambridge, UK; NY: Cambridge University Press, 2012).

Gill, Robin, "Sexuality and Religious ethics," Robin Gill ed., *The Cambridge Companion to Christian Ethics* (Cambridge, UK; NY: Cambridge University Press, 2012).

Groody, Daniel G., *Globalization, Spirituality, and Justice: Navigating the Path to Peace* (Maryknoll, NY: Orbis Books, 2007).

Hauerwas, Stanley, *The Peaceable Kingdom: A Primer in Christian Ethics* (London: SCM Press, 1984).

Hauerwas, Stanley, *Truthfulness and Tragedy* (Notre Dame, IN: Notre Dame University Press, 1977).

Hiers, Richard H., *Women's Rights and the Bible: Implication for Chirstian Ethics and Social Policy* (Eugene, Oregon: Pickwick Publications, 2012).

Himes, Kenneth R., *Christianity and the Political Order: Conflicts, Cooptation, and Cooperation* (Maryknoll, NY: Orbis Books, 2013).

Houghton, John, "Sustainable Climate and the Future of Energy," Robert S. White, ed., *Creation in Crisis: Christian Perspectives on Sustainability* (London, UK: Society for Promoting Christian Knowledge, 2009).

Huizinga, Johan, *A Study of the Play Element in Culture*, 『호모 루덴스』 (김윤수 역, 도서출판 까치, 1981).

Johnston, Lucas F., *Religion and Sustainability: Social Movements an the Politics of the Environment* (Bristol, CT: Equinox, 2013).

Karl, Marx, 『자본론』 (김수행 역, 비봉출판사, 2005).

Kraut, Richard, "Aristotle's Ethics," *The Stanford Encyclopedia of Philosophy* (Summer, 2014 Edition), Edward N. Zalta (ed.).

Kraut, Richard, "Plato," *The Stanford Encyclopedia of Philosophy* (Spring 2015 Edition).

Kuhn, Thomas, *The Structure of Scientific Revolutions* (2nd edition, Chicago: University of Chicago Press, 1970).

Leonard, George, 『달인: 천 가지 성공에 이르는 단 하나의 길』 (여름언덕, 2009).

Luther, Martin, "CONCERNING THE LORD'S SUPPER," *First Principles of the Reformation or the Ninety-five Theses and the Three Primary Works*.

Luther, Martin, "The First Wall," *First Principles of the Reformation or the Ninety-five Theses and the Three Primary Works*.

Marlow, Hilary, "Justice for All the Earth: Society, Ecology and the Biblical Prophets," Robert S. White, ed., *Creation in Crisis: Christian Perspectives on Sustainability* (London, UK: Society for Promoting Christian Knowledge, 2009).

McInerny, Ralph and O'Callaghan, John, "Saint Thomas Aquinas," *The Stanford Encyclopedia of Philosophy* (Summer 2014 Edition), Edward N. Zalta (ed.).

McShane, Katie, "Environmental Ethics," Hugh LaFollette, ed., *International Encyclopedia of Ethics* (Malden, MA: Wiley-Blackwell, 2013).

Mendelson, Michael, "Saint Augustine," *The Stanford Encyclopedia of Philosophy* (Winter 2012 Edition).

Moeller, Karl, "Rhetoric," Kevin J. Vanhoozer et al., *Dictionary for Theological Interpretation of the Bible* (Grand Rapids, Michigan: Baker Academic, 2005).

Moltman, Jürgen, trans. by Margaret Kohl, *Ethics of Hope*

(Minneapolis: Fortress Press, 2012).

Moseley, Alexander, "Political Philosophy," *The Stanford Encyclopedia of Philosophy.*

Nathanson, Stephen, "Act and Rule Utilitarianism," *Internet Encyclopedia of Philosophy.*

Niebuhr, Hemut Richard, *Christ and Culture* (New York: HarperColins, 1956).

Niebuhr, Richard, 『계시의 의미』 (박대인·김득중 역, 대한기독교서회, 1968).

Niebuhr, Richard, 『책임적 자아』 (정진홍 옮김, 한국장로교출판사, 2001).

Northcott, Michael S., "Ecological and Christian Ethics," Robin Gill ed., *The Cambridge Companion to Christian Ethics* (Cambridge, UK; NY: Cambridge University Press, 2012).

O'Conner, Kim, "Dialectic," *Internet Encyclopedia of Philosophy,* (Winter, 2003).

Pannenberg, Wolfhart, trans. by Matthew J. O'Connell, *Anthropology in Theological perspective* (London: A & C Black, 2004).

Patte, Daniel, *What is Structural Exegesis?* (Philadelphia: Fortress Press, 1979).

Popper, Karl, *The Logic of Scientific Discovery* (New York: Routeledge, 2002).

Rawls, John, 『사회 정의론』 (황경식 역, 서광사, 1977).

Robinson, Howard, "Dualism," *The Stanford Encyclopedia of Philosophy* (Winter 2012 Edition), Edward N. Zalta (ed.).

Rønnow, Tarjei, *Saving Nature: Religion as Environmentalism, Environmentalism as Religion* (Berlin, Germany: LIT, 2011).

Sandel, Michael J., *Justice: What's the right thing to do,* 『정의란 무엇인가』 (이창신 역, 김영사, 2010).

Santelli Jr., Anthony J, et al., *The Free person and the Free economy: A Personalist View of Market Economics* (Lanham, MD: Lexington Books, 2002).

Schaffer, Jame, "Valuing the Goodness of the Earth," Robert B. Kruschwitz ed., *Caring for Creation* (Waco, TX: Center for Christian Ethics at Baylor University, 2012).

Schaffer, Jonathan, "Monism," *The Stanford Encyclopedia of Philosophy* (Winter 2014 Edition), Edward N. Zalta (ed.).

Slaughter, Matthew J., "Improving Business Education," Daniel K. Finn, ed., *The Moral Dynamics of Economic Life: An Extension and Critique of Caritas in veritate* (Oxford, UK: Oxford University Press, 2012).

Smart, J. J. C., "Atheism and Agnosticism," The Stanford Encyclopedia of Philosophy (Spring 2013 Edition), Edward N. Zalta (ed.).

Snarey, John, *How Fathers Care for the Next Generation: A Four Decade Study* (Cambridge, MA: Harvard University Press, 1993).

Soulen, Richard N. et al., *Handbook of Biblical Criticism* (Atlanta, Georgia: John Knox Press, 1981).

Stackhouse, Max L. and Miller, David W., "Business, economics and Christian ethics," Robin Gill ed., *The Cambridge Companion to Christian Ethics* (Cambridge, UK; NY: Cambridge University Press, 2012).

Tillich, Paul, Systematic Theology, Vol.1. (Chicago: University of Chicago Press, 1951-1963).

Troeltsch, Ernst, *The Social Teaching of the Christian Churches* (Louisville, Kentucky: Westminster/John Knox Press, 1992).

Turner, William, "Monism." The Catholic Encyclopedia. Vol. 10 (New York: Robert Appleton Company, 1911).

Wirzba, Norman, "Faithful Eating," Robert B. Kruschwitz ed., *Caring for Creation* (Waco, TX: Center for Christian Ethics at Baylor University, 2012).